21世紀の
サッカー選手育成法

FOR YOUTH
ユース編

技術・戦術・体力アップの練習プログラム

ドイツサッカー協会［編］　ゲロ・ビザンツ他［著］　田嶋幸三［監訳］　今井純子［訳］

OFFIZIELLES LEHRBUCH
DES DEUTSCHEN
FUSSBALL-BUNDES

大修館書店

Fussball von morgen, Band 2：
"Leistungstraining für B-/A-Junioren und Amateure"

von Gero Bisanz und Norbert Vieth

©by Philippka-Sportverlag, 2000
Philippka-Sportverlag Konrad Honing, Postfach 15 01 05,
D-48061 Münster, Germany
by arrangement through The Sakai Agency, Tokyo

Taishukan Publishing Co., Ltd.
Tokyo, Japan, 2002

発刊によせて

[コーチは重要な社会労働者である]

ドイツサッカー連盟会長
Egidius Braun

100年前に、ドイツサッカー連盟がライプチヒで設立されたときには、クラブ数は全部でわずか86でしたが、現在では約27,000のクラブ、60万人以上ものプレーヤーが登録しています。毎週末になると、あらゆる年齢、あらゆるカテゴリーで、150,000以上のチームがゴールをめぐって競い合っています。

このすばらしく単純なチームスポーツであるサッカーへの人々の熱狂は衰えるところを知りません。サッカーは明らかに民衆のスポーツであり、我々のアマチュアサッカー、ユースサッカーがもつ社会・政治的力は、どれだけ高く評価してもしきれないほどのものです。

サッカーに熱中した少年達は、プレーヤーとしての美徳、進んで協力する気持ち、責任感、互いの寛大さといったことを学びます。そして、薬物、犯罪、その他のネガティブな影響に対して抵抗します。チームにいることの安心感、活発なクラブライフを通して経験する社会的なコンタクトによって、現代に生きる人々が持つ孤立化は相殺されます。

クラブベースの多くのコーチが、的確なトレーニングやケアの仕事を通してそれらを保証しているのです。プレーヤーがトレーニングや試合を楽しむこと、サッカーへの熱狂を体験すること、そして最終的には我々のこのサッカーがその社会的役割を完全に果たすこと。この本は、非常に重要な課題を膨大に抱えるアマチュアおよびユースのコーチ達の大きな助けとなるでしょう。

[我々は世界のトップへ返り咲く]

ドイツ代表チーム監督
ErichRibbeck

ドイツサッカーの偉大な成功、特にワールドカップおよびヨーロッパ選手権での代表チームの成功は、ユースにとって常に励ましとなってきました。「ひょっとしたらいつか自分も、フリッツ・ヴァルター、ウーヴェ・ゼーラー、ゲルト・ミュラー、フランツ・ベッケンバウアー、あるいはローター・マテウスがたどった足跡をたどることができるかもしれない」という希望は、真の仲間意識となっていました。このベースから常に新しい、強いトップが生まれてきました。それは今後100年もそうでなければなりません。

というのは、社会や文化、政治や経済がどうであれ、スポーツにとって「まずそうあるべきこと」だからです。我々は間違いを犯してはならないのです。過去の成功をノスタルジックに賛美している場合ではありませんし、また、現状を明らかにするだけではなく、そこから常に明日のことを考えていかなくてはならないのです。だからこそドイツサッカー協会は将来に向けて、多くのア

発刊によせて

イディアと多くの資金を投資しています。世界のサッカーのトップグループ内のポジションを確保するために。

しかし、連盟では「もしもクラブでのすばらしい基本となる仕事がなかったならば、もっとよほど大変なことになっている」と考えています。代表プレーヤーの多くは、小さなクラブから来ています。そこでサッカーを愛する人々によって見出され育てられてきたのです。この本は特にそのようなグループを対象に書かれています。皆さんの日々のトレーニングの大きな助けとなることでしょう。

[アマチュアクラブは我々の基盤である]

DFB指導者養成チーフ
Gero Bisanz

DFBコーチ雑誌
「fussballtraining」編集者
Norbert Vieth

プロクラブでの育成は、確かにトップタレントの育成に大きな貢献をしています。しかしながら今日では「将来の代表プレーヤー」のキャリアは、アマチュアクラブのFユースあるいはEユースで始まっていて、そのようなプレーヤーが後になってからプロクラブへと進んでいくことがあります。またその一方で、ブンデスリーガのクラブのユースチームに所属した経験のないようなプレーヤー達にも才能に恵まれたプレーヤーが多数いて、アマチュアクラブからプロへと直接飛び込んでいくこともあります。またさらにその一方で、プロクラブのAユースを終えたところでプロに上がれなかったプレーヤー達に、アマチュアチームがプレーを続け、そしてまだなおナショナルレベルあるいはインターナショナルレベルのトップサッカーでプレーできるチャンスを提供しています。

これらの例からも明らかなように、我々の約27,000のアマチュアクラブは、本質的にタレント育成の基盤であり、将来性のあるプレーヤーの宝庫なのです。魅力的で勝利にも結びつくサッカーを将来も展開していくために、このポテンシャルは絶対的に存在しているのです。我々がやらなければならないことは、これら多くのタレントを、現代的で効果の高いトレーニングによって、あらゆるレベルで、ユースサッカーおよびアマチュアサッカーレベルで最適に支援していくことです。

このDFB教本第2巻は、Bユース、Aユース、アマチュアのトレーニングおよびコーチングの成功のために多くのアドバイスを提供します。

皆さんの仕事に喜びと成功がありますように！

監訳者の言葉

田嶋幸三

「ドイツサッカーが変わろうとしている。」こんな噂を耳にした。

たしかに1998年のワールドカップでも不甲斐ない戦いぶりだったし、2000年ヨーロッパ選手権でも論外の戦いだった。ワールドカップ3回優勝の輝かしい歴史を持ち、現在でもFIFAランキングで日本より圧倒的上位にいるドイツ。たかだかここ2～3年の成績不振ではないか。しかし、ドイツは明らかに変わろうとしている。

では、いったい何が変わろうとしているのだろうか。

これまで、何冊かのドイツのサッカーに関する本や雑誌を読んできたが、指導場面における1番の変化を先陣を切って著したのがこの本である。

内容は子ども年代からボールフィーリングを身につけさせることを柱にすえ、ブラジルやオランダなどの指導の思想的なものも採り入れながら、かつドイツの伝統、誇りを盛り込んだものとなっている。具体的なトレーニングも数多く紹介され、また、その基本的な考え方や理念は、いかにもドイツらしく、わかりやすく簡潔に述べられている。図もふんだんに使われ、トレーニングのバリエーションも豊富に付け加えられ、指導者としての経験の浅い方からプロレベルの指導者にいたるまで、幅広く対応できる内容が書かれている。まさに指導者必携である。

代表チームがどんなに強くても、もっと良いもの、もっと違った方法があるのでは、と常に前向きに考えなければ世界のサッカーからは遅れてしまうことを痛感した。

2002年ワールドカップは韓国と日本の共催で行われる。そしてその次の2006年はドイツで開催される。サッカーというスポーツは1年2年の短期的なもので強化できるスポーツではない。それを1番よくわかっているのはドイツをはじめとする強豪国であろう。ワールドカップで3回優勝したドイツが2006年に向けて具体的に動き出した内容がこの本には述べられている。そして、そのワールドカップが終わった後にも影響する内容である。2002年のワールドカップが始まる前にこの本が出されたことは非常にラッキーである。ワールドカップで学び経験したことをどのように継続していけばいいのか、この本はそのヒントを与えてくれるのではないだろうか。

近年日本サッカーは大きく変貌し、世界のトップレベルへ近づこうとしている。しかし、世界のトップレベルもまた同じように努力していることを知らされ、「現在の日本サッカーに満足していてはいけないのだ」と反省させられた一冊であった。

CONTENTS

目次

発刊によせて ——————————————— 3
監訳者の言葉 ——————————————— 5

●●● 第1章　トップからベースへ ——————————————— 11

サッカーのトレンド ——————————————— 12
　　ドイツのジュニアおよびアマチュアサッカーのために ——————————————— 16
ドイツサッカーの状況 ——————————————— 18
　　B、Aユースの現状 ——————————————— 18
　　クラブにおけるユース指導の基本的要求 ——————————————— 18
　　女子サッカー── 思ったよりすごい！ ——————————————— 20
　　アマチュアサッカーの多様性 ——————————————— 22

●●● 第2章　ユースのための競技トレーニング ——————————————— 25

ドイツサッカー協会の育成コンセプト ——————————————— 26
　　初心者からトップへ ——————————————— 26
　　個々の育成段階 ——————————————— 28
育成の第3段階：競技トレーニング ——————————————— 29
　　サッカーをトレーニングする ——————————————— 29
　　テクニックトレーニング ——————————————— 29
　　戦術トレーニング ——————————————— 32
　　コンディショントレーニング ——————————————— 32
１１対１１の試合 ——————————————— 34
　　育成における試合 ——————————————— 34
　　ジュニアのためのドイツサッカー協会のゲーム理解 ——————————————— 34

●● 第3章 アマチュアのための競技トレーニング ——— 37

アマチュアサッカーに影響を与えるファクター ——— 38
- アマチュアのコーチは様々な面の実践家 ——— 38

トレーニングへのアドバイス ——— 40
- トレーニングとゲームは楽しくなくてはならない！ ——— 40
- 楽しみと競技は相反するものではない！ ——— 40

プレーヤーとチームのケアのためのアドバイス ——— 42
- アマチュアチームのコーチのケアの役割 ——— 42

試合のためのアドバイス ——— 44
- アマチュアサッカーにおける試合 ——— 44

●● 第4章 トレーニングとゲームのための基礎知識 ——— 47

戦術と戦術トレーニング ——— 48
- 戦術とは何か？ ——— 48
- 戦術トレーニング ——— 50
- 戦術トレーニングのための基本原則 ——— 53
- システムと戦術 ——— 54
- 今日のゲーム理解 ——— 54

コンディションとコンディショントレーニング ——— 58
- サッカーにおけるコンディションとは何か，どうしたらそれを適切にトレーニングすることができるのか？ ——— 58

トレーニングとトレーニング計画 ——— 62
- トレーニング計画の意義 ——— 62
- 1つのシーズンのプランニングのために ——— 64
- 週間トレーニング計画 ——— 66
- 1回のトレーニングの組み立て ——— 68

CONTENTS

●● 第5章 トレーニング実践 技術／戦術 ——— 71

トレーニング実践に向けての基本インフォメーション ——— 72
- トレーニング実践：それぞれのケース ——— 72
- 適切なトレーニングフォームを見つける ——— 72

テクニックの基礎 ——— 74
- テクニックトレーニングの重要性 ——— 74
- テクニックトレーニングのための練習形式 ——— 76

基本テクニックの概観 ——— 78
フェイント ——— 80
ボール扱いのうまさ ——— 84
ドリブル ——— 90
パス／シュートテクニック ——— 92
ボールコントロール ——— 94
ヘディング ——— 96
守備のテクニック ——— 98

戦術トレーニングのための基本フォーメーション ——— 100
- 実践編の構成 ——— 100
- トレーニングフォーム活用のためのアドバイス ——— 106

個人戦術：1対1の攻撃 ——— 108
- 今日のゲームにおける特徴と意義 ——— 108

個人戦術：1対1の守備 ——— 118
- 今日のゲームにおける特徴と意義 ——— 118
- 1対1のトレーニングのためのアドバイス ——— 118

グループ戦術：ボールキープのためのコンビネーションプレー ——— 128
- ボールキープの重要性 ——— 128
- コンビネーションプレーのトレーニングのために ——— 129

グループ戦術：コンビネーションプレーからシュート ——— 138
- ゴールチャンスを生み出すプレーの重要性 ——— 138
- シュートトレーニングについて ——— 138

グループ戦術：ボールを中心とした守備 ——— 152
- 「ボールを中心とした守備」とは何か？ ——— 152
- 「ボール中心」を中心とした守備の習得 ——— 153
- まとめ：プレーヤーは何を習得すべきか？ ——— 156

チーム戦術：確実なプレーの組み立て ─── 176
　ウイングプレーの重要性 ─── 176
　ウイングプレーの要素 ─── 176
　攻撃のその他の要素 ─── 177
　攻撃トレーニングの基本原則 ─── 177
チーム戦術：カウンタープレー ─── 186
　カウンタープレーの重要性 ─── 186
　カウンタープレーの要素 ─── 187
グループ戦術：ボールを中心とした守備 ─── 194
　システムと守備のフォーム ─── 194
　現代的な守備の基本的特徴 ─── 195
　固定的なディフェンスフォーメーションではなくフレキシブルに守る ─── 198

●● 第6章　コンディショントレーニングの実践 ─── 217

コンディショントレーニングのための基本インフォメーション ─── 218
　様々なカテゴリーでのコンディショントレーニング ─── 218
　実践編の構成 ─── 218
持久力のトレーニング ─── 220
　サッカーにおける持久力 ─── 220
　基礎持久力の意味 ─── 220
　専門的持久力の意味 ─── 222
　方法上の原則 ─── 222
持久力トレーニングのためのゲーム形式 ─── 226
ゲームとランニングのコンビネーション ─── 228
ボールを使った持久サーキット ─── 230
ボールを使わない持久サーキット ─── 232
持久走 ─── 234
スピードのトレーニング ─── 238
　サッカーにおけるスピード ─── 238
　スピードの基礎 ─── 238
　スピードトレーニングの方法について ─── 240
動作のスピードのトレーニング ─── 242

CONTENTS

ダッシュのスピードのトレーニング ―― 246
行動スピードのトレーニング ―― 248
ランニングコーディネーションのトレーニング ―― 252
パワーのトレーニング ―― 254
筋力と柔軟性のトレーニング ―― 256
 サッカーにおける筋力 ―― 256
 サッカーにおける柔軟性 ―― 258
 筋力と柔軟性の相互作用 ―― 260
ストレッチングの実践 ―― 262
 ストレッチングのためのアドバイス ―― 262
筋力トレーニングの実践 ―― 264
 筋力トレーニングのためのアドバイス ―― 264
サッカープレーヤーのための専門的な体操 ―― 266
 全てストレッチングと筋力トレーニングに関係 ―― 266

●●● 第7章 GKトレーニング ―― 273

GKに要求されること ―― 274
 本来GKがしなくてはならないことは何か？ ―― 274
 GKのテクニック ―― 274
 GKの戦術 ―― 274
 GKのコンディション ―― 276
 GKのメンタル ―― 276
GKトレーニングの基本方針 ―― 280
 GKを適切にトレーニングする ―― 280
 GKトレーニングをフレキシブルにオーガナイズする！ ―― 282
少年GKのトレーニング ―― 284
 少年GKはいつ何を習得すべきか？ ―― 284

訳者あとがき ―― 286

Chapter 1
第1章

トップからベースへ

Chapter1：トップからベースへ

サッカーのトレンド

現在成功をもたらしているゲームコンセプトも、明日にはもう時代遅れになってしまっているかもしれません！ インターナショナルサッカーのトレンドを無視し、いわゆる「伝統的」なゲームやトレーニングのコンセプトにあくまで固執するようであれば、サッカー強豪国を名乗り続けることはもはやできません。

国内・海外のサッカーの発展のトレンドは、勝利を前面におきつつも、魅力的であることも決して忘れないサッカーなのです。

1. ゲームのテンポの向上

これはつまり、まずトップレベルのサッカー選手の様々な距離のスプリント能力が向上しているということを意味します。またそればかりでなく、狭いスペースでのプレーのテンポも一層高まってきています。というのも、守備の向上によって、ボールの周辺のスペースが巧みに狭められるようになってきているのです。そのため、ボールを持ったプレーヤーが、その時々のゲーム状況を解決するために自分で周りの情報を得ようと思っても、その時間がますますなくなってきているということです。素早いダッシュでボールを受けに行く、あるいはフリーになる、狭いスペースを確実に打開する、スピードのあるドリブル、素晴らしい1対1の戦い、これらはこのトレンドのほんの一部分にすぎません。

2. 技術・戦術の要求の拡大

● 攻撃と守備でのポジションや役割を固定的にしていては、将来的には成功を期待することはほぼできなくなるでしょう。反対に、戦術的な柔軟性が求められるようになっています。ゲームでの課題、現在のプレー状況を素早く把握し、解決することが要求されます。

● そのため、将来的な守備のコンセプトにおいては、プレーヤー全員がより柔軟に結びつくようになるでしょう。直接1人の相手プレーヤーに1人ずつのマークをつける方法は減っていくでしょう。アクティブな「ボールを中心とした守備」がますます要求されるようになってくるでしょう。その際の目標は、相手に早期にアタックをかけ、相手の攻撃プレーを効果的に阻止することです。

● このようにコンパクトな守備の組織に対しては、技術が高くクリエイティブで、リスクに進んでトライするような攻撃でないと、対抗することができません。したがってプレーヤーは、戦術的に多様に行動し、全てのポジションで攻撃のクオリティーを高めなくてはなりません。

● つまり、私たちは、最大のプレッシャーがかかっていても様々なポジションで適切な行動がとれるように、プレーヤーを育成していかなくてはならないということです。

1人1人のプレーヤーが「ユニバーサル」つまりオールラウンドであることがますます重要になってきます。プレーヤーの機能とその範囲の重なり合いが拡大

ローター・マテウスとメキシコのエルナンデスの戦い。世界的な知名度は異なりますが、このようなスター達は、将来的にもインターナショナルなトップレベルのサッカーで大きな刺激となるでしょう。

サッカーのトレンド

図1.

トップレベルのサッカーにおける重要なトレンド

1	攻撃的な基本コンセプトのベースの上に、効果性と魅力を結びつける。
2	テンポの高いプレーを目指す。全てのポジションで、試合時間全体を通して速いプレー。
3	個々のプレーヤーおよびチーム全体に、高い戦術的適応能力。
4	最高のテンポでも、相手のプレッシャーを受けた狭いスペースでも、完璧なテクニックを発揮。
5	ボールを中心にしたアクティブな守備で、守備の組織をコンパクトに保つ。
6	後方から、技術の高いフレキシブルで確実なゲームの組み立て。
7	意志力、チーム精神、戦術的ディシプリンは、成功のためのさらなるキーとなる。
8	攻撃において、素早いバリエーション豊かなコンビネーションプレーと個人プレーを組み合わせる。
9	均質なまとまったチームに、価値の高い個性、個人主義者を組み入れる。
10	セットプレー、CK、FKが、ゴールチャンスとその成功の大きな部分となる。

Chapter1：トップからベースへ

し、それには複合的なプレー能力とコンディションも、より要求されるようになってきます。それでもなお、卓越した個性を放棄してはならないのはもちろんのことです。

3. チームはよりコンパクトに

国際舞台で成功しているチームは、今日でも一つのまとまった単位を示しています。これは、様々な配置でプレーヤーを無理矢理一つの型に押さえ込んでいるのではなく、有効に結びつけているものです。ソロプレーヤー、個人主義者がよい意味でチームの「スター」として、チームコンセプトの中にとけ込んでいます。

4. 有効で様々な攻撃コンセプトが攻撃的なゲームを形成

● コンパクトな守備は、たしかにゲームのための効果的なベースです。しかし長期的に見れば、インターナショナルなトップレベルのサッカーにおいては、攻撃志向のプレースタイルやゲーム理解によってのみ、成功をつかむことができるということがはっきりと示されています。つまり、相手チームの守備力が向上することで、必然的に攻撃プレーを成功させる要求も高まってきているということです。

● 基本的に、コンパクトな守備のフォーメーションを破るには、フレキシブルでダイナミックな攻撃プレーが必要です。とりわけ中盤のポジショングループのプレーヤーは、幅と厚みを持って柔軟にプレーし、チームの中心として攻撃にも守備にも同じくらいのアクセントをおくことが要求されます。

● 素早く確実なパス回しは、攻撃の効果的な手段です。したがって、時間のプレッシャーや相手のプレッシャーがかかる中での素早いパス回しをシステマティックにトレーニングし、完璧に近づけて行かなくてはなりません。このような攻撃の型では、コンビネーションプレーが重視されますが、それでもクリエイティブな意外性のあるプレーも否定されるわけではありません。

● 1人1人のプレーヤーに攻撃のクオリティがあることは、現代的で攻撃的なゲームのための基本要素となります。意識的に個人が突破をしかけることで相手の守備の組織を「崩し」、ゴールチャンスを生み出すのです。

5. 心理的、社会的にポジティブな性質が、成功のためにますます重要なファクターとなる

トップのパフォーマンスというものは、必要な基本ベースがあって、その上に最終的にパフォーマンスやゲームに向けての最適なメンタリティーがあって、はじめて達成することができるものです。

心理的、社会的な前提は、基本的な骨組みとなる不可欠な要素です。意志力、自信、自己批判能力、ねばり強さ、目標に向けたひたむきな努力、チーム精神、戦術的ディシプリン、集中力、リスクマネージメント等々がそれに当たります。これらは今日も、そして将来も、トップレベルのパーソナリティー像として重要な要素となります。

世界のトップレベルの中でも傑出したアタッカーであるブラジルのロナウドは、ドリブルがうまく、ダッシュのスピードが高く、変化に富んだフェイントを使いこなし、常にゴールを脅かす、90年代の理想的な「天性のストライカー」です。このようなプレーヤーを、インターナショナルのトップレベルのチームは1～2人擁しているようでなくてはなりません。

サッカーのトレンド

図2.

今日のユーストレーニングのために

トップレベルのサッカーにおける要求	ユーストレーニングのためには
テクニック	
● 全てのポジションでテクニックをパーフェクトに ● 基本テクニックのベースの上に「ポジションテクニック」	● クリエイティブなボール扱いを伸ばす ● システマティックな、年齢に即したテクニックトレーニング
戦術	
● 戦術的な柔軟性 ● 「アクティブ」な守備 ● 攻撃の型のベースの上にクリエイティブな攻撃	● 戦術の幅広い基礎づくり ● 現代的な攻撃、守備の指導
コンディション	
● 全てのプレーヤーに高いコンディションレベル ● トッププレーヤーの卓越したスピード	● 実戦的なトレーニングでサッカープレーヤーのコンディションを獲得 ● 「スピード」はタレント育成の基本要素
メンタル	
● チーム精神と個性を効果的に結びつける ● メンタル面のクオリティーは、成功のための重要なファクター	● プレーヤーのパーソナリティーの形成 ● プレーの喜びと創造性の促進

Chapter1：トップからベースへ

[ドイツのジュニアおよびアマチュアサッカーのために]

　世界の発展傾向が、サッカーの強豪国にとって一つの重要な方向付けの基礎となっていることは確かですが、かといってそのトレンドを何の検討もなく鵜呑みにしてはいけません！　また、現在最も成功しているナショナルチームのプレーシステムをそのままコピーすることも無意味です。社会的な前提条件の違い、メンタリティーの違い、あるいはタレント育成システムの違い、これらが違えば、そんなコピーは失敗に終わります。

　ドイツのサッカー選手は、「典型的な」まごうことのないパフォーマンスのポテンシャルを持ち合わせています。確かに彼らは巧みに身体を使ったりブラジルの選手達のようにボールを魔法のように操ったりすることはありません。しかしドイツの選手には、別の強みがあるのです。

　世界のサッカーのトレンドは、できる限り綿密に分析しなくてはなりません。大きな国際大会は、国内のサッカーにとって、大きな刺激をもたらします。そこから、自らのプレーコンセプトを熟考し、場合によっては修正を加えなくてはなりません。

　ジュニアやアマチュアのサッカーにも、影響を与えます。しかし、変更しようとする前に、国内で要求されることと可能性とを常に考慮しなくてはなりません。つまり、例えばリベロをおいたプレーシステムから「4バック」へ変更しようとする場合、それによって効果や魅力が高まる場合にのみそうするべきなのであって、インターナショナルなトレンドがそうだからという理由だけでそんな変更をするべきではありません。

　忘れてはいけません。「頑固さ」はドイツサッカーの強みでもあるのです。

● ドイツのサッカー理解はどのようなものか？
● ディシプリンのとれた組織だった守備から、攻撃志向のダイナミックなプレー
● 攻守の素早い柔軟な切り替えを伴う、中盤での変化に富んだゲームの組み立て
● しっかりとコントロールした確実な組み立てと、意外性のあるスピードを上げたカウンターアタックとを、意図をもって入れ替えることにより、変化に富んだ攻撃の組み立て
● 攻撃的な「アクティブな」守備。相手のプレーの組み立てを早期に阻止し、ボールを持った相手に集中的にアタックをしかけることによる
● 1対1重視のプレースタイル。「アグレッシブ」でしかし常にフェアでうまい1対1。モットーは「戦いからプレーへ」

● そして私たちはトレーニングコンセプトをどのように発展させていくのだろうか？

　「ドイツのサッカー理解」は、同時に、この国でのトップのサッカープレーヤーへの要求でもあります。ドイツのナショナルチームやブンデスリーガのプレーヤーは、国内・国外で、ドイツのジュニアサッカープレーヤーが見て育つモデルとなるのです。

　子ども達は、いつしか自分もこんなレベルに達したいという憧れを持ちます。しかしそこに至るためには、コーチとプレーヤーは根気強くトレーニングを重ねていかなくてはなりません。そのために、バランスのとれた目標に見合ったトレーニングコンセプトを立てなくてはなりません。

　トレーニングの目標と内容は、トップレベルの試合から導き出されます。しかし、そこにジュニアやアマチュアサッカーのためにフィルターをかけ、それぞれの年代にあったシンプルな部分目標に分解しなくてはなりません。

　現実的なトレーニングコンセプトを立てる際には、様々な状況を考慮に入れなくてはなりません。
● トレーニングの可能性
● トレーニング量（1週間のトレーニング回数）
● それぞれのレベルや年代で目指すトレーニングの要求

　また、トレーニングコンセプトは、球技の実践から導き出された基本原則にそったものでなくてはなりません。

サッカーのトレンド

図3.

ドイツのゲーム理解

インターナショナルなトップレベルのサッカーのトレンド

ドイツサッカー選手のストロングポイント

ドイツのサッカー理解
- コンパクトな守備から攻撃志向のダイナミックなプレー
- 中盤での変化に富んだ魅力的なプレーと、攻守の素早い柔軟な切り換え
- 確実な組み立てとカウンターアタックを織りぜた変化に富んだ攻撃
- フレキシブルなディフェンスのフォーメーションで、攻撃的でアクティブな守備
- 常にフェアな姿勢で1対1を積極的にしかける

トレーニングコンセプト

ゲームコンセプト

Chapter1：トップからベースへ

ドイツサッカーの状況

[B、Aユースの現状]

　サッカーはドイツにおいて、明らかに人気ナンバー1のスポーツです。何百万人ものファンが、このゲームに熱中しています。ワールドカップ1990年イタリア大会後のアンケートでは、ドイツ国民の80％がサッカーに関心があると答えています。これは、子ども達の統計でも立証されています。1996年ヨーロッパ選手権後、この関心はさらに高まりました。ブンデスリーガはシーズンを重ねる毎に、観客数の新記録をぬりかえています。スター選手やチームへの人気は熱狂的です。

　活発なサッカー少年・少女がクラブに流れ込んでいきます。ドイツサッカー連盟の調査では、1996年から1997年の間に9,830もの新チームの届け出がありました。プレーヤー数では250,273人の増加です。1999年には、ドイツサッカー連盟に登録しているユースチームは、FユースからAユースまでで109,711チームに及びました。これはとてつもないポテンシャルです。

　しかし同時に、これは指導者養成への大きな義務となります。この多くのユースチームに、ライセンスをもったユースコーチを行き渡らせることに、私たちは全力を尽くさなくてはなりません。とりわけBユース、Aユースにおいては、この年代の少年達が抱える多くの問題（図4参照）を早期に受け止め解決するために、クラブが魅力的なトレーニングを提供しなくてはなりません。

　1999年には、この年代にもわずかな成長を記録しました。1999年にドイツでは、14～18歳の年代で、19,142のサッカーチームがプレーしました。1998年と比較すると、482チームの増加です。

　それでも、この増加は、最年少の新登録者の波には遠く及びません。つまり、ユースサッカーの成長に、Bユース、Aユースはあまり貢献していないということになります。

　その傾向の原因としては様々なことが考えられます。
● フリータイムその他の活動に関心が移った
● 学校や仕事の負担の増大
●「欲求や気分」にしたがって気が向いたときにだけスポーツに取り組むというトレンド
● 自分のクラブでのトレーニング活動が退屈
● 多くのクラブで構造が硬直している

　「今までいつもそうしてきたから」というモットーで凝り固まった取り組みでは、ユースを相手にした指導ではもはや通用しません。時代に即したユース育成を考え、以下に挙げる基本的な問いに、答えを見つけていかなくてはなりません。
● この年代の少年の関心の変化に対し、サッカーはどのようにしたら新しくて魅力的な提案をし続けていくことができるのでしょうか。
● 伝統的なゲーム活動を現代の少年達に合うように組んでいくには、どのようにしたらいいのでしょうか。
● その他多くのスポーツやフリータイムの誘惑に対して、どうしたら少年達をクラブにとどめておくことができるのでしょうか。
● 若いプレーヤー達は、サッカーにどのような願望、期待を持っているのでしょうか。私たちのクラブはそれにいくらかでも応えることができるのでしょうか。

[クラブにおけるユース指導の基本的要求]

　子ども達は、昔も今も、競技志向のレベルの高いサッカーをするためにサッカーのクラブに集まってきます。将来的には、クラブをもっと魅力的に、もっと子ども達に適するように作り上げていかなくてはなりません。喜び、楽しみが中心となるようにしていかなくてはなりません。子ども達は何かを学ぼうとし、サッカーがもっとうまくなりたいと思っています。それは必然的に、ユースコーチ達への期待に結びついていきます。「自分自身がやってきたこと」の範囲でのトレ

ドイツサッカーの状況

図4.
ユースサッカーにおける問題点と解決策

	問　題	解決策
1	●不適切なトレーニング：大人のサッカーを志向。モチベーションを高めるゲームではなく単調なゲームばかり	●年齢に即したトレーニング。ゲームの楽しさと創造性を与える。システマティックなトレーニング
2	●少年達がその他のフリータイムの活動に気を取られる。気分でやりたいときにだけスポーツをやる	●クラブでスポーツ以外のユース活動を活発に（会合、旅行、教育）
3	●ユースサッカーにおいて、資格を持ったコーチや世話人の不足。ユースコーチの多くはライセンスを持っていない。	●協力者の獲得と、指導者養成の強化。真剣に取り組む少年達をつなぎ止める。
4	●かたよった勝利至上主義。勝利中毒のコーチや親による不適切な指導	●少年に合った「成功の基準」：チームの勝利よりも個人のパフォーマンスの進歩

Chapter1：トップからベースへ

ーニングでは不十分なのです！　目標に向けてトレーニングをプランニングすることは、たしかに時間のかかることではありますが、それでも避けて通ることのできないことなのです。

同時に、クラブの若手サッカープレーヤーの多くは、他のことも期待しています。成長の過程で、スポーツ活動と共に、気分転換、社会的なコンタクト、リラックス、人との交流等を望んでいるのです。したがって、サッカークラブでは、これらを避けて通るわけにはいきません。サッカーの専門的な提案に、スポーツ以外のフリータイムのプログラムを追加していかなくてはなりません。

［女子サッカー──思ったよりすごい！］

ベースにポジティブなトレンドをもたらすためのトップレベルのサッカーのモットーは、当然のことながら女子サッカーにも当てはまります。特にドイツの女子代表チームの輝かしい成果は、あらゆるレベルや年代の女子サッカーへ、広範にわたる向上をもたらしました。

最初の大きな栄光は、1989年ヨーロッパ選手権のタイトル獲得です。このタイトルを、自国で、22,000人を超える熱烈なファンの前で獲得したことが大きなきっかけとなりました。このとき披露された「ハートのあるサッカー」は、女子サッカーのプレーのクオリティーとパフォーマンスのすばらしさを、初めて広く一般大衆に納得させることとなりました。この1回目のヨーロッパ選手権の後も、女子代表チームはさらにタイトルをとり続けました。1991年、95年のヨーロッパ選手権のタイトル。1995年ワールドカップ準優勝。1996年アトランタオリンピックで初のオリンピック種目となった女子の試合に出場。その後若返りをはかり新たに構成された代表チームは、魅力的な攻撃サッカーで再びヨーロッパ選手権のタイトルを獲得しました。

このように輝かしい成績が続いたことで、とりわけ少女達に女子サッカーブームが引き起こされました。1999年には、700,000人を超える女子がクラブに登録しました。

それと並行して、多くの分野で「プロフェッショナル」な取り組みがなされました。これは将来的にもプレーレベルをさらに高め、インターナショナルな舞台で私たちがトップの座を確保していくことを可能にしていくためのものです。

● 1997～98年には、それまでトップレベルが南北2つに分かれていたのを一つにまとめ、12チームからなるブンデスリーガとしました。このように集中させることで、女子サッカーのクオリティーのさらなる発展を期待しています（ゲーム文化の高まり、メディアからの注目度の高まり）。

● かなり前から、すでに最適なタレント育成システムで、トップレベルのサッカーのためのベースの準備に取り組んでいます。U-16からU-20までの複数のユースチームが、定期的に国際試合で経験を積んでいます。さらに、U-19チームの全国のカップ戦が作られました。

女子サッカーにおける急激な上向きのトレンドとともに、多くの分野で男子と女子の統一がなされてきています（ゲームのルール、レベル分け、年齢カテゴリー分け、公式戦、指導者資格と養成内容等）。これらの分野においては、女子ということでの明確な特徴付けはなされていません。ゲームの考え方や、トレーニングやゲームの基本方針は、男女のサッカー選手全員に共通なのです。

つまり、男子のアマチュアサッカーのトレーニングや試合にいえることは、女子にとってもほぼ当てはまるのです。

アマチュアサッカーで成功するためには、特に以下に挙げる基本

筋力強化を目的としたエクササイズ（もちろんボールを使って）は、女子の場合も男子と同じように、基本的な身体づくりの重要な要素です。

図5. 女子サッカーの発展と将来

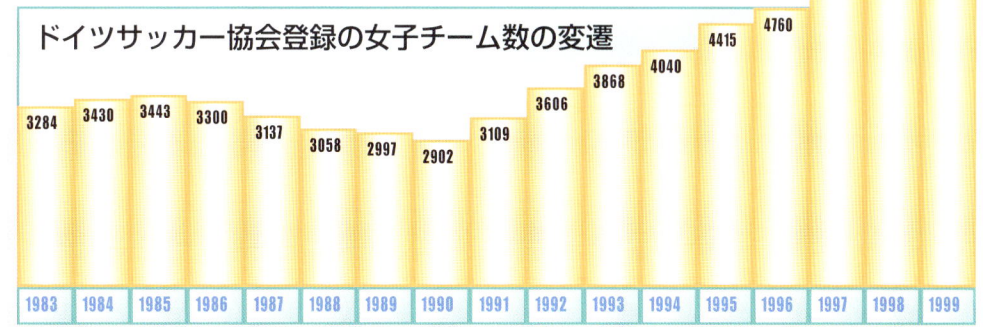

ドイツサッカー協会登録の女子チーム数の変遷

年	チーム数
1983	3284
1984	3430
1985	3443
1986	3300
1987	3137
1988	3058
1989	2997
1990	2902
1991	3109
1992	3606
1993	3868
1994	4040
1995	4415
1996	4760
1997	5512
1998	6600
1999	6891

基本原則
- トレーニングはモチベーションを高め、個人のパフォーマンスを向上させるものでなくてはならない。
- サッカーをすることの喜びが、他の何よりも優先される。
- 体力面を幅広く高めることは、魅力的なサッカーをするために不可欠なベースである。

将来の課題
- できる限り最適に養成されたコーチを、女子サッカーのために獲得する。
- トレーニング量を上げることで、プレーレベルを向上させる。
- 勝利と魅力を志向した理解でトレーニングやゲームを考える。

Chapter1：トップからベースへ

方針を心に留めておくべきでしょう。
- トレーニングや試合は楽しいものでなくてはなりません。
- 「楽しみ」とパフォーマンスは、相互に補い合うものでなくてはなりません。
- チーム内のポジティブな雰囲気は、スポーツのパフォーマンスが継続的に向上し続けていくための前提となります。
- コーチはパートナーであり模範であるべきです。

さらに、女子においても、年齢やレベルに応じて、トレーニングへの取り組み、プレーヤーやチームのモチベーションに、トレーニングやコーチングがもたらす効果は異なります。

［アマチュアサッカーの多様性］

毎週末、何百万ものアマチュアサッカー選手が、他のチーム相手に試合をしたがっています。これが今も昔も、クラブでサッカーをすることの主な動機の一つとなっています。しかし、その場合も、多くのアマチュア選手のもつ、個人的なサッカーの能力、トレーニングのレディネス、クラブへの期待（スポーツ以外も含め）に関しては、個人差があります。

ドイツサッカー協会および地方協会の競技システムは、その構造として、多くのチームをオーバーリーガから地域リーグまでの様々なクラスに分けて構成しています。

段階毎に、それぞれ特有の特徴が見られます（トレーニングや試合のモチベーション、プレーのレベル、トレーニング量等）。

アマチュアサッカーには、多くの側面があります。トレーニングやコーチングに成功するための最良の処方箋、あるいは、チームやクラブの環境にベストなオーガナイズなどというものは存在しません。

それでもやはり、アマチュアサッカーの男子ならびに女子チームのトレーニングやコーチングに成功するための、レベルを超えた同一の基本方針というものがあります。

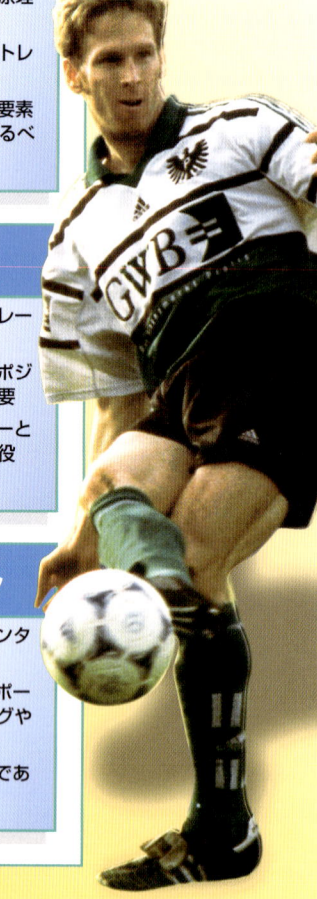

図 6a.

アマチュアの「ヒエラルキー」

トップレベル
- パフォーマンスの原理が第一となる
- 基本的にほぼ毎日トレーニング
- ゲームのあらゆる要素をハイレベルへ高めるべき

中レベル
- 競技を志向したトレーニング
- トレーニングでのポジティブな雰囲気が重要
- コーチはプレーヤーとクラブの間のつなぎ役

一般レベル
- 交流と社会的なコンタクトが前面へ
- 志を同じくするスポーツマンがトレーニングや試合に臨む
- コーチは特に仲間でありチームメイト

Chapter 2
第2章

ユースのための
競技トレーニング

Chapter2：ユースのための競技トレーニング

ドイツサッカー協会の育成コンセプト

［初心者からトップへ］

　サッカーが大好きな初心者から、ファンを熱狂させるトッププレーヤーへとなるまでの道のりは、ご存知のように大変に長いものです。私たちの少年少女のために、目標に向けたシステマティックな育成プロセスを確保していくためには、どうしたらよいのでしょうか？

ステップ1：明確な部分目標の設定

　ユース育成のための目標は、常に、将来を見据えた、魅力的でしかも勝利にも結びつくサッカーです。その目標から、技術、戦術、コンディション、メンタル面への、複合的な要求が生じます。

　少年のトレーニングは、将来の「大」サッカーの、このたくさんの要求の数々を、小さな部分目標に分け、それらを相互にシステマティックに積み重ね、長期にわたるトレーニングプロセスの中で、徐々に目指していくようにしなくてはなりません。それと共に、まず第一に、年齢と比較的関係のない育成のステップというものがあります。

　部分目標に取り組む際に、一つ一つのステップを飛ばすと後から必然的に欠陥が現れます。これをトレーニングプロセスの後の方になって埋め合わせるのは大変なことです。

　したがって、パフォーマンスを安定して包括的に発展させるためには、時間が必要であり、また一貫性と忍耐を要するのです。

ステップ2：部分目標をプレーヤーの発達段階に合わせる

　子どもから大人の年代に入るまでの、心身の発達は、いくつかの典型的な段階に分けることができます。

　そこからいわゆる発達段階のモデルが生じます。これは、トレーニングやケアの活動の基本的な方向付けとなりうるものです。他方で、それでも一人一人のユースプレーヤーには個人差があるのだということを決して忘れてはなりません。

　年代分けや各段階の発達の特徴は、大まかな目安にすぎません。その移行は流動的なものです。

　そういった限界はありますが、ユースの育成をシステマティックに計画的に進めていくためには、このような発達のモデルを手がかりとすべきです。初心者からトッププレーヤーへと至るまでの発達に即してパフォーマンスを構築していくためには、サッカーを習得していく一つ一つのステップを、各発達段階特有の状況に合わせていかなくてはなりません。個人の発達状態によって各年齢段階のトレーニングの目標、内容、方法、負荷の組み方は変わってきます。

1対1のうまさは、プレー成功のためのベースです。したがって、あらゆる年代で、トレーニングの中に、そのための適切な練習を組み込んでいかなくてはなりません。

ドイツサッカー協会の育成コンセプト

図1.
ドイツサッカー協会のユーストレーニングの構造

年齢	U7/U8	U9/U10	U11/U12	U13/U14	U15/U16	U17/U18
クラス	Fユース	Eユース	Dユース	Cユース	Bユース	Aユース
学習の重点	●サッカーをプレーすることで楽しさ、喜びを体験 ●スポーツの動きを学習する		●サッカーのプレーの改善 ●技術・戦術要素をトレーニング		●サッカーのプレーをトレーニング ●技術・戦術行動を専門化	
トレーニング段階	基礎トレーニング		発展トレーニング		競技トレーニング	

Chapter2：ユースのための競技トレーニング

［個々の育成段階］

ユーストレーニングにおいては、私たちは3段階の区分の考え方を推奨しています。
- 基礎トレーニング
- 発展トレーニング
- 競技トレーニング

ユースプレーヤーを、その時々の発達状態に基づいて心身を最高の状態へともたらすためには、長期的なパフォーマンス構築を視野に入れ、この各育成段階の中で、常にそれぞれのその時々の重点を計画に入れていきます。

ドイツサッカー協会の年齢クラス分けは、この育成段階に沿って分類されています（P.27図1参照）。

● ジュニアトレーニング

ジュニアトレーニングには、6～14歳までが含まれます。これは、ドイツサッカー協会の年齢分けにしたがうと、F、E、D、Cユースに相当します。これはさらに2つの段階に分類されます。1つ目が基礎トレーニングで、6～10歳までのユースプレーヤーが含まれます（F・Eユース）。もう1つが発展トレーニングで、10～12歳（Dユース）と12～14歳（Cユース）が含まれます。

● ユーストレーニング

ユーストレーニングには、14～16歳の少年少女（Bユース）と16～18歳までの少年（Aユース）が含まれます。この育成段階には、競技トレーニングという名称が与えられています。このジュニアトレーニングとユーストレーニングは、国際的には通常ユーストレーニングとされています。

● 理想的な養成過程と、途中から始める場合

理想的には、ユーストレーニングは、女子で6～16歳、男子で6～18歳にわたって行われます。この長い年月をかけて、魅力的でかつ勝利に結びつくサッカーのあらゆる要素を身につけさせていくのです。最も確実に安定して継続的にパフォーマンスを積み上げていくには、6～8歳のときに、規則的なトレーニングを開始することです。この場合には、少年期全体を通して、年齢クラス、発達段階、育成段階に対応させることができます。

クラブでの規則的なトレーニングをもっと後になってから始めると、育成の第一段階が欠落することになります。しかし、多くの少年は通常サッカーやその他のスポーツの多様な経験をクラブ外ですでにしているため、初めのうちは欠陥が見られても、システマティックなトレーニングによって比較的すぐに解決することができます。しかし、女子の場合はそううまくいかないことも多いのです。女子は元々あまりサッカーの経験を持っていないことが多いので、このような場合は必ず発展トレーニングの中に基礎トレーニングの内容を取り入れるようにしなくてはなりません。

途中から始め育成の第1段階を通ってこなかったユースプレーヤーに対しては、コーチは特別な理解を示してやらなくてはなりません。コーチはそのプレーヤーのパフォーマンスを、クラブのトレーニングでていねいに評価し、これからの学習プロセスを正しく適応させていかなくてはなりません。

参考図書
F～Cユースのためのあらゆる情報

- ユースプレーヤーのトレーニング、ゲーム、ケアのための最重要の基本方針
- 時代に合ったクラブ活動のためのヒント
- スムースなトレーニングの進行のためのオーガナイズのアドバイス
- 最重要の修正のアドバイス：ユースコーチがテクニックトレーニングで特に注意すべきこと
- 魅力的で、年齢に即した、目標に向けたトレーニングのための、たくさんの実践的なゲーム形式／練習形式

1. 鬼ごっこ、競走、ボールゲーム
2. ボールを使った個人練習
3. ドリブル、コンビネーションプレー、シュート、ヘディング等のためのゲームと練習
4. 4対4の多様な活用方法

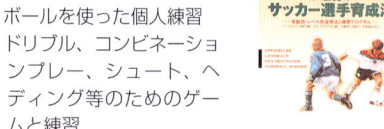

育成の第3段階：競技トレーニング

［サッカーをトレーニングする］

　育成の第3の、そして最終となる段階には、14～18歳までの男子と13～16歳までの女子が含まれます。この段階は「競技トレーニング」段階と呼ばれます。

　この年代では、少年・少女は一般的に、パフォーマンス能力はより向上し、高いレディネスを示します。そのため、B・Aユースは、目標に向けたサッカーのパフォーマンスをさらに安定して向上させていく上で、より有利な発達段階であるといえます。

　ただし、その目標と内容が、学習の基礎、パフォーマンスの基礎に適合していなくてはなりません。「競技トレーニング」の概念は、育成段階のためのトレーニング理解を拡大させたものです。「トレーニングとゲームの喜び、楽しみ」は、この年代でも有効な主題ではありますが、今度はそれに「意識してトレーニングする」が加わります。

　第3段階のための部分目標は、以下の通りです。
● それまでに習得したサッカーのテクニックを安定化させ、技術・戦術を、より向上した個人のパフォーマンス能力（例：筋力の増強、「動きのダイナミクス」の高まり）に合わせていく。
● 特定のポジショングループのための技術・戦術要素の向上。
● 11対11のゲームにおけるチーム戦術行動の向上。
● サッカーに必要なコンディションの養成。
● トレーニングやゲームに関する理論的な知識の拡大。
● 自覚と責任感を持たせる。

［テクニックトレーニング］

　ドイツサッカー協会のタレント発掘活動を見ると、B・Aユースのトップのプレーヤーであっても、ところどころでテクニックの欠陥が見られます。大きなスペースで動くことができるとき、時間が十分にあるとき、ボールをコントロールしてからさらにプレーしたりする余裕があるような場合には、確かに基本的に彼らのテクニックはしっかりしています。しかし、スペースが狭まりプレッシャーが高まったとたんに、彼らのテクニックの問題が露わになります。

　私たちのユースのタレント達は、まだテクニックを使いこなすことができません。プレーにアクセントをつけたり、困難な状況も最適に解決するためにテクニックを使いこなすことができません。テクニックに欠陥があると、戦術的なパフォーマンス能力が制限されます。したがって、この年代においても、テクニックの習得、改善、安定化を、再度前面におくようにします。というのは、B・Aユースは、前思春期と同様に、際だった観察力と高いコーディネーション能力を示すからです（「学習の第2のゴールデンエイジ」）。ここは再び、学習の大きなチャンスとなります！　テクニック能力が比較的短時間で高いレベルへと向上し、学習の効果が早めに現れます。もしもこのチャンスを逃すと、テクニックの欠陥をこれより後になってから克服するのは非常に難しく、時間がかなりかかってしまうことになります。

E～Cユースで身につけそこなったテクニックは、幸いなことにB～Aユースで、まだ取り戻すことができます。この年代は「第2のゴールデンエイジ」なのです。

Chapter2：ユースのための競技トレーニング

図2.

B・Aユース概観 I

発達上の特徴	目　標	内　容
● 第2思春期の始まりと共に、学習・達成のための基礎が著しく向上する： ・横方向へのはっきりした成長によって、身体のプロポーションのバランスがとれる（その結果、コーディネーション能力が向上する）。 ・筋力がアップする。 ・器官が運動器の機能の向上に適合する。 ● システマティックなトレーニングによって、この発達段階においては、再び著しい学習の進歩を達成することができる。 ● しかし、この年代では、男女差が明らかになる。「運動のダイナミクス」と「力強さ」に関しては、男子の方が女子よりも大きく発達する。	● 習得した技術・戦術の基礎を安定化させ、洗練し、深める。そして、試合でのより高まった要求に合わせていく。 ● 個人／グループ／チーム戦術分野の専門的な戦術要素を、目標を持って習得する。 ・チーム内でのポジションの役割 ・リズムを変える ・スペース配分 ・ボールを中心とした守備 ・確実なプレーの組み立てとウイングプレー ・カウンタープレー ・プレーの展開／サイドチェンジ ● モチベーションが高まるように、常にサッカーに当てはめてコンディションの基礎を向上させ安定化させる ・スピード ・基礎持久力 ・サッカーの専門的持久力 ・多面的な筋力強化 ・柔軟性 ● 自信、自覚、責任感の促進	● システマティックに調整したさまざまな大きさのグループで、さまざまなゲーム形式で、特定の技術・戦術的テーマに取り組む ● 補充として、同じ技術・戦術テーマのための練習形式 ・適切な修正を与える ・テンポや相手のプレッシャーをシステマティックに高めていく ● 特別な個別トレーニング（個人的な欠点の克服） ● 人数を多くしたトレーニングゲームで、チーム戦術コンセプトを形成する ● トレーニングの間に持久走、またはトレーニングの最後にクーリングダウンの回復走 ● サッカーの専門的コンディション向上のためのゲーム形式のトレーニング ● ダッシュ、ジャンプのコンビネーション、競走 ● 規則的に柔軟性を高めるプログラムと筋力トレーニングに取り組む

育成の第3段階：競技トレーニング

図3.

B・Aユース概観 Ⅱ

トレーニング	ゲーム	ケア
この年代の少年・少女は‥	この年代の少年・少女は‥	この年代の少年・少女は‥
● 筋の発達が加速することにより、再び身体のバランスを取り戻す。 ● 身体のこの変化のため、コーディネーション能力が向上し「動きのダイナミクス」も大きくなる。 ● 筋力とスピードが著しく向上する。	● 思春期特有の「自分」を中心とした考え方から離れ、関心が問題や味方の方へ向く。 ● 複雑な経過に対する理解力が向上し、また、チーム内の特定のポジションや役割のための現実的な自己評価ができるようになるため、専門化することができるようになる。	● 自己欲求、意見、独自性と共に、独自のパーソナリティーが発達する。 ● さらなる自立を求める。同じ権利を持ったパートナーとして認めてもらいたがる。 ● 自覚、自意識が芽生える。
したがって	**したがって**	**したがって**
● 「実戦的なテクニック」の習得がトレーニングの中心ポイントとなる。つまり、習得したサッカーのテクニックを、時間と相手のプレッシャーの下で高いテンポで、さらに安定化させる。 ● コンディションは特にゲームを使って向上させる。さらに、もちろん個々のコンディション要素は取り出す。常にサッカーに当てはめてトレーニングする。 ● さらに、チーム戦術の基礎とポジション毎の課題がトレーニングテーマとなる。	● プレーヤーの個人的なストロングポイントや個性から、どのような役割、ポジション、プレー方法が各自に最もよく合うのかを考える。それにしたがってプレーコンセプトを方向付ける。 ● 基本的には3トップの攻撃的な基本フォーメーションを目指すべきである。 ● 自己イニシアチブ、クリアティビティ、とりわけプレーの喜びを促進する。	● 少年達に、パーソナリティー発達のための幅広い余地を与えてあげなくてはならない。 ● そのためにはチーム内での責任ある役割を与えることがきっかけとなる。トレーニンググループの監督と指導、オーガナイズの補助、スポーツ以外の活動を共にオーガナイズする等。 ● 「若い大人」は納得し確信していなくてはならない。全ての指示や助言は根拠のあるものでなくてはならない。権威ではなく納得のいく根拠が最終的に決着をつける。

Chapter2：ユースのための競技トレーニング

テクニックトレーニングにかける時間は決して無駄にはなりません。また、最適なパフォーマンスを向上させるためには、トレーニングプログラムは、以下に挙げる原則を考慮し、システマティックにしっかりと計画しなくてはなりません。

原則1：ゲーム形式と練習形式を有効に組み合わせる！

小グループでのゲームが、テクニックトレーニングのベースとなります。それでも「ゲームに近い方法のモデル」の練習形式で、技術・戦術のゲーム形式を補充しなくてはなりません。そうして初めて、相手のいない状態でできるだけたくさん一つ一つの動きを反復し、確実に向上させることができるのです。これらの練習形式の中では、コーチが適切に助け、修正を与えるのがゲームの中でよりもよほど簡単です。

したがって、同じ技術的重点の小グループでのゲームと練習形式の調和したコンビネーションは、最も効果の高いテクニックトレーニングであると言えます。

原則2：練習の要求をシステマティックに高める！

テクニックトレーニングの要求は、バリエーションをつけ、現在の能力に合わせ、課題の解決が常にちょうど可能になるようにします。

技術的な動作のテンポをシステマティックに高めていきます。ただし、動作のスピードを高めることで、クオリティーが低下するようなことがあってはなりません。最終的には全てのテクニック要素が、試合での要求と同じテンポで使いこなせるようにしなくてはなりません。実戦での要求に最適に応えられるようにするためには、実戦状況で相手を付けた形でもトレーニングしなくてはなりません。

[戦術トレーニング]

しっかりしたテクニックは、効果的な戦術行動をとるための前提です。テクニックは、ゲーム課題を解決する戦術的可能性を、狭めもするし広げもします。「ダイナミック」で変化に富んだテクニックを安定させ完璧にすることであらゆる個人戦術およびグループ戦術をマスターするのにプラスになります。

「大ゲーム」での個人戦術およびグループ戦術的要素を継続的に向上させていくために、11対11のゲームから生じるチーム戦術要素を与えるような育成目標が追加されます。これは一つには、チームの中でのポジションごとの課題です。B・Aユースは、様々なポジションでの様々な要求に触れていくようにしなくてはなりません。もう一つには、チームとしてのゲームコンセプトを伝えることです。

[コンディショントレーニング]

コンディショントレーニングを実戦的な方向付けにしていくことは、全ての年代で本質的に重要なことです。コンディションは、まず第一に「ゲーム形式」、すなわちゲームの様々なバリエーションによって向上させていきます。また、個々のコンディション要素（筋力、スピード、持久力、柔軟性）は、モチベーションを高めるように、常にサッカーに当てはめてトレーニングしなくてはなりません。ボールが明らかに中心になるのであれば、場合によってはコンディション専門のトレーニングフォームを導入することも考えられます（P.217第6章参照）。

フリーキックでもコーナーキックでもクロスでも、正確性が重要です。

育成の第３段階：競技トレーニング

図4.
Bユース、Aユースとの適切な接し方

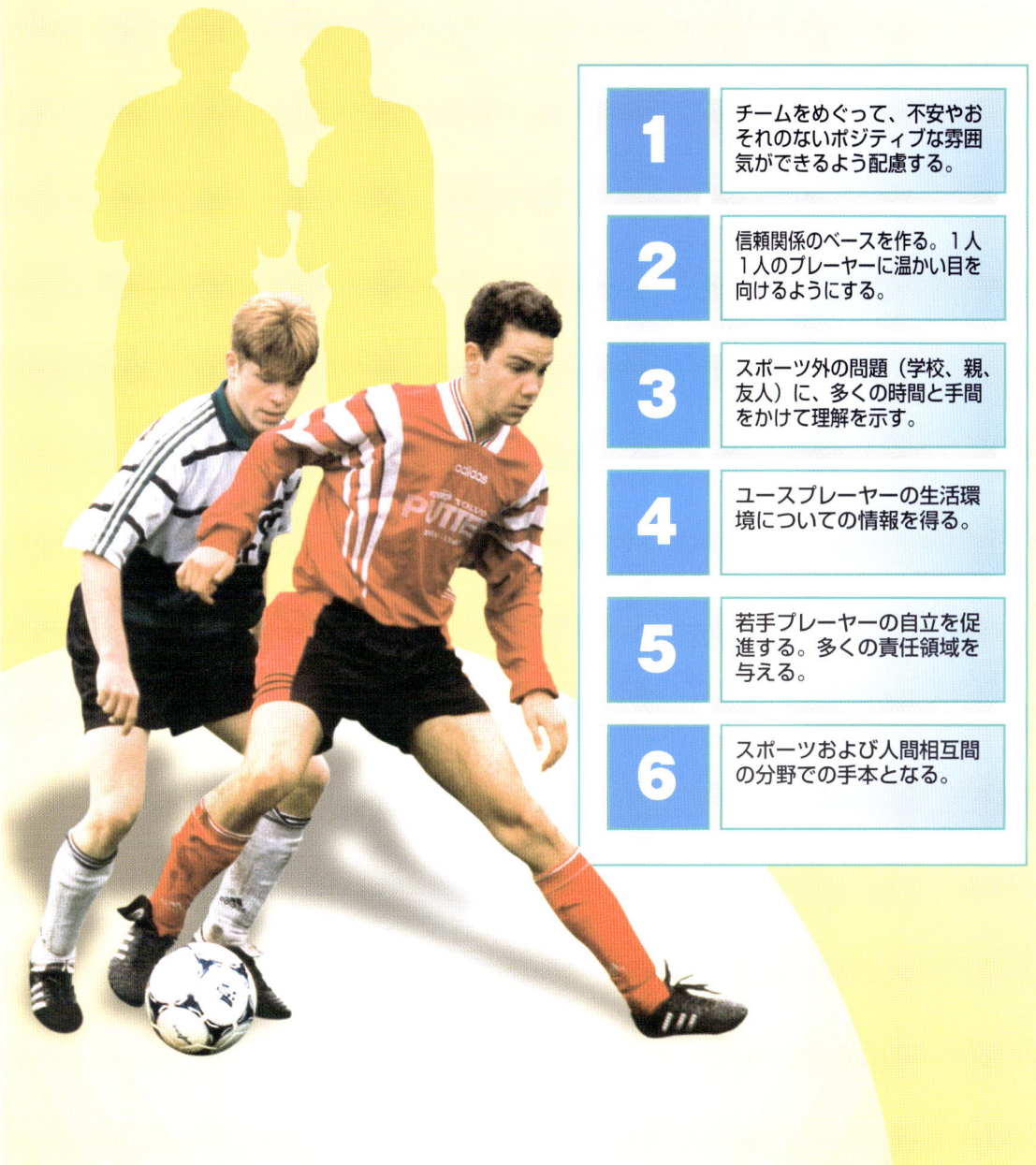

1	チームをめぐって、不安やおそれのないポジティブな雰囲気ができるよう配慮する。
2	信頼関係のベースを作る。1人1人のプレーヤーに温かい目を向けるようにする。
3	スポーツ外の問題（学校、親、友人）に、多くの時間と手間をかけて理解を示す。
4	ユースプレーヤーの生活環境についての情報を得る。
5	若手プレーヤーの自立を促進する。多くの責任領域を与える。
6	スポーツおよび人間相互間の分野での手本となる。

Chapter2：ユースのための競技トレーニング

11対11の試合

［育成における試合］

　試合は、全ての育成段階で、非常に価値の高いものです——ただし、それがそれぞれの年齢段階の能力や関心に合ったものであれば。

　その場合、チームの大きさ、フィールドの大きさばかりでなく、プレーヤーのパフォーマンス状態にも合わせなくてはなりません。ゲームコンセプト、基本フォーメーション、様々なポジションの個々のプレーヤーの役割と要求も、年齢に合ったものでなくてはなりません。

　ゲームシステムとゲーム戦術は、少年達にとって、過大になっても過小になってもいけません。

［ジュニアのためのドイツサッカー協会のゲーム理解］

　11対11の「大ゲーム」には、Dユースから1つのゲーム理解が与えられます。オフェンシブな基本配置で、「将来の」望ましい魅力的なサッカーに必要とされるような明確なプレーヤータイプの養成を特に促進するというものです。基本的に重要なことは、ポジショングループをバランスよく配置することです。
● 具体的には、オフェンスでは3トップ2人のアウトサイドと1人のCFでプレーし、それをMFがサポートするようにします。アウトサイドを使ったプレーは、将来的に、より大きな意味を持つようになることでしょう。というのは、相手ゴール前中央のプレースペースがより一層狭くなっていくからです。ただし、トップのプレーヤーであっても、ボールを失ったらすぐに守備に切りかえ、相手のプレーの組み立てを早期に阻止するようにしなくてはなりません。
● それに対してその他の部分には、様々なポジションや役割の配分があります。これは、コーチがどのようなゲーム理解を持っているか、個々のプレーヤーの特徴は何か、相手がどのようなフォーメーションで攻撃してくるか、等の要素に基づきます。

　その際、特に重要なのは、DFのポジショングループの役割を有効に配分することです。それには様々なバリエーションがあります。

トリッキーでクリエイティブなFWが今こそ貴重です。

1．リベロを置いてプレーする場合。DFのはるか後方で「フリーマン」としてプレーするのではなく、相手プレーヤーへのアタックを積極的に助け、できるだけ頻繁に2対1の状況を作るようにします。リベロがDFのすぐ近くでプレーすることには、ボールを保持したときにも利点があります。チームのディフェンシブMFからのプレーの組み立てにリベロがすぐにからむことができるからです。リベロの行動範囲はそれに伴って拡大します。相手チームが2トップだろうと3トップだろうと、同じです。相手が2トップの場合は、リベロとDF2人で十分です。しかし相手が3トップの場合は、リベロはインサイドDFの近くでプレーし、一方アウトサイドの2人のDFがアウトサイドに来る相手に対処します。

2．リベロがほぼ常にDFと同じ高さでプレーする場合、これはラインディフェンスに相当します。ラインディフェンスはDF3人あるいは4人でプレーされます。その場合4人でのバリエーションは「4バックライン」とも呼ばれます。この場合はリベロがインサイドDFとなり、自分のスペースに入ってくる相手に対処します。もう1人のインサイドDFは、ボールを奪う際に積極的にヘルプあるいは背後のカバーをします。

　プレーシステムとゲーム戦術が、自分のプレーヤーにとって過大になっても過小になってもいけません。自分のチームとそのポテンシャルにあったプレー方法を見つけなくてはなりません！

11対11の試合

図5.
ユースサッカーのためのプレーシステム

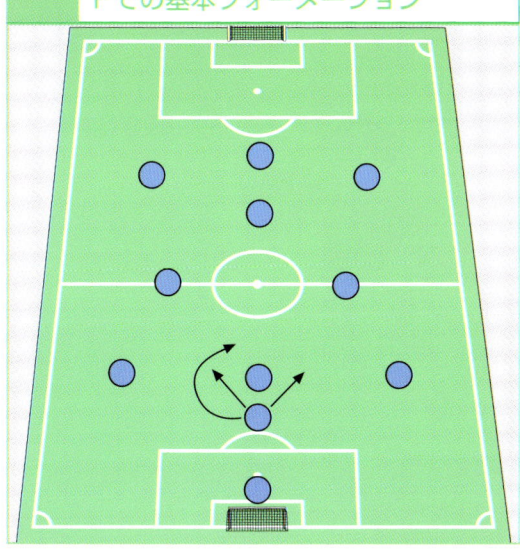

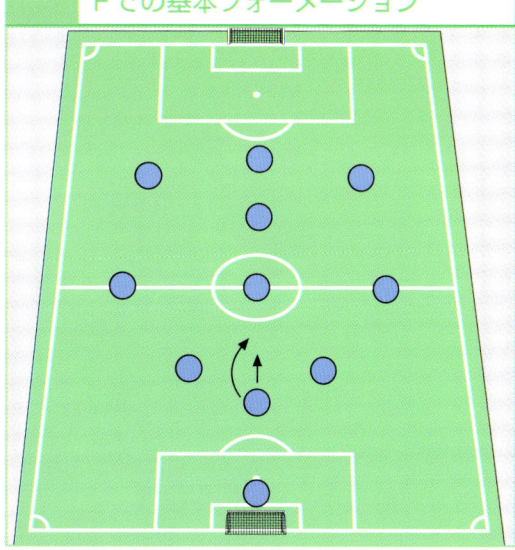

1 フレキシブルなリベロと3人のDFでの基本フォーメーション

2 フレキシブルなリベロと2人のDFでの基本フォーメーション

3 3人のDFとMFに1人の「フォアリベロ」をおいた基本フォーメーション

4 2人のインサイドDFと2人のアウトサイドDFをおいた基本フォーメーション（4バックライン）

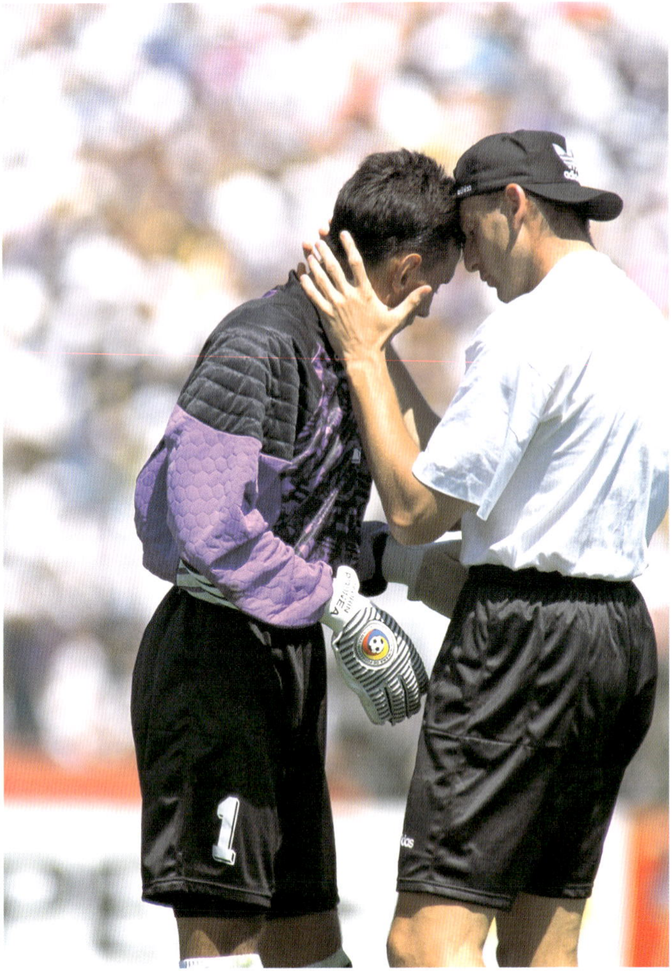

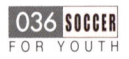

アマチュアのための競技トレーニング

Chapter 3
第3章

Chapter3：アマチュアのための競技トレーニング

アマチュアサッカーに影響を与えるファクター

[アマチュアのコーチは様々な面の実践家]

　競技志向のアマチュアサッカーの目標は、試合での勝利とパフォーマンスの進歩です。個々のプレーヤーのパフォーマンス能力がチームの成功のベースとなるので、トレーニングではまず第一に、プレーヤー個人のパフォーマンス能力を向上させなくてはなりません。

　さらに、プレーヤーは、できる限り最適に相互に補完し合うようにしなくてはなりません。チームづくりのプロセスの目標は、正にそのようなプレーヤーの相互作用を得ることです。

　このようなパフォーマンス要素から「理想的な」コーチに要求されることが明らかになります。

　コーチはトレーニングとゲームで個々のプレーヤーに要求をし支援します。彼らのモチベーションを高め、また一つ一つのパフォーマンスに注目し、修正します。そうすることで、チームづくりのプロセスのイニシァチブをとり、コントロールします。つまりコーチには、トレーニングのコントロール、試合の指導（コーチング）、心理・教育面での指導のエキスパートとしての役割があるということです。

　しかしながら、もしもコーチがその役割をサッカーの面だけに限定していたら、最終的に成功を得ることはできないでしょう。というのは、パフォーマンスの進歩と試合での勝利は、これ以外の多数のファクターの影響を強く受けているからです。

　このようなチームとコーチをめぐる環境としては、例えば、クラブの構造、スポンサーによる制約やコントロール、観客やファンとのコンタクト、メディアとのつき合い等があります。これらが１つのチームのパフォーマンスのポテンシャルに及ぼす影響は計り知れないものです。

　要するに、サッカーの能力は、確かに１人のコーチが成功するための不可欠で基本的なポテンシャルではありますが、それだけでは不十分なのです！　アマチュアのコーチは、これら要求の全てに対応できるようにするために、今日ではますます多面的な働きをしなくてはなりません。コーチはしばしば「付随的に」マネジャーとしての役割も要求されることがあります。積極的に、クリエイティブに、そして権限を持って、経済的な環境と関わり、競技の面での最適な成功を実現できるようにしなくてはなりません。

　そのための「最良の処方箋」などというものは存在しません。各コーチは、自分のクラブでの特殊な状況を正確に分析し、それに合った解決を試みていかなくてはなりません。

コーチングは、監督の数ある仕事のうちの一部分にすぎません。プロの場合、複数のスタッフで分担するようなチームをめぐる数多くの問題を、アマチュアでは監督が１人でやらなくてはなりません。

アマチュアサッカーに影響を与えるファクター

図1.
アマチュアサッカーに影響を与えるファクター

雇用主／経営者	試合	大衆（メディア／観客）
家　族	コーチ　　プレーヤー	スポンサー
クラブ	トレーニング	協　会

Chapter3：アマチュアのための競技トレーニング

トレーニングへのアドバイス

[トレーニングとゲームは楽しくなくてはならない！]

　アマチュアサッカーで成功するためには、魅力的で機能的な環境が外的なベースとなります。それでも1人1人のアマチュアプレーヤーにとって、重要な動機となるのは、やはりサッカーのおもしろさです。仲間と一緒になって丸いボールを追いかける楽しさ、味方プレーヤーとの協力で相手プレーヤーをかわす喜び、そして成功すること（勝つこと）のうれしさです。プレーの体験、身体を動かす喜び、ゲームのチャレンジの要素──このようなものが刺激となります。

　もちろんこれで全てを十分に言い表しているわけではありません。一人一人のアマチュアコーチに最重要となる根本方針は「プレーヤーの期待を満たすこと」であるべきです。トレーニングはプレーヤーにとって、楽しめるものでなくてはなりません。そして進んで取り組めるようなものでなくてはなりません。アマチュアプレーヤーの多くは、昼間の仕事を終えてから疲れてやって来ます。彼らは晩のトレーニングでは「職場の雰囲気」を味わいたくありません。仕事の「スイッチ」を切って楽しみたい──正にサッカーがしたいのです。

結論：アマチュアのトレーニングプラン、トレーニングの構成は、「ゲーム」の要素を基本的な方向付けとしてはっきりと打ち出したものであるべきです。

[楽しみと競技は相反するものではない！]

　一方で、アマチュアでもハイレベルでは、トレーニングを「トレーニングゲーム」だけで終わらせてしまうわけにはいきません。コーチとプレーヤーにとって、競技の側面が重要な動機となります。彼らは試合においてチームの成功、勝利を求め、そして同時に個人の能力を高めたいと考えます。ボールを扱う動きが熟練し、技術・戦術のレパートリーがパーフェクトに養成されているほど、ゲームを楽しむことができ、よりよいチームパフォーマンスができるようになります。また、トレーニングは競技を志向したものでなくてはなりません。我々コーチはよく考えなくてはなりません。私たちはどのようにしたら、喜びと競技のこの両方をトレーニングで両立させることができるのでしょうか？

　そのための考え方としては、アマチュアクラスでは、様々なゲーム形式をシステマティックに組み込んで、それらをトレーニングの中心とすべきです。ただし、その際に、トレーニングの重点に応じて、第5・6章で述べる原則に従うようにしましょう。

どんなレベルでもカテゴリーでも、チームのパフォーマンスを高めるために、集中して取り組む中にも楽しさがあるべきです。

トレーニングへのアドバイス

図2. トレーニングをめぐるコーチの役割

```
                    コーチ
          ┌───────────┼───────────┐
        試 合      トレーニング       ケア
   (オーガナイズと   (オーガナイズと  (プレーヤーとチーム)
    コントロール)   コントロール)
```

プランニング	指　導	評　価
● 自分の目標イメージを的確に表現する ● 長期、中期、短期のトレーニングのプランニング（内容と方法） ● オーガナイズ上の条件を考慮（時間、人数、気候‥）	● スムーズなオーガナイズ：状況に応じ柔軟に対応 ● モチベーションを高めるようなトレーニングフォームで楽しさや喜びを確保 ● 自ら模範となることによってプレーヤーのモチベーションを高める	● チームとのミーティング（賞賛、批判） ● トレーニングの記録 ● 得られた認識を次のプランニングへ応用

Chapter3：アマチュアのための競技トレーニング

プレーヤーとチームのケアのためのアドバイス

［アマチュアチームのコーチのケアの役割］

　魅力的なトレーニングと、パーフェクトにオーガナイズされたクラブ環境は、よいスポーツパフォーマンスのための重要な基盤となります。しかし、それだけでは十分ではありません。プレーヤーがプライベートな問題につまずいていたら、あるいはチーム内のグループ間の調和が崩れていたら、チームの最適なパフォーマンスはあり得ないでしょう。

　その背景に、コーチのさらなる役割があります。プレーヤーへのケアと助言です。この機能を果たすためには、教育学と心理学の知識が必要とされます！

　コーチにとって、ケアと助言の役割には、２つの要素があります。この両者は相互に影響し合っています。
● プレーヤー個人のメンタル面のクオリティーを、長期的に目標を持って養成します。セルフモチベーション、自覚、意志力、進んで取り組む姿勢等、これらはプレーヤーのパーソナリティーの本質をなす特徴です。
● チーム内の雰囲気、与えられた役割・課題の分担に基づく相互の助け合いと尊重、チームのヒエラルキー。プレーヤー相互のコンタクトは、パフォーマンスにマイナスになることもあれば、安定させたり促進したりすることもありえます。したがってコーチは問題や対立を解決するための知識や戦略を持っていなくてはなりません。

　ケアの役割には限りがありません。また、チームによってかなり異なります。毎回何か新しい状況が起こるたびに、コーチは、プレーヤーのパーソナリティー、チームの構造、そして自分のパーソナリティーに応じて、適切に働きかけるための心理学的な方法を見つけなくてはなりません。

　基本的に言えることは、コーチの成功と働きかけの可能性は、自分自身のパーソナリティーによって決まるということです。そこで望ましい特徴となるのは、人を引きつける力（カリスマ性、影響力）、説得力、信頼性です。コーチは自分のプレーヤーを、自分自身の熱意ある取り組みによって納得させ、モチベーションを高めさせなくてはなりません。

ナショナルチームの監督は、多くの協力を得て中心となる仕事に集中することができます。アマチュアの監督にとっては夢のような話です。

プレーヤーとチームのケアのためのアドバイス

図3.

ケアをめぐるコーチの役割

```
                    コーチ
        ┌─────────────┼─────────────┐
        ▼             ▼             ▼
     試 合          ケ ア        トレーニング
  (オーガナイズと  (プレーヤーとチーム)  (オーガナイズと
   コントロール)                    コントロール)
                    │
            ┌───────┴───────┐
            ▼               ▼
       個々のプレーヤー        チーム
```

個々のプレーヤー
- 達成のモチベーション
- メンタル面の安定性の向上
- 人格教育、社会教育
- 個人的な問題への助言（家庭、仕事、経済等）
- ケガや病気の際の助け

チーム
- 外部との対立の解決
- 内部の対立の解決
- 構造、ヒエラルキーに影響を与える
- ポジティブなグループの雰囲気を促進
- 新しいプレーヤーを迎え入れる

Chapter3：アマチュアのための競技トレーニング

試合のためのアドバイス

[アマチュアサッカーにおける試合]

　試合での成功（勝利）は、コーチとプレーヤーのあらゆる努力の目標であり動機です。毎週毎週のトレーニングの努力は全て、試合でのパフォーマンスによって表現されるのです。ただしその際、一つ一つのプレーが即そのままこれらのトレーニングのクオリティーとイコールいうわけではありません。というのは、サッカーにおいては、ご存知のように、結果は多くの計算できないファクターにも影響されるからです。長期的に、順位やチームのパフォーマンスレベルから、トレーニングのクオリティーを推測することはできます。

　その中で、競技志向をもつことが成功のベースとなります。それは絶対に放棄できません。システマティックなゲーム、練習、反復によって、個人ならびにゲームのパフォーマンスの向上を実現させていきます。

　ゲームパフォーマンスを最適にし、チームを成功に導くためには、様々な働きかけの可能性があります。

●シーズン前
● シーズンを様々な方面から評価し、それに基づいて検討したチームメンバーの構成で、あらかじめ基本となる方針を定めます。ポジション、ゲーム理解、並びに性格、パーソナリティーの観点から、チームにプレーヤーを最適に補充します。
● 試合をめぐるオーガナイズは、スムーズに運ぶようにしなくてはなりません。そのためには、早いうちに機能的な「チーム・ビハインド・ザ・チーム」（ケアスタッフ、メディカルスタッフ等のバックアップ体制）を形成するようにします。

●シーズン中
　長期的な役割ばかりでなく、目前の試合の準備、試合のコントロール、試合の入念な反省等が重要となります。
● 自チーム、相手チームの分析に基づいた試合戦術に取り組む。
● チームの戦術的調整。個人やグループとの話し合い。チームミーティング。
● 試合中の観察に基づいて戦術的な切り換え。
● ハーフタイムの有効活用（戦術的な修正。役割分担の変更、選手交代、ケガの処置等）
● 試合の復習、反省。

監督は、週末の試合のときだけ一生懸命になればいいというわけではありません。中・長期の計画にも取り組まなければなりません。

試合のためのアドバイス

図4.
ゲームをめぐるコーチの役割

```
                        コーチ
         ┌────────────────┼────────────────┐
       ケア              試 合          トレーニング
   （プレーヤーとチーム）  （オーガナイズと    （オーガナイズと
                        コントロール）      コントロール）
```

長　期	短　期
● シーズン評価	● プレーヤー/チームの戦術的調整
● タレント発掘	● メンタル面の調整
● シーズンの目標の設定	● メンバーの配置
● ゲーム観察（相手チームの分析）	● 試合中のチームのコントロール（選手交代、ハーフタイムの活用）
● ホーム/アウェーのゲームのオーガナイズ上の問題点を明らかにする	● 試合の評価

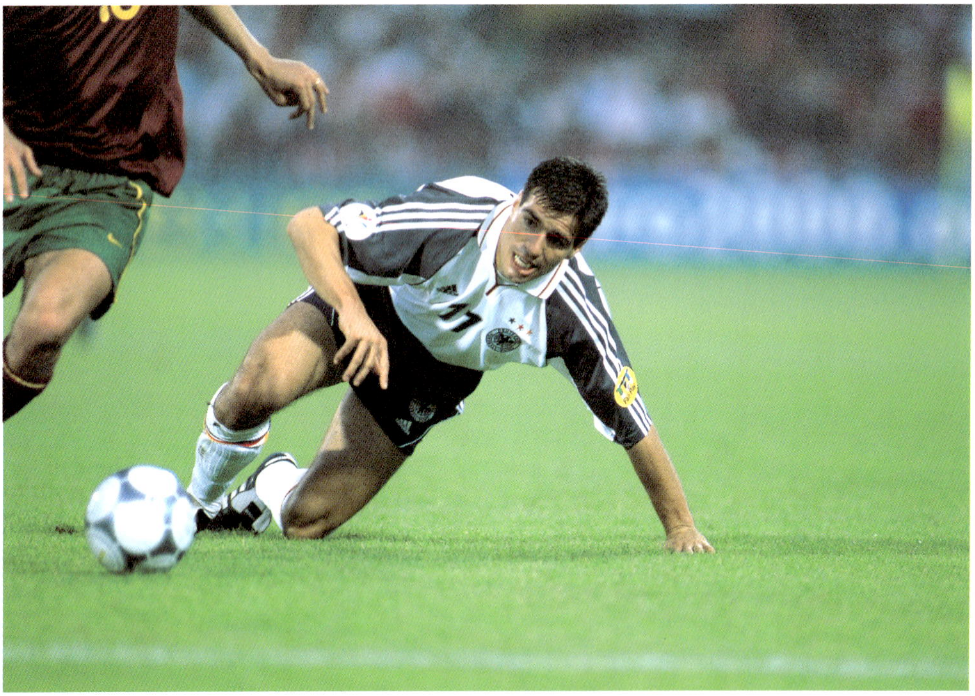

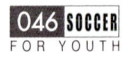

Chapter4

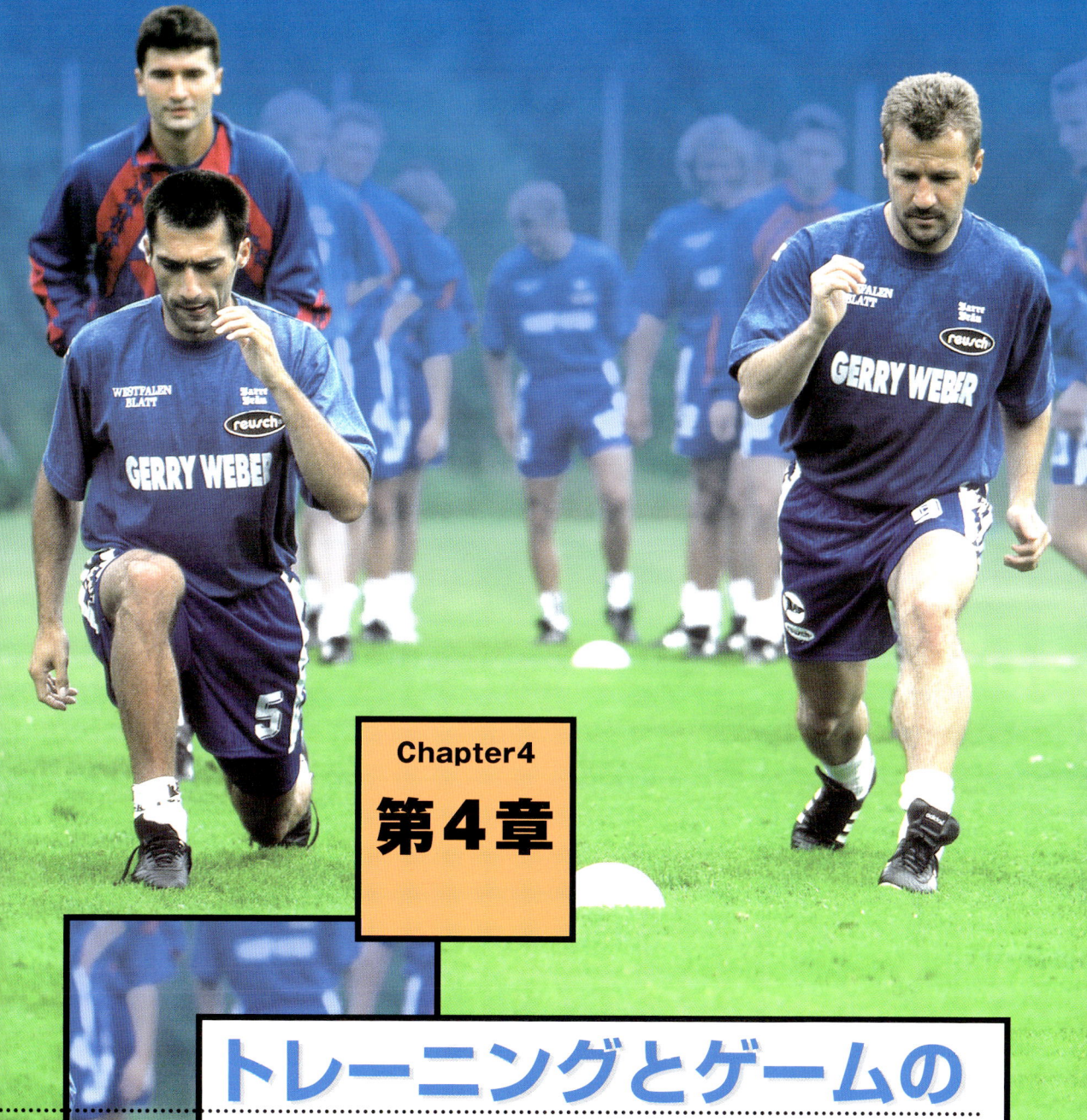

第4章

トレーニングとゲームのための基礎知識

Chapter4：トレーニングとゲームのための基礎知識

戦術と戦術トレーニング

［戦術とは何か？］

　サッカーは、そのゲームの理念とルールによって、実に単純明快な構造になっています。すなわち、守備側のチームは相手のゴールを防ぎ、ボールを奪おうとします。一方、ボールを保持したチームはゴールを狙います。

　このゲームの目的を達成するためには、しっかりと検討された計画的なプレー行動が効果を発揮します。これらは戦術という言葉で表現されます。ゲームの2つの目的「ゴールを奪う」「ゴールを防ぐ」の達成を助けるためにプランされたアクションを実行することです。戦術的な行動を、個々のプレーヤー（個人戦術）、各ポジショングループ（グループ戦術）、チーム全体（チーム戦術）が行います。

●個人戦術

　個人戦術の概念は、守備と攻撃のあらゆるプレー要素を含んでいます。グループ戦術およびチーム戦術の基礎として、プレー状況をうまく解決するためにプレーヤーがマスターすべきプレー要素です。個人戦術行動のための重要な前提は、サッカーのテクニックをマスターすること、優れたコンディションを持つこと、プレー状況を素早く認識する能力を持つこと、そして戦術的な知識を適切に適用する能力を持つことです。プレーヤーは、状況に応じて、個人戦術、グループ戦術、チーム戦術的な課題を解決するために、自分の心身および技術的なポテンシャルを発揮することができる状態でなくてはなりません。

　全般的な個人戦術と区別して、専門的な戦術も重要です。これは、個々のプレーヤーのポジションや役割に結びついたアクションです。ポジションや役割によって、例えばディフェンダーは、多くの状況でフォワードとはちがった戦術行動をとります。

●グループ戦術

　サッカーはチームスポーツであるため、最終的には、適切で有効な、最適に調整された個々のプレーヤーの互いの共同作用（グループ戦術）があってはじめて成功することが可能となります。

　個人戦術行動の場合と同様に、グループ戦術に関しても、全般的な行動と専門的な行動を区別して考えます。

　全般的なグループ戦術には、プレーヤーグループの標準的なコンビネーションが含まれます。それらを全てのプレーヤーがトレーニングしマスターしなくてはなりません。専門的なグループ戦術は、チーム戦術やシステムによってあらかじめ定められた、ポジショングループ内あるいはポジショングループ間で調整されたアクションを意味します。これは例えば、リベロとストッパーの間の約束事、中盤のプレーヤーが特定の戦術的な動きを持つといったこと等です。

概　　　念

戦　術
●戦術とは、技術的能力とコンディション的特徴を、成功に向け計画的に導入することである。

個人戦術
●個人戦術は、個々のプレーヤーのプレー状況解決のための目的に向けた適切なアクションを含むものである。

グループ戦術
●グループ戦術は、チームの部分（ポジショングループ）の目的に向けた適切な共同作用を含むものである。

チーム戦術
●チーム戦術は、チームのプレーヤー全員が関与する、互いに調和した攻撃、守備の全てのコンセプトを含むものである。

試合当日の戦術（ゲーム戦術）
●試合当日の戦術は、ある特定の試合のための特別な戦術的必要条件を含むものである。

戦術と戦術トレーニング

図1.

サッカーの戦術の要素

```
                    サッカーの戦術
          ┌──────────────┴──────────────┐
         攻 撃                          守 備
     ┌────┴────┐                  ┌────┴────┐
  個人戦術   グループ戦術        個人戦術   グループ戦術
  全般的な   2対2からの          専門的(役割   各グループの
  個人戦術   全般的な            やポジション  プレーヤー間
             戦術行動            に結びついた) の専門的戦術
                                 戦術行動     行動
```

チーム戦術

- 素早い攻撃(カウンター)
- 確実なプレーの組み立て
- セットプレー
- コンビネーションディフェンス
- ボール中心/スペース中心の守備

プレーシステム

各試合の戦術

- 相手チームの長所/短所
- 相手チームの個々のプレーヤーの長所、短所
- 外的な影響
- 実際の試合経過

Chapter4：トレーニングとゲームのための基礎知識

●チーム戦術

　チーム戦術には、チーム全体の共同作用が含まれます。

　その際、まず個人戦術・グループ戦術の可能性の幅広いレパートリーがあることで、チーム戦術コンセプトを効果的に実行することが可能になります。これは、各プレーヤーの個人の可能性を方向付けていくべきものです。1つのチームコンセプトへ統一していくことで、再び個々のプレーヤーにも作用します。というのは、チーム戦術は、各ポジショングループ内の共同作用のために、また各ポジションでの個人戦術に、上位の規定を形成するものであるからです。

　攻撃プレーのためには、チーム戦術分野においては、基本的に2つの選択肢があります。カウンタープレーと、ゆっくりした確実なプレーの組み立てです。その両者の間に、中間となるたくさんの可能性があります。

　今日の守備は、相手に対する守備と、ボールを中心とした守備に分けられます。これらは強度が高まるとプレッシングになります。

●各試合の戦術（ゲーム戦術）

　最終的に、個人戦術／グループ戦術的プレー要素を向上させたベースの上に、チーム戦術の基本コンセプトを完璧にしていくことが、成功へのキーとなります。

　それでもコーチとプレーヤーは、柔軟に対応できなくてはなりません。戦術的なコンセプトを——場合によっては1試合毎に——実際に必要とされることに合わせていかなくてはなりません。これは、一つには相手のチームあるいは個々のプレーヤーの特別な長所／短所に起因します（相手の観察から得られた見解）。もう一つには、フィールドの大きさや性質（性状）、天候、観客、レフリー等の外的な要因が、チーム戦術に影響を与えます。

　特に、試合経過の中で予期せぬ展開がおこると、短期的にチームコンセプトを変更せざるをえなくなります。この原因としては、試合の状況、重要なプレーヤーの脱落、自チームあるいは相手チームのプレーヤーのウイークポイント、退場処分、相手チームの戦術やプレーヤーの変更等が問題となります。

　それでも基本的な目標は、自分自身のプレーコンセプトを、困難な状況でも、妨害要素があっても、保持することでなくてはなりません。自チームの強さを押し出すことで、ゲームの決定権を持つことのできるチームが戦術的に有利なのです。これは最終的に、プレーヤーとチームの戦術を養成していく上での目標でもあるべきです。

[戦術トレーニング]

　戦術トレーニングには基本的な目標が2つあります。

第1目標

　長期的な育成プロセスの中で、プレーヤーに個人戦術、グループ戦術の可能性を幅広く与え、難しい状況になっても、最終的に様々に解決することができるようにします。

第2目標

　特に高いレベルや上の年代では、プレーヤーはゲームコンセプトやチームコンセプトの中で、自分に与えられたポジションや特別な役割に対して準備しなくてはなりません。

　トレーニングプロセスの中で、これら両方の目標が密接に関連し合っています。その中で、戦術トレーニングの重点、内容、要求する特徴を、年齢やレベルに応じてはっきりと区別をしていきます。

●低いレベル／年齢クラスでの戦術トレーニング

　低いレベルや年齢のクラスでは、個人戦術、グループ戦術の要素を、順々に重点的に、長い時間をかけてトレーニングしていきます。
● ドリブル、パス、ボールコントロール、シュート（連続アクション。最終的には相手プレーヤーを入れる）。
● ボールを奪った後／奪われた後に、素早く切り換え。
● コンビネーションプレーの基本型。パスを受ける、フリーになる、ワンツー、受け渡し等。

戦術と戦術トレーニング

図2.

戦術トレーニングの基本要素

1 実戦に即したトレーニングフォーム、負荷フォームを与える。

2 できるだけオープンなトレーニング課題を与え、自分自身のイニシアチブを要求する。

3 解決可能ではあるが、それでも要求の高いトレーニング課題を設定する。

4 複雑さ、難度をシステマティックに高めていく。

5 デモンストレーション、修正、問いかけ、ディスカッションによって、プレーヤーを学習プロセスに積極的に関与させる。

6 プレーヤーを戦術面でできるだけ多面的に育成する。

Chapter4：トレーニングとゲームのための基礎知識

● 1対1をはじめとするゲームの様々な基本状況での守備。

まずこれらの個人戦術、グループ戦術の基礎に取り組んでから、チーム戦術的なトレーニング重点を適切に与えていきます。しかし、これは常にプレーヤーのパフォーマンス能力に合わせていくようにしなくてはなりません。

● **高いレベル／高い年代の戦術トレーニング**

それに対して、ハイレベルのクラスでは、戦術トレーニングは、その時々の各チームの状況に応じたゲーム戦術的なコンセプトへ取り組むという傾向が強くなります。目標は、戦術をしっかりと身につけたチームを作ることです。

その際、チーム戦術の方向付けについては、以下の点を考慮します。

● どのようなプレーヤーがいるか？　場合によってはどのポジションに新しいプレーヤーを補強することを計画しなくてはならないか。
● 全てのプレーヤーが特定の戦術コンセプトに適しているか、あるいは様々なプレーの特徴や理解を互いに調整しなくてはならないか。
● どの守備フォーム（例：ボール中心）を主に使うか。
● どの要素で攻撃プレーを決定づけるか。　例：カウンタープレー、ウイングプレー
● セットプレーはどのような方法を習得するか？

さらに高いレベルでは、次の試合に向けたチームの準備がより大きな意味を持つようになります。1週間のトレーニングの中で、適切なゲーム形式、練習形式を使って取り組んでいきます。

● **あらゆるレベルのための目標**

技術・戦術トレーニングは、レベルに関係なく、以下の目標設定を持つべきです。

● 基本テクニック、ポジションテクニックをハイレベルに高める。
● 攻撃的で魅力的なプレー方法の基盤を得る。
● ゲーム作りの観点から、プレーの機転、真剣な取り組み、クリアティビティ、リスクへの準備、即興能力を促進する。
● グループ戦術／チーム戦術の部分で、最適なディフェンスコンセプトに取り組む。

しかし、これら要求の高いトレーニング目標を、長期的に達成していくには、どのようにしたらよいのでしょうか？

1対1でのボールキープは、サッカーの戦術の基本です。

戦術と戦術トレーニング

［戦術トレーニングのための基本原則］

●基礎を与える

ボール扱いがしっかりしているほど、困難なプレー状況でも柔軟に行動し、うまく解決することができるようになります。ゲームの典型的な状況でのテクニック能力の改善と安定化は、戦術トレーニングのベースとなります。

一つ一つのテクニックを、相手のプレッシャーを受けながらでも、正確に高いテンポで実行することができなくてはなりません。

戦術要素の基礎トレーニングのための基本原則は、以下の通りです。
- ●技術・戦術の重点を、長時間かけてトレーニングします。
- ●トレーニングにおいて、練習形式、ゲーム形式を、技術・戦術の重点と有効に結びつけます。
- ●常に実戦に近いトレーニングフォームを与えます。
- ●具体的なプレー状況を手がかりに修正を与えます。
- ●要求をそのときのプレーヤーの能力に合わせます。

●専門的な戦術要素を与える

個人戦術、グループ戦術の安定したベースの上に、ハイレベルのクラスでは、プレーヤーとチームのための戦術的な要求が拡大します。したがって、チーム戦術あるいはゲーム戦術の専門的な要素に、ステップバイステップで取り組んでいき、完璧にしていかなくてはなりません。

そのためには、いくつかの原則があります。
- ●プレーヤーとコーチは、チーム戦術の方向付けに関して、1つの目標を追求するようにしなくてはなりません。そうしてこそ、共に一つとなって団結し、それに伴って最適なモチベーションが生み出されます。したがって、プレーヤーは戦術上の基本方針の検討に関与するようにすべきです。
- ●チームのハーモニーは、プレーシステムの問題ではなく、むしろ長期にわたる綿密なトレーニング活動の結果生まれるものなのです。

そのためには、コーチは戦術的な学習プロセスを導入し、戦術上の重点に従い適切なトレーニングフォームを与えることによって、それを促進しなくてはなりません。

トレーニングの間には、これらのステップを踏まえなくてはなりません。
1. コーチはプレーアクションを分析し、欠陥を認識する。
2. 問題があったら中断し、その具体的なプレー状況に関し、よりよい選択肢や解決の提案がないか問いかける。

実際の状況でのこのような戦術習得の際に、プレーヤーに積極的に参加させ、わかりやすく具体的に示すことは、単にコーチが言葉で説明するよりもはるかに効果的です。

3. プレーヤーにもう一度同じプレーをさせ、解決の可能性を実際に試してみることができるようにします。

- ●それぞれの戦術学習の最上位の原則は、プレーヤーが「自分で何とかできるようにするための手助け」です。学習の目標は、最終的には、高い戦術的柔軟性と自己イニシアチブなのです。プレーヤーは、前もって与えられた戦術の型を形式的にトレーニングするばかりでなく、自分で責任を持って、相互に調整し、そのつど実際の、しばしば予測不可能なプレー状況を、自分自身でうまく解決していくようにしなくてはなりません。

トップのサッカーでは戦術の要求がますます高まってきています。それに伴って、トレーニングの方法も拡大し、戦術学習のクオリティーも向上してきています。戦術トレーニングは、コーチとプレーヤーにとって、永遠の挑戦なのです。

Chapter4：トレーニングとゲームのための基礎知識

[システムと戦術]

　プレーシステムと戦術は、相互に影響し合い、結びつき合っています。というのは、特定の戦術コンセプトと特定のプレー理解は、ポジションのロジックに合った配置でのみ効果的に実現できるのです。

　フィールド上のポジション配置は、「プレーシステム」ないしは「基本配置」という概念で規定されます。サッカーにおいては、これらの基本フォーメーションは、通常3つのポジショングループに分けられます。これらはサッカーのプレーの構造によって生じるものです。すなわちディフェンダー、ミッドフィールダー、フォワード（トップ）です。

　これらのポジショングループには、それぞれのプレーエリアの中で、特定の役割が割り当てられています。システムには、例えば4-4-2、あるいは3-5-2等と呼ばれるものがありますが、これらは単に、それぞれのポジショングループにチームの何人のプレーヤーが配置されるかという表現です。つまり、これらのシステムの名称が表現していることというのは非常に限られているのです。これは、チームのスタート時のフォーメーションが述べられているにすぎないのです。1つのシステム内でのプレーについて、守備と攻撃の個人やグループのアクションについては、これらの数字は何も表現していません。

　1つのチームのシステムにおけるプレー行動について、有用なイメージを得るためには、プレーヤーの主なアクションスペースを把握し、図等を作ってわかりやすく示さなくてはなりません。それによって、プレーヤーがどのスペースで頻繁に動き仕事をするのかが視覚化されます。それによって「システム」の概念は拡大し、より重要なことを表現することになります。

[今日のゲーム理解]

　我々は、基本的に、「リベロ」のポジションによって、今日2つのゲーム理解を区別して考えています。
　1つは「リベロ」が中心的役割を占めるプレー方法の場合、もう一つは反対に、このポジションをおかない場合です。その場合、この2つのプレー方法は、3-5-2、あるいは4-4-2、4-5-1、4-3-3の配置でプレーされます。

　リベロ有りのプレーの場合、このポジションの役割設定が問題となります。リベロがディフェンスラインの少し後ろ、同じ高さ、あるいは前でプレーすることもあります。このポジションに、その時々の状況の中で適切な行動をとることができ、ポジショニングを柔軟にできるようなプレーヤーがいるチームは有利であるといえます。

戦術と戦術トレーニング

4-4-2

4-4-2システムは決して新しいものではありません。特にイングランドでは、かなり前から好まれているものです。ワールドカップ1990年大会と1994年大会の間に、このプレーシステムは非常に流行しました。1990年イタリア大会では、ほとんどのチームがリベロをおいてプレーしていました。1994年アメリカ大会では、ほぼ半数のチームが後方で1つのディフェンスラインを形成してプレーしていました。

プレーシステム 4-4-2

- ① ゴールキーパー
- ② 右アウトサイドDF
- ④ 右インサイドDF
- ⑤ 左インサイドDF
- ③ 左アウトサイドDF
- ⑦ 右サイドハーフ
- ⑥ 右インサイドMF
- ⑩ 左インサイドハーフ
- ⑧ 左サイドハーフ
- ⑨ 右トップ
- ⑪ 左トップ

基本的な特徴

- 4-4-2システムが1つの特定のディフェンスフォームとは必ずしもいえません。しかし通常は、この基本配置はゾーンディフェンスでプレーされることが多いです。
- ディフェンスラインのMFラインの4人のプレーヤーは、フィールドの幅一杯に最適に配置され、ボールにまとまって移動するというゾーンディフェンスの戦術上の基本コンセプトが、比較的簡単に実現できるようになっています。

DF	MF	FW
● 4人のDFが1つのラインでプレーする。 ● 1人のプレーヤーが少し後ろに位置して味方をカバーするとしても、明らかなリベロを形成するわけではない。 ● 「4バックライン」全体がボールの方向へ移動し、相手のアタッカーのプレースペースを狭める。 ● アタッカーにはできるだけ2人のプレーヤーが同時にプレッシャーをかけることで、ドリブルや縦への正確なパスのチャンスをつぶす。	● MFは縦に4つのゾーンに分けられる。その中で4人のMF1人ずつが特定の役割を果たす。「アウトサイド」2人、「インサイド」2人。 ● ボールを奪われたら4人のMFがこの基本フォーメーションから出てボールに移動し、相手のプレースペースを狭める。 ● 2トップでのプレーによって相手ゴール前に広いスペースができる。そこにMFから入れ替わり上がっていく。	● 2トップだけでプレーするので、3トップの基本フォーメーションの場合よりも戦術的に大きな柔軟性を必要とする。 ● ゴールを狙うことがトップにとって最重要の課題なので、2トップのアクションは全て、素早いフィニッシュへ向けられたものでなくてはならない。 ● そのためには、彼らは後方の味方のために「チャンスを作る」役割を持つ。 ● ボールを奪われたら、トップは直ちに「ファーストディフェンダー」となり、相手の攻撃の組み立てを妨害する。

Chapter4：トレーニングとゲームのための基礎知識

3-5-2

ドイツはこのフォーメーションでワールドカップ1990イタリア大会のチャンピオンとなりました。ブンデスリーガでもほとんどのチームが今日このシステムを実践しています。このシステムは、多くの戦術的バリエーションの可能性を提供します。とりわけMFの基本配置とリベロのポジションの戦術的な方向付けで、たくさんの選択肢が生まれます。

プレーシステム 3-5-2

ポジション配置：
- ① ゴールキーパー
- ⑤ リベロ
- ③ DF / ④ DF
- ② 右サイドハーフ / ⑥ 左サイドハーフ
- ⑩ センターハーフ
- ⑦ 右ハーフ / ⑧ 左ハーフ
- ⑨ 右トップ / ⑪ 左トップ

基本的な特徴

- 伝統的な4-3-3システムは、時と共に変化してきました（各ポジションの役割設定の拡大）。
- その中でも最も重大な変化は、サイドバックがよりオフェンシブなプレーヤーとされたことです。この新しい戦術的方向付けの反応として、コーチは攻撃的に強化された相手プレーヤーに対して同じタイプのプレーヤーを配置し、そのため「純粋」なウイングを放棄しました。
- このように、4-3-3システムからポジショングループの構成の変更によって3-5-2フォーメーションとなったのです。

DF

- チーム戦術的方向付け、プレー状況、プレーヤーのポテンシャルによって、リベロはDFの前または後ろでプレーする。相手の攻撃時には、少し後方に下がってカバーしなくてはならない。それに対して自チームの攻撃とプレッシングの状況では、DFの前あるいは中盤まで上がる。
- DFは相手のトップにマンツーマンマークができる。これは、相手が片方のサイドでプレーしてくる場合、そしてトップがポジションチェンジをしてくる場合に有利である。

MF

- MFの役割分担と基本配置はチームによって様々な可能性がある。
- 典型的なのは、両サイドで「ペアを作る」バリエーションである。5人目のMFが中央のディフェンシブな位置に入り、状況に応じて攻撃に参加する。
- 1つのバリエーションでは、4人のMFが1つのラインになってゾーンディフェンスをする。5人目（オフェンシブ）MFプレーヤーのポジションは、いわゆる「ゲームメーカータイプ」あるいは「トップ下」に位置する。

FW

- 2トップは特にコンパクトな相手ディフェンスに対し、目標に向けた変化に富んだ攻撃アクションをしかけ、ゴールチャンスを生み出さなくてはならない。
- アタッカーはその際、相手ゴール前の中央ばかりでなく、ウイングにまで流れ、前に向かう動きに組み合わせる。
- ボールを奪われたら、素早くディフェンスに切り換え、相手のプレーの組み立てを妨害し困難にして、後方の味方がボールを奪えるようなお膳立てをする。

図3.

戦術的な重点　概観

個人戦術

攻 撃
- ボールをバリエーション豊かにドリブルする。
- フェイントのレパートリーを駆使して相手をかわす
- 変化を付けたドリブルで、プレッシャーのかかった状況を打開する。
- 状況に応じたフリーランで、ボールを要求する。
- ボールを正確に、様々に、状況に応じてパスする。
- グラウンダー、ライナー、ハイボールを、プレッシャーを受けながらも確実にコントロールする。
- ゴールチャンスを様々なシュートテクニックで決める。

守 備
- すでにボールを持っている相手アタッカーに対し、巧みな守備、適切なポジショニング、ランニング、守備のフェイントで、相手をアウトサイドへ追い込み、ボールを奪う。
- ボールを要求し受けようとしているFWに対して適切に守備をする（自分のポジションから近い場合／遠い場合）。

グループ戦術

攻 撃
- コンビネーションを意識的に積極的に準備。
- 適切な受ける動き、フリーになる動きで、味方にパスの選択肢を作る（確実なコンビネーションプレーのベース）。
- 幅と厚みをとり、コンビネーションプレーをやりやすくする。
- 味方のプレーヤーをよく見て、フリーランの動きを互いに合わせる。
- コンビネーションプレーのチャンスを察知し、思い切って活用（例：ワンツー、オーバーラップ、ワンツーをフェイントに使う）。
- オフェンスのコンビネーションを、フィールドの中央あるいはサイドを使って使いこなす。

守 備
- 数的不利／同数／優位の守備

チーム戦術

攻 撃
- 後方からのプレーの組み立てをマスターする。
  1. 幅と厚みをとる
  2. 確実なパス回し
  3. サイドチェンジ
  4. ゴールチャンスを生み出すプレー
- 素早いカウンターアタックを使いこなす。
  1. 守備的なディフェンスからスタート
  2. ボールを奪ったら素早い切り換え
  3. ランウィズザボール、ダイアゴナルパス、縦パス
  4. 狙いをもってフィニッシュ

守 備
- チームで一体となって、しっかりとしたマークで守備をする。
- 中盤でコンパクトにまとまった動き（中盤のプレッシング）を作り出す。
- 攻撃のプレッシング（相手ハーフ）で、状況に応じて早期から相手にアタックをかける。

Chapter4：トレーニングとゲームのための基礎知識

コンディションとコンディショントレーニング

[サッカーにおけるコンディションとは何か、どうしたらそれを適切にトレーニングすることができるのか？]

　狭義では、コンディションとは、プレーヤーの身体のパフォーマンスの基盤であるとされています。身体的な基本特徴のコンディションは、持久力、筋力、スピード、柔軟性に区別されます。

　現代に合った実践的なサッカーの専門的コンディションの習得は、どのように方向付けるべきなのでしょうか？

●まず、コンディショントレーニングも、現代のサッカートレーニングの基本原則に組み込まれます。トレーニングとゲームは、相互に影響し合っています。トレーニング目標は、直接試合から導き出されるべきです。というのは、本来試合でのパフォーマンスを向上させるためのものだからです。この方法でのみ、サッカートレーニングは試合への要求に向けて最適に準備することができるのです。

　しかし、サッカーという種目の基本的な特徴は「ゲームの複合性」であるといえます。各ゲーム状況で、テクニック、戦術、コンディションの間に密接な相互

1対1の状況は非常に負荷が高いものです。そのため、負荷を適切にコントロールしなくてはなりません。プレー時間を短くし、休憩を長くとります。

メ　モ
サッカー選手のコンディションの特徴は‥
●例えば陸上競技選手が要求されることとは異なります。 1．サッカーの専門的なスピードはスプリンターのスピードとはちがいます。 2．サッカーの専門的な持久力は、長距離選手の持久力とはちがいます。 ●常にそのスポーツ種目の専門的な特徴を持つようにします。 ●サッカーに関係したゲーム形式や練習形式を使うことによって、確実に改善させていきます。

作用があります。プレーヤーは、与えられた戦術的チームコンセプトをめざし、そしてそのために状況に応じてテクニック、コンディションの基礎を引き出さなくてはなりません。「コントロールしたプレーの組み立てをしろ」という戦術的指示は、それに要求される基礎テクニックであるパスやボールの受け方ができていなかったら実行できません。あるいは、相手プレーヤーがスピードと持久力で勝っていたら、それに対して「マンマーク」という戦術的指示を出したところで意味はありません。

　このように、複雑なゲームパフォーマンスの部分要素の間に密接な相互作用があることで、コンディショントレーニングの際に常に考慮し、常に「共にトレー

図4.
サッカーにおけるコンディション

```
                身体的特性
        ┌─────────────┬─────────────┐
        │    持久力    │    スピード   │
        └─────────────┴─────────────┘
        サッカーでの現れ方
          ●基礎持久力      ●ダッシュのスピード
          ●専門的持久力    ●スプリント力、キック力

        ┌─────────────┬─────────────┐
        │    筋力     │    柔軟性    │
        └─────────────┴─────────────┘

        ┌─────────────┐     ┌─────────────┐
        │ コンディション │ ←  │ コーディネーション │
        └─────────────┘     └─────────────┘

        サッカーでの現れ方
          ●意志力         ●自信
          ●集中力         ●リスクを冒そう
                           とする姿勢

        ┌─────────────┬─────────────┐
        │ 達成のモチ   │  気質/気分   │
        │ ベーション   │             │
        └─────────────┴─────────────┘
                精神的特性
```

Chapter4：トレーニングとゲームのための基礎知識

ニング」していかなくてはなりません。トレーニング時間の大部分は、各テクニック、戦術、コンディション要素を要求に合わせて効果的に結びつけていかなくてはなりません。それによって、パフォーマンス向上が得られるのです。
● 現代サッカーのこの基本理解から、トレーニング内容をどうするべきかがわかります。全てのトレーニングフォームは、試合の要求と直接的な関係を持っていなくてはなりません。ゲームで起こらないようなことをトレーニングしても、何も得ることはできません。要するに、最適なサッカートレーニングは、試合の特徴を持ったものでなくてはならないのです。これは、技術・戦術トレーニングでもコンディショントレーニングでも同様です。したがって、コンディションの特徴は、特にユースサッカーにおいては、サッカーに専門的にトレーニングされるべきです。

　サッカーの専門的持久力を向上させるために、ゲーム形式を導入する際には、負荷が適切な設定になるよう特に注意します。

　基本原則としては、グループが大きいほどプレー時間は長くなります。グループが小さいほど負荷が高くなり、それだけに時間を短くする必要があります。さらに、負荷が高い場合には、休憩時間をより長くとらなくてはなりません。

　ここでもう一度、現代的なサッカーの専門的なコンディショントレーニングの主要な長所と基本方針を以下にまとめておきましょう。

● 最高のコンディショントレーニングはゲームに即して構想されシステマティックに導入されたものです。個々のコンディション要素はサッカーの専門的な方向付けで得られるものです。
● 様々な課題、人数、広さでのサッカーのゲーム形式を中心としてトレーニングを組むべきです。コーチはそこでコンディショントレーニングと技術・戦術トレーニングを理想的に結びつけることができます。そして同時に、目標をもった重点も設定することができます。
● 最初からボールを使うようにします。そうすることによって、プレーヤー的にモチベーションは高まります。
● トレーニングをゲーム的に方向付けることで、ゲームの楽しさや創造性を促進することができます。
● 広範に渡る運動強度の高いテクニックプログラムをウォーミングアップに入れるようにします。また強度の高い負荷の間に積極的回復を入れます。さらに最後に長めの回復ランニングを入れることで、サッカーの専門的な基礎持久力が向上します。それをベースとして、ゲームで持久力をトレーニングしていきます。
● 柔軟性トレーニング、パワートレーニング、スピードトレーニングを、補充として規則的にトレーニングに組み込むようにします。しかし、ここでも言えることは、エクササイズの方法と負荷をできる限りサッカーに関連づけることです！

最適なサッカーのトレーニングは、試合の特徴を備えたものであるべきです。したがって1対1から10対10といったゲーム形式が、コンディショントレーニングでも中心となります。

メモ

サッカーにおけるコンディショントレーニングは‥

● 試合での現実の要求に直接向けたものでなくてはなりません。
● あきらかにゲーム的な方向付けであるべきです。ゲーム形式がここでもトレーニングの中心となります。
● 負荷を調整します。トレーニング負荷は、ゲームの負荷に見合うよう調整すべきです。
● 楽しくなくてはなりません。ゲーム的にすることで、同時に楽しさと創造性が促進されます。

図5.
コンディショントレーニングの目標

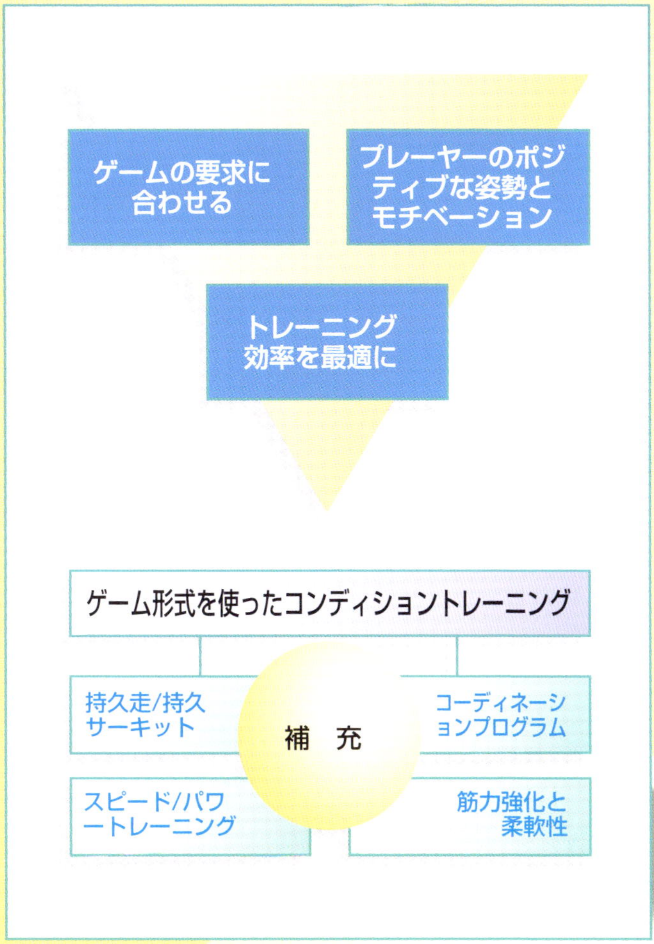

- ゲームの要求に合わせる
- プレーヤーのポジティブな姿勢とモチベーション
- トレーニング効率を最適に

ゲーム形式を使ったコンディショントレーニング

補　充

- 持久走/持久サーキット
- コーディネーションプログラム
- スピード/パワートレーニング
- 筋力強化と柔軟性

Chapter4：トレーニングとゲームのための基礎知識

トレーニングとトレーニング計画

[トレーニング計画の意義]

　コーチの仕事を長期的に成功させるためには、将来を見据えてシステマティックにトレーニングをプランニングしていくことが基盤となります。現代、各コーチは自分のチームから「最高」を引き出したいと思うのであれば、相当な労力をつぎ込まなくてはなりません。毎日のトレーニングが有効なトレーニングの原則にしたがっていれば、そして相互に調和していれば、パフォーマンスは向上していくはずです。あらかじめ設定された「主題」から日々多少それることは大きな問題ではありません。というのは、コーチは常に、前のトレーニングでやったこと、次のトレーニングでやることについての見通しを持っているからです。

●トレーニングプランをたてる際のステップ
ステップ1：状況の分析
● できる限り現実的な目標を設定するためには、現在のプレーパフォーマンスに影響を与えるファクター全てを入念に分析し、それをベースとしなければ不可能です。プレーヤーのパーソナリティーと姿勢、プレーヤーやチームを取り巻く環境、トレーニングの可能性、クラブの構造等のファクターです。

ステップ2：目標設定
● まずこのような入念な分析をしてから初めて目標を設定することが可能になります。様々な期間を考慮し（長期、中期、短期）、それぞれ具体的に考えなくてはなりません。
● その際コーチは、これらの目標を、プレーヤーとの同調、調和を大切にして設定していくようにしなくてはなりません。この方法によってのみ、真の団結が得られます。さもないと対立が起こることが予想され、それは通常パフォーマンスにマイナスに作用します。

ステップ3：トレーニング計画
● 次のステップに進んで、今度は、実際のトレーニングの計画を開始します。これは各地域協会が定めた試合日程に合わせたものとなります。スポーツの目標は、与えられた期間に合ったものでなくてはなりません（シーズン開始、シーズンの長さ、休暇期日）。
● 次に、1つ1つのトレーニング段階（メゾサイクル、ミクロサイクル）に具体的なトレーニング内容を当てはめていきます。まずゲームに即したトレーニングフォームを求め、負荷を量と強度の2点を考えて計画していきます。

ステップ4：トレーニングの実践
● フィールド上で実際にトレーニングを実践することによって、あらかじめたてたプランニングが適切であったかどうかが明らかになります。ここで短期の柔軟な修正を行うことができます。

ステップ5：トレーニングとゲームパフォーマンスのコントロール
● トレーニングプロセスをコントロールし続けることは、トレーニングのプランニングと構成を最適にするために重要なことです。コーチはうまくいっていないところを認識し、修正します（トレーニングのプランニング、実行、あるいはシーズンの目標設定に成否とは別に）。
● 試合では、トレーニングで計画した目標が達成されたかどうかが示されます。その際「試合結果そのもの」だけをトレーニング活動の尺度とすべきではありません。試合の経過と1人1人のプレーヤー、ポジショングループ、チーム全体のパフォーマンスも、同様に重要なものです。

サッカーのトレーニングを最適に行うためには、常に、負荷を適切に加減します。

トレーニングとトレーニング計画

図6.

トレーニング計画のステップ

- まず、分析する
  - ゲームパフォーマンス
  - トレーニング環境
  - チームのプレーヤー

- トレーニング目標の設定

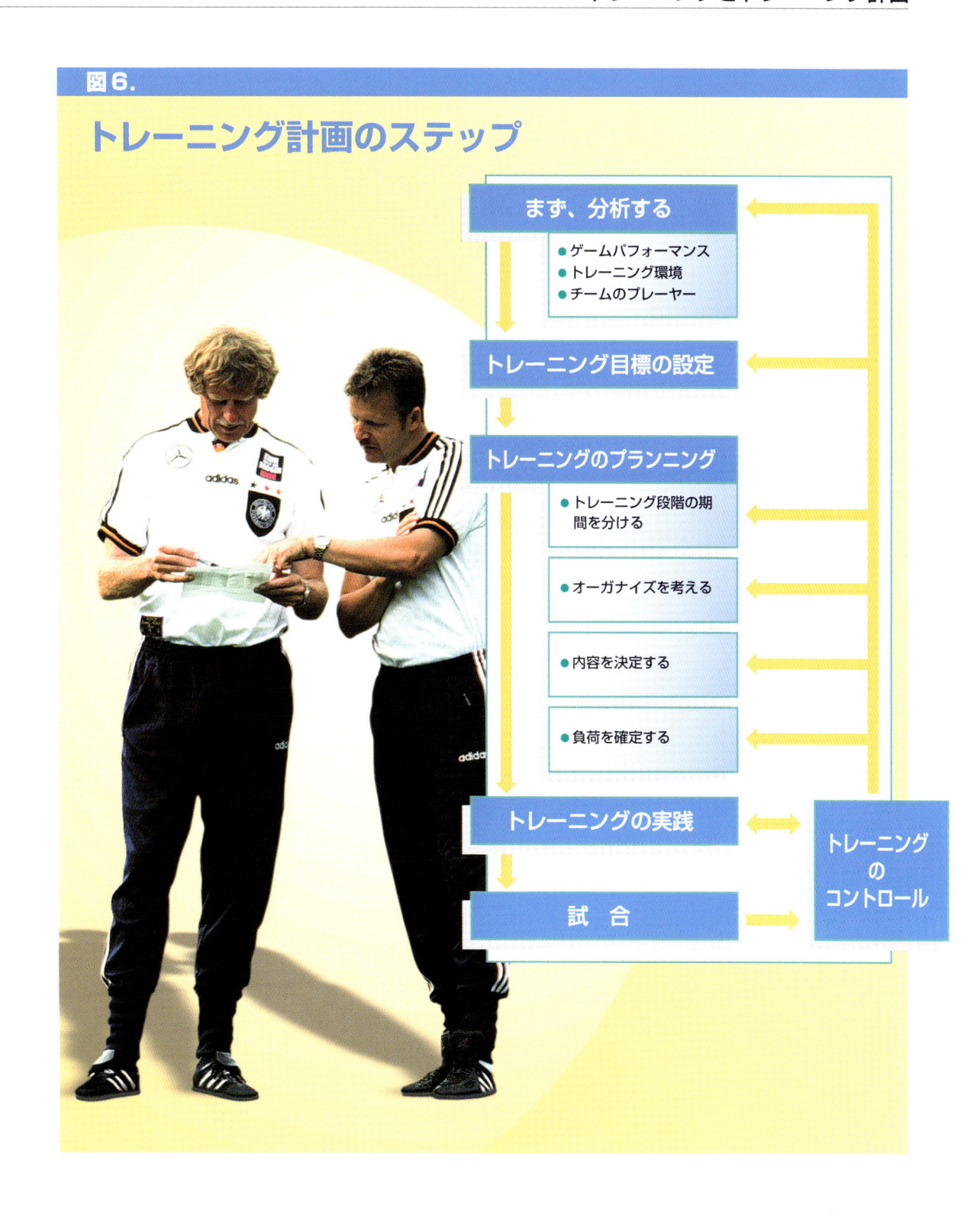

- トレーニングのプランニング
  - トレーニング段階の期間を分ける
  - オーガナイズを考える
  - 内容を決定する
  - 負荷を確定する

- トレーニングの実践

- 試合

- トレーニングのコントロール

Chapter4：トレーニングとゲームのための基礎知識

［1つのシーズンのプランニングのために］

サッカーのシーズンは、期間のいくつかの節目によって（シーズン開始、前半戦、後半戦、シーズン終了）通常6つの段階に分けられます。あらゆるトレーニング活動の目標は、個々のプレーヤー、チームのパフォーマンスをできる限り最適に組み立てること、そしてシーズン全体を通して「フォーム」を安定させることです。この目標のために、1つ1つのトレーニング段階に、そのつど特定の重点を持つようにしなくてはなりません。

●プレシーズン
目　標
- コンディションのベースを作る（重点：サッカーの専門的持久力）
- 基礎技術の安定化
- 攻・守の個人戦術の基本要素を習得
- グループ戦術、チーム戦術の洗練（チームコンセプトの習得）
- 新プレーヤーの導入
- 繰り返し練習し、しっかりと身につける

トレーニングのアドバイス
- はじめからボールを使う
- 重点をシステマティックに構築し、それに合わせてコントロールされた、ゲームに即したトレーニングが中心となる。
- プレシーズンのプログラムとして、必ず目的に合った負荷となるよう調節する。

●第1試合期
目　標
- プレーの基礎をさらに向上させる
- チーム戦術とプレーシステムを仕上げる
- プレーヤーグループのための特別トレーニング
- 個人トレーニング（ウイークポイントをなくし、ストロングポイントを伸ばす）

図7. 1つのシーズンのプランニング

プレシーズン		第1試合期	
7月	8月	9月	10月

※ヨーロッパのカレンダーの場合

- ポジション専門トレーニング
- コンディションの基礎の安定化

トレーニングのアドバイス
- 週間トレーニングプログラムの中で、前の試合から得られた課題に取り組む。
- トレーニングプログラムを長期的にたてる。しかしその時々のチームの状態に柔軟に対応する（負荷の調整）。
- 安定した進歩を得るために、1つ1つの技術・戦術の重点を、長期にわたって計画に組み込む。

●冬季準備期
目　標
- 前期からの回復（祝日の間は「完全休養」）
- 健康チェック、ケガの完治
- 積極的回復（家庭での自主トレで回復のためのランニング、体操）

トレーニングのアドバイス
- 負荷強度の高かった前半戦の後に、プレーヤーは長期間「積極的」に回復することができなくてはならない。
- 屋内トーナメントは、回復のプロセスを妨げるものであってはならない。したがって、冬休みの終わり／後半戦開始の限られた時間に、わずかな屋内トーナメントを計画するのみとする。
- プレーヤーは冬休みへの解散の間のためにコーチか

トレーニングとトレーニング計画

	冬季準備期	後半戦への準備	第2試合期			シーズンオフ	
月	12月	1月	2月	3月	4月	5月	6月

ら個人的なフィットネスプログラムの提案を受けるべきである。

●後半戦への準備
目　標
- コンディションの基礎を再び確立する
- 前半戦のプレー／戦術上の欠陥の解消
- チームで繰り返しプレーし、慣らす（冬のフィールドへの適応も含め）
- 後半戦スタートに向けてメンタル面の調整

トレーニングのアドバイス
- 冬季のトレーニングおよび試合環境の厳しさが加わるため、負荷を適切に加減しなくてはならない。プレーヤーが「フィット」し、疲れ切らないように。
- 後半戦の準備のためにあらかじめたてたトレーニングプランは、常に目安にすぎない。実際の要求に応じてその場で常に柔軟に対応しなくてはならない（1人1人のプレーヤーのオーバーロード、突然の天候の変化等）。

●第2試合期
目　標
- シーズン終了まで「フォーム」を安定させる
- 前半戦から得られた課題を基に、特別な試合準備
- 自チームのゲームコンセプトを完璧に
- 個々のプレーヤーを個人的に伸ばす
- シーズン終了まで「楽しさ」とモチベーションを保つ

トレーニングのアドバイス
- 長期にわたるトレーニング段階で（3～5週間）適切な技術・戦術／コンディションの重点をプランニングする。こうしてはじめて安定したパフォーマンスの向上、ないしはウイークポイントの克服がなされる。
- 「モチベーションの波」とパフォーマンスの落ち込みを、魅力的な実践に即したトレーニングを組むことで防ぐ。チームを細かく観察する。

●シーズンオフ
目　標
- シーズンの疲労からの回復
- ケガの完治
- 次の新たなシーズンに向けての喜び／モチベーションの回復
- 必要なトレーニングオーガナイズ上の準備をする。

トレーニングのアドバイス
- 休みの間にプレーヤーは完全にサッカーから離れ、それでも少したったら別のスポーツ等に取り組み、まずコンディションの基礎を作る。
- コーチは昨シーズをもう一度振り返り、来るべき次のシーズンに向けての改善を導き出す。
- このシーズンの分析を基にして、次のシーズンのチームづくりをじっくりと検討する。どのポジションに補強が必要か。ゲームコンセプトの変更は必要か。

Chapter4：トレーニングとゲームのための基礎知識

[週間トレーニング計画]

トレーニング週間毎（試合から試合まで）のプランをたてることが重要です。その際には、1回毎のトレーニングに重点を定めます。

その際に考慮すべきことは以下の点です。
● トレーニング頻度：何回のトレーニングができるか。
● 前の試合の負荷はどれくらい高かったか。
● 実際のゲーム観察：前の試合から得られた課題に短期的に取り組む必要があるか。今度の試合に適切に準備するためには、どのトレーニング重点を計画に組み入れるべきか。

その際、具体的な内容の重点と負荷の経過を1週間の中で常に合わせて計画し、互いに調整するようにします。1回毎のトレーニングを独立させて個別で準備するのは適切ではありません。というのは、最適なトレーニング作用は、内容と重点が互いに有効に補い合い、負荷の構造が適合している場合にのみ達成されるものだからです。

異なる負荷フォーム（例：筋力トレーニング、持久力トレーニング、テクニックトレーニング）は、それぞれ回復に必要な時間も異なります。必要な回復時間

次の練習の重点は何か？ あらかじめ説明し、説明に答えておくことで効率が高まり、ただでさえ足りないトレーニング時間の節約になります。

をプランニングするのと並んで、コーチは1週間の中でトレーニング内容を適切に指示（配置、配列）することによって、負荷と回復設定のプロセスにポジティブに働きかけることができます。これは、トレーニングが頻繁にあるほどますます重要になります。

トレーニング目標、内容、方法をうまくミックスさせることによって、週にかなりたくさんのトレーニングを組んでも「負荷と回復の最適な関係」の原則を守ることにより、オーバーロードを防ぐことができます。
● P.67の概観は、トレーニング重点の配置のための方向付けの基礎と、週毎のトレーニング頻度に応じた負荷の経過を示したものです。しかし具体的なトレーニング構成は、もちろん、各チームの固有の状況に合わせなくてはなりません。

●週に2回のトレーニング
● トレーニングフォームは、最低限試合の強度を持っていなくてはなりません。これはトレーニングすべき要素全てに当てはまります。
● 火曜日は特にサッカーの専門的コンディショントレーニングを、小グループのゲーム形式で与えます。木曜日は、グループ戦術、チーム戦術の分野に取り組みます。

●週に3回のトレーニング
● 火曜日のトレーニングはサッカーの専門的コンディショントレーニングをプランします。
● 木曜日は、強度の高いテクニックトレーニングを与えます。
● 金曜日は、グループ戦術、チーム戦術の重点を前面に打ち出します。

●週に4回のトレーニング
● 試合前最後のトレーニングは、専門的スピードトレーニング、チーム戦術的内容、そしてセットプレーの練習を入れます。

トレーニングとトレーニング計画

図8. トレーニング週間の内容と負荷

週に2回のトレーニング

月	
火	●「コンディション」を重点としたゲーム形式
木	●「戦術」を重点としたゲーム形式
金	

トレーニングの原則
- 複合的なゲームに即したトレーニングフォームを主体とする
- テクニック練習はウォーミングアップに組み込む
- 第1の課題：楽しさ、喜びを促進する

週に3回のトレーニング

月	
火	●サッカーの専門的コンディショントレーニング
木	●強度の高いテクニックトレーニング
金	●グループ戦術、チーム戦術トレーニング

トレーニングの原則
- トレーニングは複合的でゲーム的な方向付け
- 個別に、しかし必ずサッカーに関連させたコンディショントレーニングを補充として組み込む

週に4回のトレーニング

月	●テクニック練習等で回復トレーニング
火	●サッカーの専門的コンディショントレーニング
木	●グループ戦術、チーム戦術トレーニング
金	●ゲーム戦術トレーニング ●セットプレー

トレーニングの原則
- ボール練習を回復プログラムに結びつける
- オーバーロードになってはいけない。負荷と回復を適度に組み合わせる
- 対戦相手への準備に時間をかける

Chapter4：トレーニングとゲームのための基礎知識

［1回のトレーニングの組み立て］

　一連のプランニングの最後の要素は、1回のトレーニングです。

　上位のプランニング設定を考慮した上で、1回のトレーニングの目標と内容を導き出し、それを実行に移します。

　コーチとしては、この目的のために、まず適切なゲーム形式、練習形式を求めなくてはなりません。そして、オーガナイズがスムースに進行するようにしなくてはなりません。さらに、意図する負荷となるよう、よく考えなくてはなりません。

　1回のトレーニングのプランニングで、できるだけ正確に60〜120分間のチームトレーニングの進行のモデルを作ります。

　1回のトレーニングは、3つの部分に分けられます。これらは全てトレーニング目標に向けられたものです。何を学び、何を達成すべきなのでしょうか？

●ウォーミングアップ
- ウォーミングアップから入念にプランニングします。
- ボールを使ったおもしろいウォーミングアッププログラムを提供します（テクニック習得の可能性）。
- ウォーミングアッププログラムは、できるだけメイン部分の重点に合わせます。
- ウォーミングアッププログラムの進行と共に、負荷をシステマティックに高めていきます。

●メイン部分
- メイン部分では、いくつかにしぼって重点をトレーニングします。そしてそれは、明らかなパフォーマンスの進歩が出現するまでの長さをとります。その際、負荷と回復は適切に加減することが重要です。
- 実際のパフォーマンスの進歩は「元気を回復した」完全にパフォーマンスの準備のできたプレーヤーにのみ期待されるものであるため、トレーニング重点はメイン部分の始めに置くべきです（例：テクニックトレーニング、スピードトレーニング、コーディネーショントレーニング）。
- トレーニングは「オーバーロード」になってはいけません。つまり1回のトレーニングに重点をあまりにたくさん持ち込もうとしてはいけません。それよりも、1つの重点を、実際に学習の進歩が現れるまで、じっくりと時間をかけてトレーニングすることです。
- トレーニングのオーガナイズも入念にプランニングします。同じオーガナイズのフォームで次のトレーニング段階へと移行できれば、進行は非常に楽になります（グループの人数、メンバー構成、フィールド）。「空白の時間」を作らないようにし、有効なトレーニング時間を長くするようにします。しかしながら、オーガナイズ上の問題が全てあらかじめ計算できるわけではありません。したがって、即興能力は、コーチにとって重要な武器となります。

●仕上げ
- 仕上げのゲームでは、もう一度メインの技術・戦術重点を呼び起こし、要求します。
- 単なる「クーリングダウン」のランニングのみでトレーニングを終わらせるべきではありません。状況に応じて、魅力的な、モチベーションを高める（シュート等）練習を与え、気分と自信を高めるようにします。

代表チームでも同様です。ウォーミングアップのプログラムで、テクニック練習をインテンシブに行います。

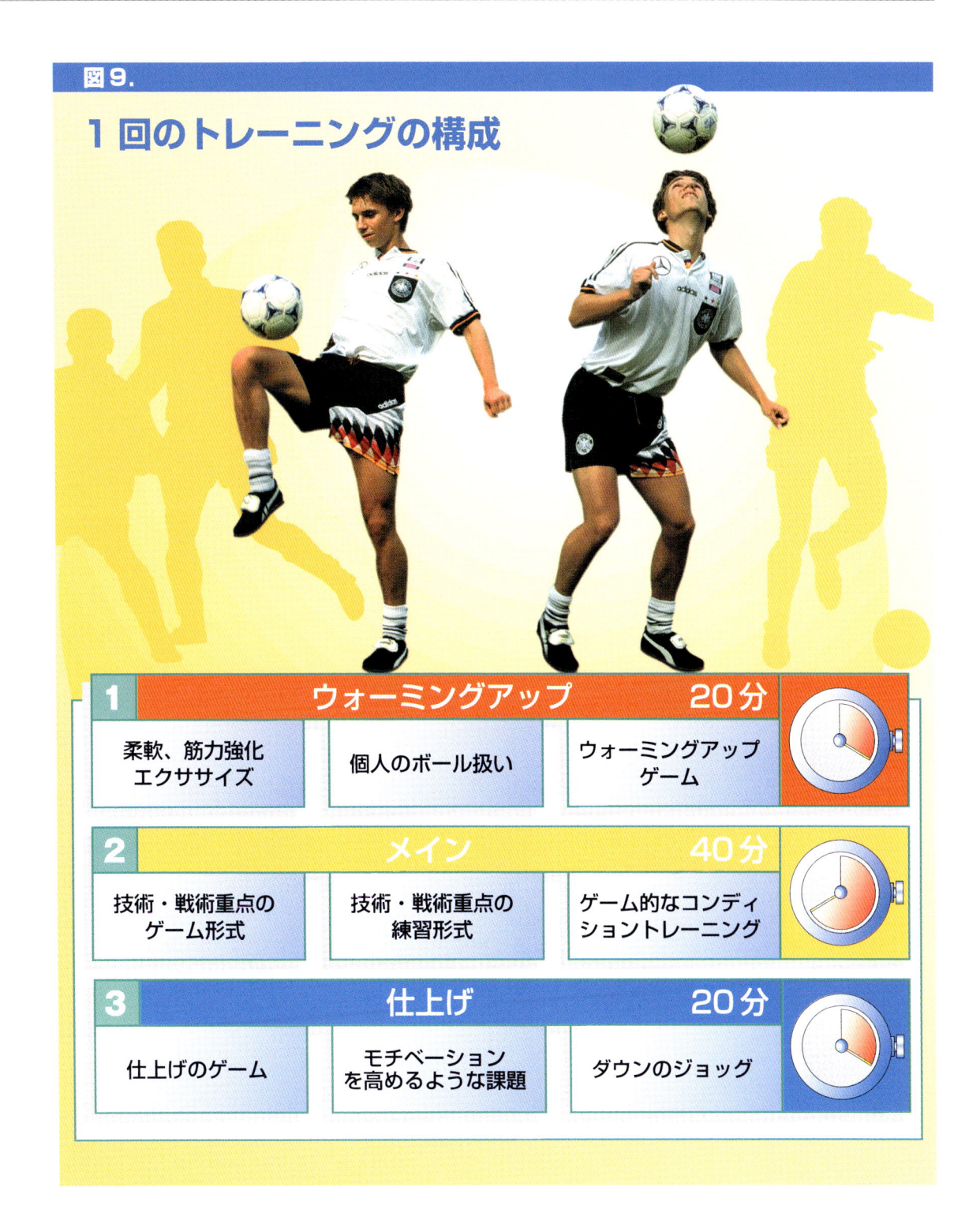

トレーニングとトレーニング計画

図9.

1回のトレーニングの構成

1	ウォーミングアップ		20分
柔軟、筋力強化エクササイズ	個人のボール扱い	ウォーミングアップゲーム	

2	メイン		40分
技術・戦術重点のゲーム形式	技術・戦術重点の練習形式	ゲーム的なコンディショントレーニング	

3	仕上げ		20分
仕上げのゲーム	モチベーションを高めるような課題	ダウンのジョッグ	

070 SOCCER
FOR YOUTH

Chapter 5
第5章

トレーニング実践
技術／戦術

Chapter5：トレーニング実践　技術／戦術

トレーニング実践に向けての基本インフォメーション

[トレーニング実践：それぞれのケース]

　今からテクニック能力と技術要素を獲得するための練習形式とゲーム形式を幅広く集めた実践編に入っていきますが、その前に、いくつかのポイントをまとめて述べておきたいと思います。

　第1章から4章までの理論的な基礎知識は、ジュニアからアマチュアまでの幅広いターゲットに向けられたものですが、以下の実践編も同様です。

　一方では、Bユースチームのコーチが、地区リーグでプレーするチームを指導し、週に2回のトレーニングをします。年齢に即した魅力的なトレーニングフォームで、何よりもまず1回サッカーの技術、戦術、コンディションの基礎を身につけさせなくてはなりません。また、もう一方では、もっと目標の高いオーバーリーガのチームで指導するコーチもいます。ここではほとんどがプロの待遇でトレーニングし、プレーしています。そのようなコーチは、どうしたらチームのゲーム戦術コンセプトをさらに洗練することができるか、あるいはコンディションの部分要素をパーフェクトにすることができるのか、といったことについて、クオリティーが非常に高く詳細なインフォメーションを求めます。

　つまり、サッカーのトレーニングの要求、内容、重点は、レベルや年代によってかなり異なるということです。

[適切なトレーニングフォームを見つける]

　それでも、以下に挙げる実践編は、あらゆるコーチに、毎日のトレーニング活動のための価値あるアドバイスとなると思います。
- ほとんどのトレーニングフォームは、実際のレベルや具体的なトレーニング状況といった追加要素をトレーニングに加えることができます。私たちがここで提案しているバリエーションで、ゲームと練習の大部分は、難度を低くしたりあるいは高めたりすることができます。皆さん自身がコーチとして、適切なバリエーションを求めるようにしなくてはなりません。
- いくつかのトレーニングフォームは、基本的に主に特定のターゲットグループのための方法として考えられたものです。ほとんどは、特に下のレベルや年代のための、基礎能力を与え安定化させるための単純な技術練習です。それに対して、コンディショントレーニングの提案の多くは、ハイレベルのクラスをターゲットとしたものです。ここで示しているのは、持久力、スピード、筋力、柔軟性の向上にそれぞれ取り組むためのトレーニングフォームの必要なトレーニング量のスタンダードです。
- どのトレーニングフォームがどのレベルに与えられるのかが簡単に認識できるように、トレーニングを3段階に分類しました。各チームがどのトレーニング段階に属するのか、私たちの区分を次のページに示しました。
- その際忘れないでいただきたいことは、この分類は、方向付けの一つの目安にすぎないということです。あるトレーニングフォームが実際にレベル、トレーニング状況、負荷状況等から見て、取り入れるべきかどうか、最終的にはコーチが判断するのです。

ダッシュスピード等といった特定のコンディション要素は、常にボールを使った専門的な練習によって効果的にトレーニングします。

トレーニング実践に向けての基本インフォメーション

実践編：難度の段階分け

第1段階
地区レベルのシニア、ユース

第2段階
県レベルのシニア、ユース

第3段階
全国レベル、地域レベルのシニア、ユース

Chapter5：トレーニング実践　技術／戦術

テクニックの基礎

[テクニックトレーニングの重要性]

　現代的なサッカーのトレーニングは、たしかに大部分は複合的なトレーニングフォームで構成されていますが、それでも各テクニック要素は常に繰り返し取り出して改善していかなくてはなりません。基本テクニックは、サッカープレーヤーに本質的に必要な、職人の道具のようなものなのです。画家が筆のタッチを、そしてバイオリンの巨匠がバイオリンのタッチを、絶えずパーフェクトにしていかなくてはならないのと同じように、サッカープレーヤーも、基本練習を繰り返し練習して最適にしていかなくてはなりません。まず単純な練習形式で特定の基本的な型を何度も反復することによって、テクニックを習慣づけ自動化して初めて、プレッシャーがかかった状況でも効果的に発揮することができるようになるのです。また、ワールドクラスのプレーヤーのリラックスしたクリエイティブなプレーは、テクニック練習を重ね、動きの型を数え切れないほど反復してきた結果生まれたものなのです。

● **方法上の基本方針**

　テクニックを完璧にしていくためには、長期的なトレーニングと1回1回のトレーニングとで、以下の2つのトレーニング方法を組み合わせ、互いに補い合って用いていくことが重要です。
1. 単純な練習形式で、テクニックの基本の型の習慣化、自動化
2. １対１から11対11のトレーニングゲームの中で、サッカーのテクニックを戦術的にバリエーション豊かに発揮

　各テクニックの最重要の基本的特徴の一覧を、P.78～79にまとめました。

● **テクニックのトレンド**

　今日のトップサッカーには、いくつかのトレンドが見られます。それらのトレンドは、あらゆるレベルや年代で、テクニックトレーニングを組む上で直接参照すべきものです。ゲームに成功するための基礎は、全てのプレーヤーのテクニックを完璧にすることです。その際基本テクニックは、最高のテンポで、非常に狭いスペースで、プレッシャーのかかった状態でも使いこなせるようにならなくてはいけません。さらに、一つ一つのテクニック要素に関して、今までとは違ったことが要求されるようになっています。

● **フェイントの高い意義**

　過去にはフェイントやかわす動きは、ＦＷやオフェンシブＭＦのみが使うものでした。
　それに対し現代サッカーでは、どのポジションであっても、ほぼ全てのアクションにフェイントを結びつけなくてはなりません。ボールコントロールもそうですし、特にドリブルのときにも必要です。フェイントによって、相手の目を欺きます。それによって、例えばアタッカーは次のアクションのためのフリーのスペースを意識的に作り出します。フェイントは非常に意義の高いものであり、それだけテクニックトレーニングにおいて重視されるべきものです。

トレーニング量が多くなるほど、例えばオーバーヘッドキック等の高等技術の練習時間はとれなくなります。下のレベルでは大抵そうでしょう。場合によっては自主練習でうまくなります。

テクニックの基礎

図1. システマティックなテクニックトレーニングに必要なこと

- ●各テクニックを正確にやってみせる（デモンストレーション）。

- ●できるだけ完璧な動きを、何度も繰り返し練習する。

- ●コーチが修正と改善のための的確なアドバイスを与える。

- ●各テクニック要素を単純なプレー状況で適用してみる。

- ●プレーヤーが高いモチベーション、高い意欲で、集中して臨むようにする。

Chapter5：トレーニング実践　技術／戦術

- フェイントの習得には、決して終わりがありません。ここまでいけばいいというところはありません。トッププレーヤーであっても、動きをさらに精密にすること、ダイナミックさを向上させること、フェイントのレパートリーを広げることによって、さらに向上し続けていきます。練習し続けることによって、よりパーフェクトに近づけていくのです。
- プレーヤーは、新しいトリックのためのヒントと手本を常に繰り返し必要とします。これは、コーチから、味方あるいは相手から、あるいはプロサッカーのスターから得られるものです。
- フェイントの学習の際には、方法上の段階を踏んで習得していくことが重要です（簡単なものから難しいものへ）。

テクニックのベース

E・Fユースのテクニックトレーニング

●目標：
1. 最重要のテクニック要素の習得（粗い形で）。ドリブル、パス、シュート
2. その中で特にサッカーのプレーの楽しさを促進

●内容：
1. ボール扱いのうまさを向上させるためのゲームと練習（グラウンダー、バウンドボール、浮き球、「ミニボールゲーム」）
2. テクニックの基本フォームを学習するための、モチベーションを高めるような子どもにあった練習
3. ゴールを使って小チームでのフリーのゲーム（2対2、3対3、4対4）。

D・Cユースのテクニックトレーニング

●目標：
1. テクニック能力をシステマティックに習得／強化（ドリブル、パス、シュート、ボールコントロール、ヘディング）
2. 様々なゲーム状況でテクニックの様々な活用（相手のプレッシャーを受けながら等）

●内容：
1. ボール扱いのうまさを向上させる。モチベーションを高める個人練習
2. 基本テクニックを安定させるための、年齢に即した魅力的な練習
3. 小グループで、特定の技術・戦術の重点を強調したゲーム

● フレキシブルに軽いステップでドリブル

　1つの方向にドリブルしながら優雅にプレーしていられた時代はもう終わりました。今日では、あっという間にあらゆる方向から相手がアタックをしかけてきます。アタッカーはこのような状況ではボールを持ち続けるか、あるいは突破するしかありません。ボールを短時間で様々なコンタクト面で両足でプレーして突破します。両足が使えることとフレキシビリティーはドリブルにおいて不可欠です。さらに重要なのは「速いステップワーク」です。

　プレーヤーは、細かいステップを入れることで自分の体勢を瞬間的に変えます。クリアティビティーと意外性が重要です。このようなフレキシブルな動きには、いくつかの基本フォームが挙げられます。これらをフェイントトレーニングの際に何度も反復して習得し、完璧にしていくようにします。

［テクニックトレーニングのための練習形式］

- テクニックの改善のためには、テクニックトレーニングのベースとなる小グループでのゲームと並んで、試合に即した練習形式を計画しなくてはなりません。
- これらの練習によって、一つの動きを妨害のない状態で何度も反復するようにします。
- 動きの経過の細かい点の修正を、直接与えることができます。
- 相手のプレッシャー、テンポ、プレースペースを変えることで、難度をシステマティックに高めていき、実際のレベルに合わせていきます。テクニックの課題が正にちょうど解決可能なように難度を設定するようにします。
- 楽しいテクニック練習のプログラムは、ウォーミングアップと結びつけるのに適しています。
- テクニックトレーニングで、個々のプレーヤーのテクニック能力を広げ、完璧に近づけていくためには、特にポジティブなアクションに対しては誉め、欠陥に対しては具体的な修正を加えることが必要です。

テクニックの基礎

図2.
テクニックトレーニングの基本的な構成要素

1	ボール扱いのうまさ	**4**	ボールコントロール
2	ドリブル	**5**	ヘディング
3	パス、シュートのテクニック	**6**	守備の技術

Chapter5：トレーニング実践　技術／戦術

基本テクニックの概観

今日のゲームにおけるテクニック

　サッカーのテクニックという言葉を、我々は、ゲームの目標（ゴールを奪い、ゴールを防ぐ）を達成するために必要な、ルールに適合した効果的な技術能力と理解します。

　昔のプレーヤーの方が今日よりも技術が高かったなどと言われることがありますが、そんなことは決してありません。現実は、今日のプレーヤーの方がよほど困難な状況の中でプレーすることになっているのです。プレーヤーが自分のテクニック能力をはるかに複雑な状況の中で発揮しなくてはならなくなっているのです。

　サッカーにおいて要求されるテクニックレベルは、時とともに、プレーテンポの向上、ダイナミックな戦い、戦術の洗練によって、より高まってきています。

ドリブル

ボールキープのためのドリブル
- ボールを身体でスクリーンする。
- ボールから目を上げ、周りの状況を見る。
- あいたスペースへドリブルする。

ランウィズザボール
- ボールを遠くへ出し、しかし常にコントロールしたドリブルで、フリーのスペースを勝ち取る。
- 目はボールから離す。

フェイントを入れたドリブル
- ボールを足の近くでドリブルし、いつでもフェイントや方向転換ができるようにしておく。
- バリエーション豊かなドリブルとフェイントを導入する。

インサイドキック

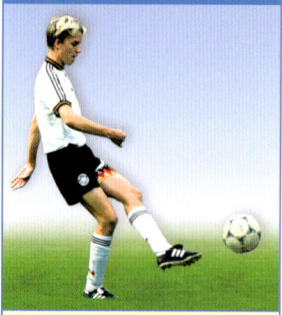

インサイドを使ったパス
- インサイドを使ったパスの際には、蹴り足の足首を固定する。つま先は外側に持ち上げる。

ヘディング

スタンディングからのヘディング
- できるだけ額でヘディングする。
- ヘディングには上体を腰からスイングする。

ジャンプヘッド
- ヘディングジャンプは前方へではなく高く上へ。
- ボールへのジャンプはなるべく片脚で。

基本テクニックの概観

要求がさらに高まる中でも、基礎テクニックをマスターしていることは、常に、結果と魅力が両立するサッカーのためのベースです。

したがってプレーヤーは、根気強い練習とテクニック関連のゲーム形式によって、現代サッカーで役立つあらゆるテクニックを身につけ、習慣化されるまでトレーニングします。各テクニックについて、理想的な動きというものがあります。この理想的なテクニックが、トレーニングのための方向付けの重要な基礎となります。しかし、各プレーヤーは、各個人の個性に基づいて、「自分」のテクニックを獲得するようにします。これはトレーニングによって学習され、継続的に安定化させていくべきものです。

キックのテクニック

インステップキック
- ボールの横に立ち足をおく。蹴り足の足関節は固定させる。つま先は地面の方に向ける。
- 上体を軽く前傾させる。

インフロントキック
- キックの方向に対し、斜めに走り込む。
- 立ち足はボールの横、少し遠目におく。
- ボールに足の甲の内側でミートする。

アウトフロントキック
- 立ち脚を軽く曲げ、ボールの横、少し後ろにつく。
- つま先を内側に伸ばし、足の甲のアウトサイドでボールにミートする。

ボールコントロール

インサイド／アウトサイドでボールコントロール（グラウンダーのパス）
- コントロールする足を少し引きながらボールコンタクト。足は少し持ち上げておく。

インサイド／アウトサイドでボールコントロール（浮き球のパス）
- 上から落ちてくるパスに対しては、蹴り脚の下腿でボールの上に「屋根」を作る。

もも、胸でボールコントロール
- ボールコンタクトの瞬間にはももを少し落とす。
- 胸でボールを受けるのは、ジャンプしながらでも可。

Chapter5：トレーニング実践　技術／戦術

フェイント

今日のゲームにおける「フェイント」

　相手をかわすことをマスターしたサッカープレーヤーは、その見事なフェイントで観客を魅了しますがそればかりでなく、チームをあらゆる状況で有利にすることができます。

　このようなプレーヤーの典型は、ドイツではメルメト・ショルです。以下のページに一連の効果的なフェイントのデモンストレーションを示します。要するに、フェイントは、魅力のためばかりでなく、とりわけプレーの成功に重要なのです。そのため、様々なかわしの動きを、あらゆるレベル・年代で、段階的に習得し、安定させ、完璧にしていくことが、トレーニングの基本的な要素となります。

　1つのフェイントを「眠っていてもできる」くらいにマスターしたら、それを困難なプレー状況でも効果的に発揮することができるようになるでしょう。

マシューズフェイント

- 相手との距離をつめて、フェイントの体勢に入る。
- ボールの後ろで外に向かって大きく一歩踏み出す。 
- ボールを反対の脚の足の外側で反対方向へ持ち出す。 

シュートフェイント

- はっきりとしたシュートモーション。
- この動きを最後の瞬間にストップし、 
- ボールを同じ足のアウトサイドで横に持ち出す。

フェイント

フェイントは以前はFWとオフェンシブMFだけの特権のようなものでした。しかし今日では、全てのプレーヤーのテクニックのレパートリーに含まれます。DFであってもプレッシャーをかけられた状況でボールを失うリスクを低くするため、フェイントは確実な手段となるのです。

かわしの豊富なレパートリーを持つ、トリッキーでクリエイティブなウイングは、昔も今も、厚みのあるDFに対する戦術手段としてのアウトサイドからの攻撃のプレーに大いに重要です。そしてセンターのオフェンスプレーヤーもやはり、中央で相手のDFにプレッシャーをかけるために一連のフェイントをマスターしておくべきです。

リベリーノトリック

- ハーフスピードのドリブルからフェイントをスタートさせ、
- 足をボールの上を通して乗り越え、脚を軽く地面につけ、 
- 次に同じ足のアウトサイドで反対方向にドリブル。 

リベリーノトリック＋ボールを浮かせる

- ボールを外から内にまたいでフェイントに入る。
- 少し着地して、すぐに反対方向にスタート。 
- その際ボールを軽く浮かして、相手が出してくる足をかわす。

Chapter5：トレーニング実践　技術／戦術

フェイント

シザース

- ゴールへのコースに入っている相手に向かってドリブル。
- 相手の直前まで来たら、前方向へのドリブルから、 
- 外に向かってボールをまたぐ。 
- 反対の足のアウトサイドで反対方向へスタート。 

シザースのダブルフェイント

- 相手に向かって斜めにドリブルし、相手のポジションから少し誘い出す。
- 外に向かって大きく一歩またぎ（ボールの前）。 
- さらにもう一歩ボールの前をまたぐ。 
- 相手の体勢が整う前にサイドにスタートする。

フェイント

ロナウドトリック

- ボールをまず右足の足裏で左に転がし、
- 右足をボールの前に置き、 
- 転がっているボールを左でまたぎ、 
- 爆発的なダッシュで別のサイドへ持ち出す。 

ショルフェイント

- 相手のDFに向かってドリブルし、方向を変える。
- ある方向にパスを出すふりをして、 
- しかし最後の瞬間でそれを止め、 
- 蹴り足のインサイドで別のサイドへ持ち出す。

Chapter5：トレーニング実践　技術／戦術

ボール扱いのうまさ

トレーニングやゲームにおける重要性

　ボールを思うままにコントロールし、際だったクリアティビティーを披露することが、ハイレベルのサッカーテクニックの特徴です。

　ボール扱いを完璧に身につけようと思うのであれば、クラブのトレーニング以外でも、頻繁にボールを使って練習し、あらゆる可能性を試してみるべきです。ボール扱いの向上のためのこの自主トレーニングには、フェイントやトリックと並んで、あらゆるやり方のリフティング練習が特に適しています。さらに、テクニックやコーディネーショントレーニングも組み合わせて行うことができます（身のこなしの向上）。コーチはプレーヤーに、これらの自主トレーニングの大きな意義を、機会あるごとに助言するようにしましょう（どれだけ言っても言いすぎになることはありません）。

トレーニングの重点

リフティング

テクニックとコーディネーション

トリックとかわし

「リフティング」
- 前進しながらボールをリフティングし、できるだけ素早くスタートからゴールへ進む。2人ずつで競争する。
- ももだけ、または足とももを交互に使ってリフティング。ボールを身体の様々な部位でリフティングすることによってバリエーションをつける。
- 今度はももだけでリフティング。できるだけ頻繁に高さを変える。
- たくさんの細かいコンタクトでリフティングする。さらに、特定のリズム（例：5タッチずつ）で蹴り足を変える。
- 頭だけでリフティングする。誰が1番たくさん続けられるか。

「テクニックとコーディネーション」
- プレーヤーは両足で交互にボールを交わす。
  ・前に進む。
  ・後ろに進む。
  ・ターンを入れて。
- プレーヤーはドリブルをしながら、合図でボールを前に出し、身体でストップする。
  ・頭で
  ・尻で
  ・前腕で
  ・膝で
- 2人のプレーヤーで、1つのボールを、足で、または手を使ってパスをかわす。ボールを2つ使って足でパスしても良い。
- プレーヤーはリフティングからボールを頭の高さに挙げ、素早く座り、座った状態でボールをキャッチ。次に立ってボールを高く投げ上げ、そのままさらにリフティングを続ける。
- プレーヤーはドリブルからボールを数m前に出し、様々な課題を行う。
  ・スキップ／もも上げ走
  ・踵を後方に蹴り上げランニング
  ・サイドステップ
  ・ヘディングのシミュレーション
  ・両足／片足ジャンプ
  ・もも上げジャンプ
  ・1回転ターン
  ・右／左へスタート

「トリック＆フェイント」
- 様々なフェイントの動きをP.80～83とP.89に示した。

ボール扱いのうまさ

リフティング

基本形

複合的なリフティング

ルールの範囲内で、できるだけ様々な身体の部位を使う。
例：頭、胸、もも、インステップ、肩、踵、足のインサイド

第1バリエーション

インステップでショートコンタクト

ボールを足の甲だけで高く上げずに小刻みにリフティング。ボールができるだけ低くなるよう心がける。誰が1番最初に30（40、50）回ボールコンタクトするか。

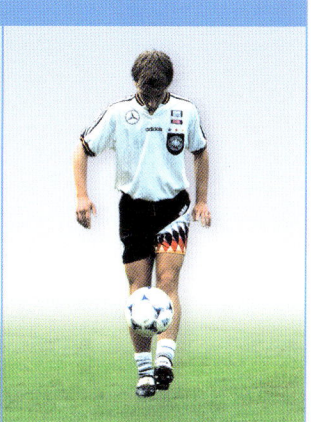

第2バリエーション

ハイバリエーション

ボールを足の甲だけで高く上げずに小刻みにリフティング。間にボールを1、2、3回頭の高さまで上げ、再びインステップで小刻みにリフティング。

Chapter5：トレーニング実践　技術／戦術

リフティング

第3バリエーション

インステップで胸の高さ

インステップだけを使ってリフティング。ボールを毎回胸以上の高さに上げる。誰が1番たくさん続けてできるか。

第4バリエーション

ショート・ハイ・ヘッド

ボールを足でリフティング。間に頭の高さに上げ、何回か頭でリフティングする。

第5バリエーション

ハイバリエーション

インステップだけでリフティング。その際、常にリフティングの高さを変える（低い小刻みのリフティングから頭の高さを越えるリフティングまで）。

ボール扱いのうまさ

第6バリエーション　リフティング

インステップ・もも・頭

決まった順番でリフティング。インステップ－もも－頭－インステップ。。

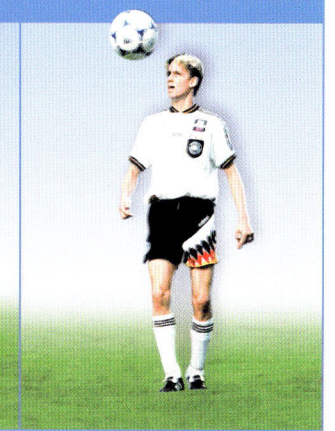

第7バリエーション

インステップ・もも・胸

決まった順番でリフティング。インステップ－もも－胸－インステップ。。

第8バリエーション

制限無しでクリエイティブに

ボールをバリエーション豊かに様々な身体の部位を使ってリフティングする。自由にクリエイティブに！

Chapter5：トレーニング実践　技術／戦術

コーディネーション課題のテクニックトレーニング

課題1

膝でボールを止める

スペースでバリエーション豊かにドリブル。間にボールを膝でストップし、すぐに続けてドリブルする。

発展：ボールをソールで立ち足の後に引いて、反対方向に少しダッシュ。

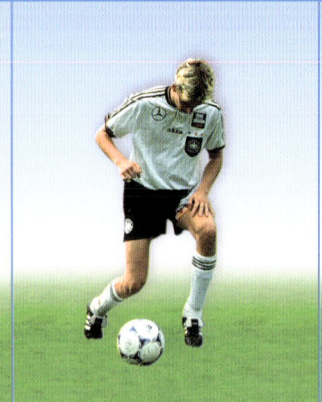

課題2

ボールの上に座って止める

様々な方向にドリブルする。間にボールの上に座ってドリブルを止める。続けて素早く立ち上がり、さらにドリブルを続ける。

課題3

リフティングの間に1回転ターン

上級者向き。ボールをリフティングからインステップで頭よりも高く上げ、素早く1回転ターンをして、さらにそのままリフティングを続ける。

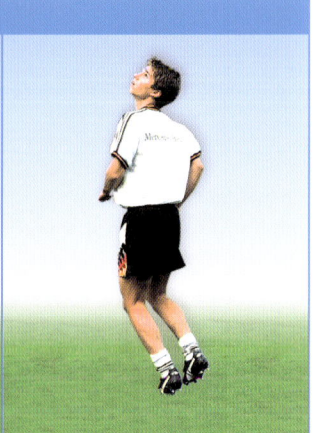

ボール扱いのうまさ

トリック&フェイント

課題1
ストップ&スタート
足のアウトサイドを使ってまっすぐにドリブルし、足をボールの上に乗せて止める。次に、同じ足のアウトサイドで素早くサイドにスタート。

課題2
ボールの上をまたぐ
ゆっくりしたドリブルからボールの上を1歩またいで踏み込む（外から内へ）。その足をついたら反対の足のインサイドで反対側へスタート。

課題3
シザース
前方へのドリブルから、ボールの上を通って外に1歩踏み出し、体重をその足に乗せ、反対の足のアウトサイドで反対方向にドリブルする。

Chapter5：トレーニング実践　技術／戦術

ドリブル

トレーニングとゲームにおける重要性

ドリブルは非常に重要な基本テクニックです。相手プレーヤーは通常さまざまな方向からアタックをしかけてきます。ドリブルのスペースが非常に狭くなっているので、各プレーヤーはフレキシブルでバリエーション豊かなドリブルをマスターしなくてはなりません。そのためには、コーチが現代的なテクニックトレーニングを与えることで準備していかなくてはなりません。

テクニックの習得

インサイドを使ってのドリブル

アウトサイドを使ってのドリブル

インステップを使ってのドリブル

基本練習
プレーヤーはボールを１個ずつ使って制限されたスペースで様々な課題を行います。

● できるだけたくさん方向転換をしながらドリブル
● ・右足だけでドリブル
　・左足だけでドリブル
　・アウトサイドだけでドリブル
● 細かくたくさんのボールコンタクトでドリブル
● 高いテンポでたくさんの方向転換を入れながらドリブル。その際ボールは常にコントロールしておく。
● ドリブルにターンを入れ、インサイドまたはアウトサイドでボールを運ぶ。
● テンポを変えながらドリブル
● 時々「得意なフェイント」を入れながらドリブル
● １回転ターンを入れる（右回り、左回り、両方）
● 前と同じ。今度はターンの後、数ｍテンポを上げてドリブル。
● ドリブルから左右へジグザグ。まず両足を使って。次に右足だけ、左足だけで。
● ゆっくりしたドリブルに短いダッシュを入れる。
● 蹴り足のリズムを変えながらドリブル。例：右３タッチ、左３タッチ。
● ボールを踵で後ろに戻し、ターンしてテンポを上げてさらに数ｍドリブル。
● 同じ足で１回毎にインサイドとアウトサイドで交互にボールタッチ。
● 合図でドリブルのテンポを変える。４種類。
● ドリブルからボールを止め、素早く数ｍ斜めに別の方向にスタート。
● 前と同じ。今度はハーフターンの後、反対方向にスタート。
● 時々ボールを少し前に出し、それにダッシュし、また足もとでドリブル。
● 前と同じ。今度はボールにダッシュした後フェイントやハーフターンを入れる。

ドリブル

ドリブルでゴール通過

基本形
2m幅のゴールを次々とドリブルで通過。
- 方向転換、テンポ転換をたくさん入れる。
- インサイドまたはアウトサイドでドリブルしながら両ゴールポストを回る。

バリエーション
- 両ゴールポストを8の字にドリブルで回る。
- ゴールライン上で方向転換
- ゴールライン上でボールと共に1回転ターン（インサイドまたはアウトサイドで）
- ゴールラインをシュートダッシュで通過。

第1段階

ダブルゴールをドリブル

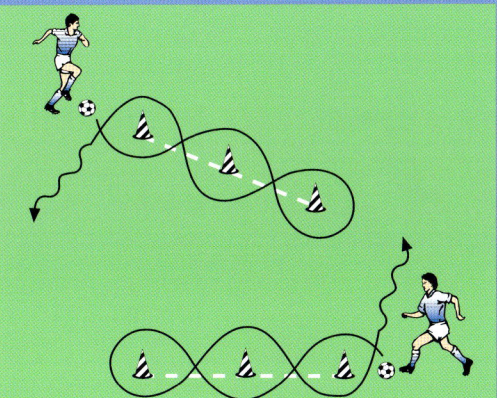

基本形
約3m幅の「ダブルゴール」をいくつか作り、ドリブル。
- スラロームドリブルで通過。
- 8の字ドリブル。

バリエーション
- 前進：ゴールラインをゆっくりしたドリブルで越え、素早く方向を変え、テンポを上げて次のゴールラインへ。
- サイドラン：コーンをたくさんの細かいボールタッチで回る。
- サイドラン：コーン毎に一瞬ボールをストップ。

第1段階

コーンジャングルをドリブル

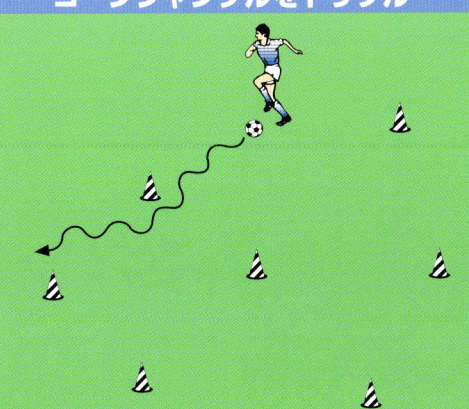

基本形
プレーヤーは全てのコーンへ次々にドリブルし、指定された課題で回る。
- 左にフェイントし右にドリブル。
- 右にフェイントし左にドリブル。

バリエーション
- ダブルフェイント：左へフェイント、右へフェイント、左へ出る。
- 各コーンの直前で、シュートフェイントから方向転換。
- （コーンの直前で）ボールを立ち足の後ろに引いて、サイドに出る。
- コーンのところでまたぐ（シザース）。

第1段階

Chapter5：トレーニング実践　技術／戦術

パス／シュートテクニック

トレーニングとゲームにおける重要性

トップチームだからといってやたらとレベルの高いコンビネーションプレーを行うわけではありません。

コンビネーションプレーのテクニックの前提としては、正確なパスが欠かせません。これは高いテンポで、相手のプレッシャーがかかっていても使いこなせなくてはなりません。サッカーにおけるコンビネーションは、それ自体が目的なのではなく、これらのコンビネーションから最終的にゴールチャンスを生み出すためのものです。状況に応じて（ゴールとの位置関係、プレッシャーの程度、GKの動き等）それぞれのケースで最適なシュートテクニックが重要です。それには以下に挙げるトレーニングフォームが適しています。

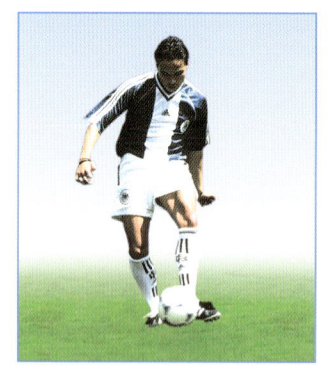

テクニックの習得

インサイドキック

インフロントキック

インステップキック

シュートのための基本練習1
ゴールにGKが入る。各プレーヤーがボールを1個ずつ持つ。
● プレーヤーはゴール正面からシュート
● 斜めにゴールに向かい、シュート（様々な角度から）
● ゴールから少し離れるドリブルをし、その体勢からシュート
● スラロームドリブルをしてからシュート（様々な角度から）
● フェイントをしてからシュート
● ドリブルからボールを数m前に出し、ペナルティーラインからシュート
● ペナルティーラインまでリフティングをしながら前進し、ボレーシュート

シュートのための基本練習2
ゴール前20mに1人のプレーヤー(A)がパッサーとなる。ゴールにはGKが入る。残りのプレーヤー(B)はボールを1個ずつ持って後方へ。
● BはAにパス。Aはパスを返す。Bはパスの後スタートしてフォロー。Aからのバックパスを受け、少しドリブルをしてシュート。続いてBがパッサーとなり、AはグループBに並ぶ。
● 前と同じ。Bは1タッチでシュート。
● 前と同じ。AはBのコースに横パスを出し、Bは1タッチでシュート。
● 前と同じ。Aはボールを浮かし、Bはボレーでシュート。
● 前と同じ。Aは様々なパスを返す（グラウンダー、ライナー、横、左または右へ等）。Bは1タッチまたは少しコントロールしてシュート。
● 前と同じ。Aはポジションを様々に変える。様々な角度からのシュート。

パスのための基本練習
プレーヤーは2人1組でボールを1個ずつ持ち、決められたエリアで動く。
● フリーにコンビネーション
● 2タッチまででパス
● Aは方向転換を多用しながらドリブルし、Bとワンツー。役割交替。
● ライナーのパスでフリーにコンビネーション。

パス/シュートテクニック

基本形	コーンゴールを通してパス	バリエーション
2人組で、コーンゴール（2m幅）にパスを通す。どのペアが1番はじめに10回ゴールを通すか。 **第1段階**		● どのペアが3分間で1番多くのパスをゴールに通すことができるか。 ● 2〜4人のディフェンス（ビブス等で識別）がパスコースをふさいで妨害する（1つのゴールの中にずっと残っていてはいけない）。

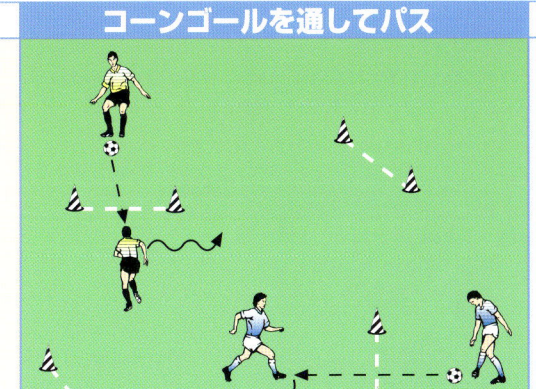

基本形	ダブルゴールを通してパス	バリエーション
2人組でボールを1個持って、ダブルゴールからダブルゴールへパスを通す。 ● 2つのゴールラインをワンツーで通過（A） ● 2つのゴールラインを両方とも1タッチパスの往復で通過（B） **第1段階**		● どのペアが1番はじめに全てのダブルゴールをワンツーで通すか。 ● Aがダブルゴールのスラロームをドリブルで通過し、浮き球でBにパス。Bはそれを受けて別のゴールをドリブルで通過。

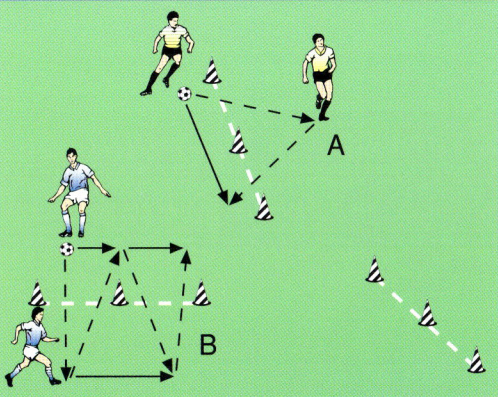

基本形	パス&シュート	バリエーション
2人で前方へ進みながらボールをパスし、マークのところからGKが守るゴールへシュート。 ● 2タッチ以内でプレー（1タッチが望ましい） ● 2人がポジションを入れ替わりながらプレー（クロス） **第1段階**		● コーチが特定のコンビネーションを指定 　例：横パス－縦パス

Chapter5：トレーニング実践　技術／戦術

ボールコントロール

トレーニングとゲームにおける重要性

コンビネーションプレーを成功させるための要素は何でしょうか？

1つは確実で正確なパスプレー。もう一つは味方からのパスを確実に受けてキープ、あるいは持ち出すことです。

ボールを自チームでキープしそれによってプレーの決定権を握りたければ、いろいろなパス（グラウンダー、浮き球、優しいパス、強いパス）を狭いスペースで相手にプレッシャーをかけられながらもコントロールすることができるようにしなくてはなりません。

テクニックの習得

インサイドで

アウトサイドで

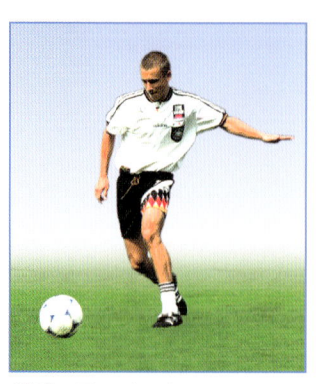

ボディフェイント

基本練習1

ボール1個、プレーヤー2人。約15×15mのフィールドで、約10mの間隔でフリーに動く。AはBに強いパスを出す。Bはボールを確実に受け、少しドリブルをして返す。

バリエーション：
- グラウンダーのパス
- 浮き球のパス
- 毎回はっきりとボディフェイントを入れてコントロール。
- ランニングのコースやテンポを頻繁に変える。
- Bは少しダッシュしてボールを要求し、確実にコントロール。
- 前と同じ。パスをBの走る方向に向かって出す。

基本練習2

4人組を作り、2人が10×10mのフィールドに入る。他の2人はパッサーとしてボールを1個ずつ持って、ゴールラインの5m後ろに入る。彼らは同時にフィールド内のプレーヤー1人ずつにグラウンダーのパスを出す。フィールド内のプレーヤーは動きながらパスを受け、もう1人のパッサーにパスする。2分間やったら役割を交替する。
- ボールに向かって走り、向かってくるボールを受ける。少し横にドリブル。
- ボールを受けるときにボディフェイントを入れる。
- ボール1個で、フィールド内で1対1。アタッカーはフリーになる動きをして、パスを処理し、もう1人のパッサーにパス。

基本練習3

プレーヤーが1人（アタッカー）GKの守るゴール前に入る。他の数人のプレーヤーから様々な方向から素早い連続パスを受ける。パスを受けて持ち出し、シュート。

バリエーション：
- グラウンダーのみ
- ライナー、ハイボールのみ
- 様々な高さのパス
- 様々な強さのパス
- アタッカーはパスを受ける前にディフェンスのマーク（軽くつく）をはずさなくてはならない。
- ボディフェイントを入れて

ボールコントロール

グラウンダーのパスの処理

基本形
後方のグループの先頭のプレーヤーが、ペナルティーエリアにいるアタッカーにパスを出す。アタッカーはボールを受け、少し持ち出しシュートする。

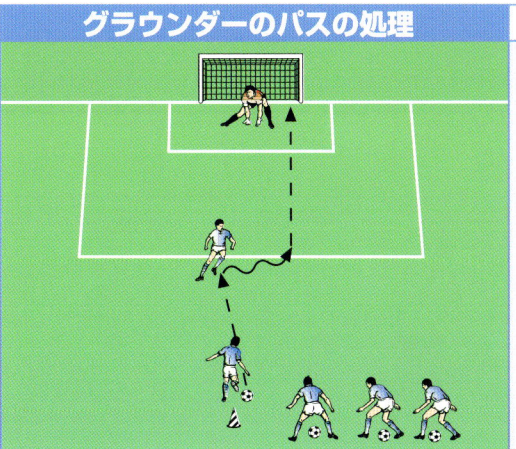

第1段階

バリエーション
ボールコントロールの際に
- インサイドのみ
- アウトサイドのみ
- ボディフェイントを入れて
- 立ち足の後ろを通して

高いパスの処理

基本形
トレーニングフォーム1と同様。今度は浮き球のパスで行う。

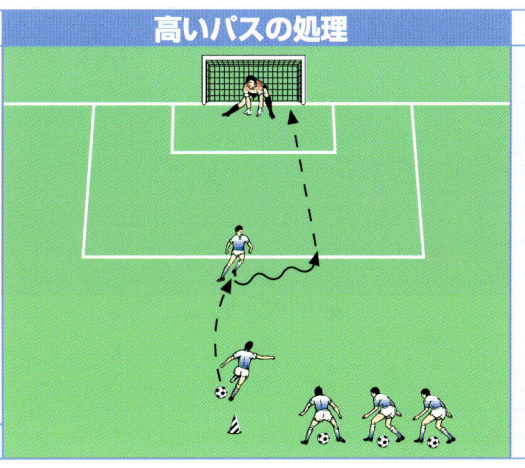

第1段階

バリエーション
ボールコントロールの際に
- インサイドのみ
- アウトサイドのみ
- 胸で
- ももで
- ボディフェイントを入れて
- 立ち足の後ろを通して

コンビネーションプレー

基本形
2人組でボールを1個ずつ持って、ゴールからゴールへ動く。Aはコーンゴールを通してBにパス。Bはそのパスを受け、別のゴールまでドリブルし、そのゴールを通してAにパス。

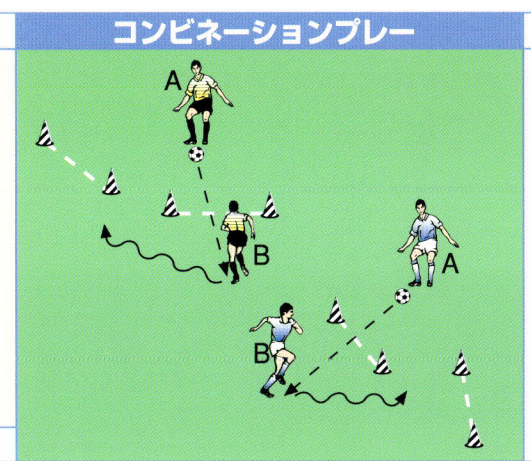

第1段階

バリエーション
ボールコントロールの際に
- インサイドのみ
- アウトサイドのみ
- ボディフェイントを入れて
- 立ち足の後ろを通して

Chapter5：トレーニング実践　技術／戦術

ヘディング

トレーニングとゲームにおける重要性

ヘディングはここ数年で、オフェンスでもディフェンスでもますます重要になってきています。

プレーの流れの中からクロスへ合わせるばかりでなく、とりわけCKやFKの重要性が、90年代の終わり頃からさらに高まってきています。

さまざまなヘディングのテクニックを習得するのは簡単なことではありません。そのためには規則的にトレーニングを重ねることが重要です。

テクニックの習得

両足ジャンプから

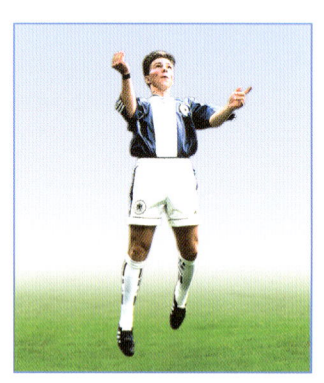

片足ジャンプから

ひねりを入れて

基本練習1
2人組で練習。
- Aが投げ、Bがヘディングで返す。10本で交替。
- スタンディングから両足ジャンプでヘディング
- 短い助走から片足ジャンプでヘディング
- Aが左右交互に投げる。Bはボールへ走り、上体のひねりを使って、できるだけ正確にAに返す。
- AはBに投げた後、左または右に動く。Bは正確に返す。
- Aは手からインステップで蹴って出す。Bはヘディングで返す。

基本練習2
2グループ。1つのゴールにGKが入る。スローアー（グループA）はボールを1個ずつ持ってゴールの横に立ち、Bのプレーヤーは後方のスペースから出る。Bの1人目のプレーヤーは、Aが投げたボールをヘディングでシュート。1回やったら2人でそれぞれグループを交替。
- アタッカーはライン（ゴール前約7m）の後ろから跳ぶ。
- 競争：どのプレーヤーが10分間で1番たくさんシュートを決めるか。
- ボールを手からインステップで蹴って出す。

基本練習3
2グループ。1つのゴールにGKが入る。Aのプレーヤーがゴール前にクロスを上げる。Bのプレーヤーはクロスにヘディングで合わせる。1回やったら2人でそれぞれグループを交替。
バリエーション：
- スタンディングからクロス
- 少しドリブルしてクロス
- 左右から交互にクロス
- クロスプレーヤーを固定。毎回2人ずつがゴール前に合わせに入る。
- 前と同じ。今度はクロスに3対1で合わせる。
- 前と同じ。今度はクロスに2対1で合わせる。
- 前と同じ。今度はクロスに3対2で合わせる。

ヘディング

基本形	トライアングルでのヘディング練習	バリエーション
約5mの間隔で、3人のプレーヤーが三角形になる。AはBに投げ、BがヘディングでCへ。CはキャッチしてAに投げる。以下同様に続ける。		● ボールを手からインステップで蹴ってそれをヘディングで返す。 ● ヘディングのみで三角形に回す。 ● スタンディングから、または軽い助走から ● キックまたはスローで出すボールの球種を様々に（相手めがけて、あるいはスペースへ）。
第1段階		

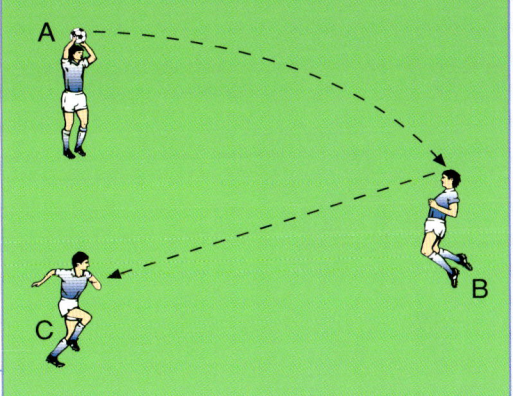

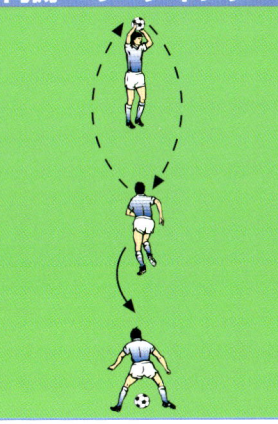

基本形	両側へのヘディング	バリエーション
3人で縦1列に並ぶ。外側のプレーヤーはボールを1個ずつ持ち、交互に真ん中のプレーヤーに投げる。真ん中のプレーヤーは、ヘディングで正確に返す。ポジション、役割を交替する。		● ボールを手からインステップで蹴ってそれをヘディングで返す。 ● ヘディングのみで三角形に回す。 ● スタンディングから、または軽い助走から ● キックまたはスローで出すボールの球種を様々に（人をめがけて、あるいはスペースへ）。
第1段階		

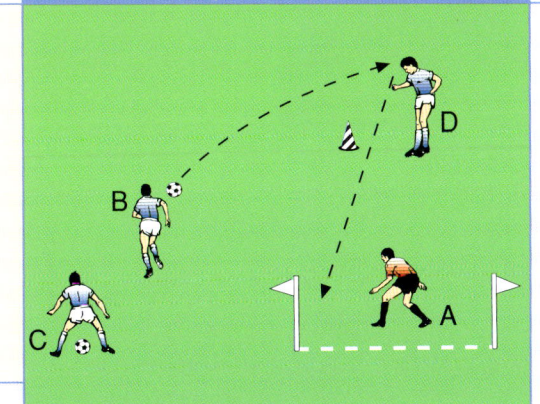

基本形	ヘディングシュート	バリエーション
BとCは交替で、Dにヘディングボールを投げる。Dはゴールにヘディング。10本やったらDは次にGKになる。Bはヘディングプレーヤー。GKだったAはスローアーになる。Cはもう1回スローアーをやる。以下同様に続ける。		● スタンディングから。 ● 助走から片足ジャンプで。 ● ポイントを数える：ボールが決まったらシューターに1ポイント。10分間やって1番ポイントが高いのは誰か。
第1段階		

Chapter5：トレーニング実践　技術／戦術

守備のテクニック

トレーニングとゲームにおける重要性

　効果的な守備とは、理想的には、適切なポジショニング、パスのインターセプト、相手との競走で先んじてボールをとる、といったことが含まれます。一般的に、スライディングタックルを使わなければ最適に解決することができない状況がたくさんあります。スライディングタックルをマスターし、ルール通りに実行できるプレーヤーはファウルをあまりおかしません。重要なことは、タックルというのは「プレーの妨害」ばかりでなく、ボールを奪うためのものであるということです。理想的には、タックルをするプレーヤーがアクション後に新たに攻撃に入れることが重要です。したがって、ブロックタックルも練習し、このテクニックでボールを奪えるようにします。

テクニックの習得

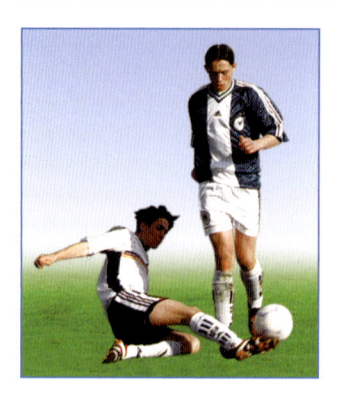

インサイドを使ったスライディングタックル
- ボールから遠い方の足でボールをサイドに出す。
- または、ボールに近い方の足のアウトサイドで蹴り出す。

ブロックタックル
- ボールを足のインサイドでブロックする。
- できるだけ短い距離からボールにタックルする。
- タックルの際に上体はボールの方へひねる。

基本練習1
フリーにいくつか置いたコーンゴールの間を、2人組でボールを1個ずつ持ってフリーに動く。Aはゴールを通して5m前に出す。Bはゴールを回り込んで、ボールをブロックタックルでできるだけ速く確保し、ゴールを通してAに返す。ブロックタックルを5回行ったらA・Bで交替する。
- どのペアが2（3）分間で1番多くブロックタックルをするか。
- どのペアが1番速く10回正しくブロックタックルをするか。

基本練習2
Aはコーンの間の約12mの想定ラインの間に立つ。BとCはボールを持って、両コーンからそれぞれ10mの位置に立つ。2人は交互に強さを加減して自分のコーンの方向にパスを出す。Aはこのパスに走っていって、ブロックタックルでキープする。4本ずつやったら役割を交替する。
バリエーション：
- Aはブロックタックルの後、正確にパスを返さなくてはならない。
- Aはインサイドまたはアウトサイドのスライディングタックルでボールを直接返さなくてはならない。

基本練習3
プレーヤーはペアになってボールを1個ずつ持ってゴール横のゴールライン上に立つ。ゴールにはGKが入る。最初のペアがフィールド内に入る。Aは意識的に大きめにドリブルする。Bはタイミングを見計らってブロックタックルでボールを奪い、全速力でゴール方向にドリブルし、コースを狙ってシュート。
次に役割を交替する。
- 発展：ボールを奪われたらAは後を追い、1対1でBのシュートを妨害しようとする。

基本練習4
前と同じ。ただし、今度はゴール前約30mの位置にさらに何人かのアタッカーが待機。Bがタイミングを見てタックルし、今度はボールをインサイドかアウトサイドで1人目のアタッカーの前に出す。アタッカーはボールを受け、ゴールへシュート。

守備のテクニック

タックルでゴールを通す Ⅰ

基本形

Aは2つのコーンゴールの間のスペースへボールを出し、自分の出したボールを追ってスタートし、スライディングタックルでゴールを通してBへ。Bはボールを受け、グループAの後ろへ。AはBがいたポジションに入る。

第1段階

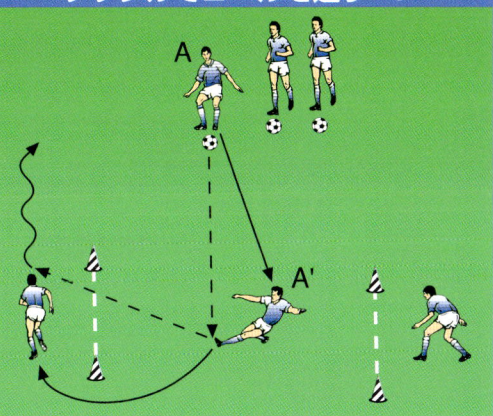

バリエーション

- スライディングタックルは、インサイドのみ／アウトサイドのみ。
- ゴールを小さくする／大きくする。
- ボールをもっと大きく出して、それに伴いもっとスピードを上げるようにする。

タックルでゴールを通す Ⅱ

基本形

1組目のペアのボール保持者（A）は、2つのコーンゴールの間にボールを大きく出してドリブルする。パートナー（B）は併走していって、タイミングを見計らってタックルし、2つのゴールの一つにボールを通す。その後AとBは両ゴール裏に分かれる。

第1段階

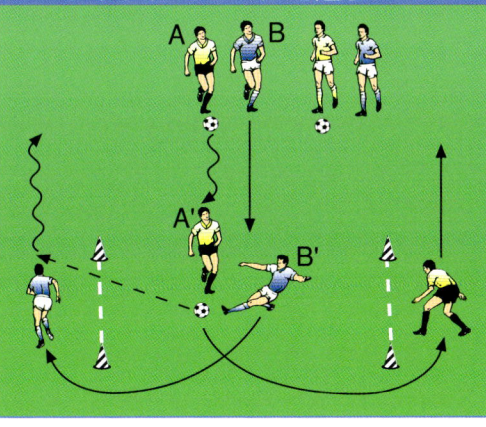

バリエーション

- スライディングタックルは、インサイドのみ／アウトサイドのみ。
- ゴールを小さくする／大きくする。
- ボールを持ったプレーヤーは様々なテンポでドリブルする。
- ボールを様々な大きさで出す。

タックルでゴールを通す Ⅲ

基本形

1組目のペアのボール保持者（A）は、コーンの四角形の中に加減してボールを出し、すぐにこのスペースのサイドラインの後方に向けてスタートする。パートナーBはパスを追って全力で走り、Aの走るコースをよく見て、タックルでできるだけ正確に出す。

第1段階

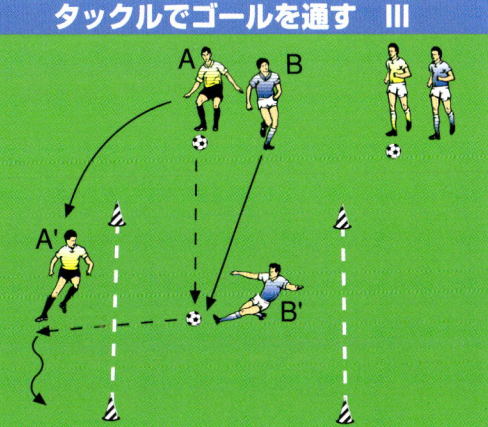

バリエーション

- 四角の中に出すパスを様々な強さで。

Chapter5：トレーニング実践　技術／戦術

戦術トレーニングのための基本フォーメーション

[実践編の構成]

この章のトレーニングフォーム集は、現代的な戦術トレーニングの方法上の原則に基づいています（P.48～56）。

ここでもう一度、戦術学習の基本的な2つの目標を思い出しておきましょう。

1. 長期的に構想したトレーニングプロセスの中で、プレーヤーに、サッカーの個人戦術、グループ戦術の全ての要素を与えます。
2. この戦術の基本レパートリーを身につけることで、チーム戦術の重点に取り組むことが可能となります。年代やレベル、能力が高いほど、チーム戦術のコンセプトに磨きをかけることができるようになります。

トレーニングプロセスの中で、これらの目標を達成していきます。その際、戦術トレーニングの内容的な重点や要求は、年齢やレベルに応じて異なります。

戦術トレーニングは、チームによって、大きく異なります。したがって、あらかじめ厳密に時間まで固定した戦術的な重点や画一的なトレーニングプラン、そのための特定したトレーニングフォームといったものはあり得ません。このプランニングの作業は、各コーチがそれぞれ自分のチームの状況に合わせて行っていくべきものです。

それでも、ここに挙げた戦術学習のためのトレーニングフォームのカタログは、各レベル、各年代のコーチにとって、有用な手引きとなることでしょう。

●カタログの構成

特別なチーム戦術、ゲーム戦術といったものは、常に、安定した個人戦術、グループ戦術の基礎の上に積み上げられるものです。ゲームコンセプトを完璧にするためには、常に個人戦術、グループ戦術のクオリティーの向上が前提となります。したがって、個人戦術、グループ戦術の要素に取り組むためのトレーニングフォームを幅広く紹介していきたいと思います。

よりシステマティックに全体を概観する意味で、個人戦術、グループ戦術のトレーニングフォームは、攻撃と守備の基本状況のトレーニング目標と重点にしたがって分類しました。

複合的なトレーニング状況の中で、これらの重点を、課題設定あるいは修正によって強調していきます。しかし同時に、守備と攻撃のアクションは常に一緒に学習していくようにします。攻撃のグループ戦術のトレーニングフォームに関しては、さらに「ボールキープとコンビネーションプレー」と「ゴールチャンスを作り出し、生かす」の2つに分けました。ここでも言えることは、具体的なグループ戦術の攻撃の要素を確実に強調しつつ、しかし同時に複合的な要求をすることで、他のプレー要素にもプラスとなります。

さらにその複合体である「チーム戦術」も整理しています。攻撃のためのトレーニングフォームは、「素早い攻撃」（カウンター）と「ポジション攻撃」（確実な組み立てからゴールチャンスを作る）の2つの基本状況に分類しています。

守備のためのトレーニングフォームは、現代サッカーの守備のコンセプトの原則として、「ボールおよびゾーンを中心としたマーク」を習得していきます。

1対1の習得は、代表プレーヤーといえども避けて通ることはできません。

戦術トレーニングのための基本フォーメーション

図3.

実践編の構成

ベースとなるトレーニングフォーム	戦術分野	補足的なトレーニングフォーム
内容/重点 ● GK有り大ゴールを2個使って1対1 ● GK有り大ゴールを1個使って1対1 ● ゴールを使って1対1＋ニュートラルプレー	**個人戦術** 1対1の攻撃 1対1の守備	内容/重点 ● 1対1＋スペースにパッサー （重点：ボールキープ） ● GK有りのゴールにパスから1対1 ● 1対1：クロスからヘディングの競り合い
内容/重点 ● 制限無しでゲーム形式 （重点：ボールキープ） ● ポストからポストへのゲーム （重点：目的に向けてコンビネーションプレー） ● ゴールを2個使ってゲーム形式（4対4、5対5） （重点：シュート） ● ゴールを2個ずつ使ってゲーム （重点：移動）	**グループ戦術** ボールキープのためのコンビネーションプレー シュートチャンスを作るためのコンビネーションプレー ボールまたはゾーンを中心とした守備	内容/重点 ● グループ戦術的なコンビネーションからシュート ● 効果的なシュート練習のためのオーガナイズ ● オフェンスが数的優位のゲーム ● ディフェンスが数的優位のゲーム ● 小グループでラインゲーム
内容/重点 ● ゴールを使って2ゾーン/3ゾーンゲーム ● 大ゴールを使ってウイングゾーン、ウイングゴールを使ったゲーム。 ● 大きいグループでラインゲーム ● 様々なプレッシングゾーンでゲーム	**チーム戦術** 確実な組み立て カウンター コンパクトな守備 中盤、前線でのコンパクトな守備	内容/重点 ● ウイングでのコンビネーションプレーからクロス ● 様々なターゲットエリアへ素早いカウンター ● ラインディフェンスのためのグループ戦術の導入 ● 中盤での移動のためのグループ戦術の導入

Chapter5：トレーニング実践　技術／戦術

　具体的な守備のチーム戦術の方向付けとして、この
ベースの上に3つの選択肢があります。前線からの
攻撃的なプレッシングと、中盤でのプレッシング、そ
して自陣ゴール前でのコンパクトな守備です。

●トレーニングフォームの構成

　戦術トレーニングの実践編は、一つの型で構成され
ています。一つの重点に対して、基本ゲームと追加の
トレーニングフォームを提案しています。

●基本ゲームについて

　基本ゲームについては、たくさんの追加のインフォ
メーションがあります。これらは、レベルや具体的な
トレーニング状況に関係なく、トレーニングにおける
ゲームを実施しやすくするためのものです。
●基本型に、単純なバリエーションをつけ、各ゲーム
を簡単にしたり難しくしたりすることができます。ト
レーニングの要求をチームのレベルに合わせるように、
適切なバリエーションの可能性を求めなくてはなりま
せん。
●内容については、プランニングは完璧だったのにオ
ーガナイズの問題で失敗に終わるトレーニングはたく
さんあります。このような問題の全てがあらかじめ計
算できるわけではありません。したがって、即興の能
力も重要となります。その一方で、典型的な問題は予
測することができます。このような問題を回避し、ス
ムーズなトレーニングの進行が確保できるようにする
ためには、オーガナイズ上のアドバイスが役に立ちま
す。
●最適な学習の効果というものは、トレーニングフォ
ームに、修正とデモンストレーションが伴った場合に
のみ現れるものです。そのときに重点的に問題とすべ
き点を修正するアドバイスを示します。このインフォ
メーションによって、必要な修正を加えやすくなりま
す。

●補足のトレーニングについて

　各トレーニング重点毎に、基本ゲームの補充として、
さらに補足のトレーニングフォームを紹介しています。
ここでもスムーズな進行のために、たくさんの追加の
インフォメーションがあります。
　基本ゲームの場合とはちがって、このトレーニング
フォームには、難度に必ずしもたくさんの段階付けの
バリエーションがあるわけではありません。したがっ
て、コーチはレベルやクラスに応じて、自分のチーム
にふさわしいゲーム形式、練習形式をピックアップす
るようにしなくてはなりません。

●追加の内容

　トレーニングフォームのカタログは、効果的で実戦
に近く魅力的な戦術トレーニングのためのたくさんの
ヒントを含んだものです。それと並んで、各コーチは、
個々の戦術の重点に取り組む方法といった観点で、単
純な基本状況を確立して練習すべきです。これらの基
本状況を、徐々に複雑にしていきます。P.103と
P.104の一覧で、個々の戦術重点にどのように取り
組み、どのように完璧にしていくことができるのか、
具体的にわかりやすく説明しています。

フェイントを使って相手をかわす——個人戦術習得のための練習形式に
おける重点の一つです。

戦術トレーニングのための基本フォーメーション

図4. 攻撃の個人戦術、グループ戦術のトレーニングの重点

個人戦術
単独突破 / **ボールキープ**

1-1
アタッカーがボールを保持している
- 方向・テンポを変えながら確実にドリブル
- 状況に応じて、ドリブルと次のアクションを結びつける（パス、シュート、クロス）
- フェイントを使って相手をバリエーション豊かにかわす
- プレッシャーがかかってもボールをキープ

1-1
アタッカーがパスを受けようとしている（1＋1対1）
- フリーランによって、パスを意識的に要求する
- フリーランにダッシュとボディフェイントを組み合わせる
- 適切なタイミングで相手プレーヤーをはずす
- 状況に応じてボールを正確にパスする

1-2
OF1対DF2人
- ボールを身体で相手プレーヤーからカバーする
- 相手から遠い方の足でドリブルする
- フリーのスペースへドリブルで入っていきつつプレーの状況を観察する

グループ戦術
ゴールを攻撃 / **ボールキープ**

2-1
3-2
4-3
5-4
アタッカーが数的優位
- 確実なコンビネーションプレーでゴールチャンスを準備
- 直接の1対1を避ける
- スペースを広く使ってコンビネーションプレーをし、ギャップを活用する
- ボールを持ったプレーヤーに常に選択肢を持たせる

2-2
3-3
4-4
5-5
アタッカーとディフェンスが同数
- ドリブルとパスを組み合わせて、確実でなめらかなコンビネーションプレー
- タイミングよくフリーラン——相手から一気に離れる
- 相手DFの影から出る——確実なパスが可能になる
- 確実なコンビネーションプレーでゴールチャンスを生み出し活用する

2-3
3-4
4-5
アタッカーが数的不利
- フリーのスペースにドリブルする。ボールを身体でうまくカバーする
- シュートチャンスを活かし、必ず決める
- コンビネーションプレー（例：ワンツー）で相手のプレッシャーから逃れる道を見つける

Chapter5：トレーニング実践　技術／戦術

図5. 守備の個人戦術、グループ戦術のトレーニングの重点

個人戦術

1-1　アタッカーがボールを保持している
- アタッカーにタイミング良く向かっていき、後退しつつ遅らせる
- 適切なスタンスをとり、相手を外側に向かわせる
- 下がりながらアタックのタイミングをはかる
- 相手と同じランニング方向からボールにアタックする

1-1　アタッカーがパスを受けようとしている（1＋1対1）
- 相手とボールに対しパスに相手より速く到達できるようなポジションをとる
- 常に「インナーライン」（ゴールと相手の間）で動く
- 常に相手とボールが視野に入るようにする。相手の攻撃のアクションを慎重に観察する
- パスに先にさわれるのであれば、ボールへの直接のコースにスタート

1-2　OF1対DF2人
- 下がりながら相手の攻撃を妨害する
- うまくポジションをとり、相手の1人を孤立させる
- チャンスがあればアタックする

グループ戦術

2-1 / 3-2 / 4-3 / 5-4　ディフェンスが数的優位
- ボール保持者に2人で同時にアタックする
- 思い切りよくアタック。素早くボールを奪うことを意識する
- ボール保持者に1対1で勝ち、パス出しの可能性を阻止
- 相手に対しポジショニングで味方がいるスペースへ追い込む

2-2 / 3-3 / 4-4 / 5-5　アタッカーとディフェンスが同数
- 状況に応じてボール保持者にプレッシャーをかけ、アタックする
- ボールに対し移動することで相手のプレースペースを狭める
- 密にまとまって動き、相互のカバーリングを可能にする
- 味方同士のコーチングにより、新たなプレー状況に対応する

2-3 / 3-4 / 4-5　ディフェンスが数的不利
- ボール保持者に向かい、状況に応じて慎重にアタックする
- 外に向かってプレッシャーをかけ、相手の1人を孤立させる
- ボールに対し、1つのラインになってプレーする

戦術トレーニングのための基本フォーメーション

図6. チーム戦術のトレーニングの重点

	攻 撃		守 備
確実なプレーの組み立て	● 様々なポジションで、フィールド上で幅と厚みをとり、パスのオプションを作る。 ● 横パス、バックパス、ダイアゴナルパス、縦パスによって確実なコンビネーションプレーを組み立てる ● フィールドのサイドからサイドへ、サイドチェンジを入れる ● 確実なコンビネーションプレーでゴールチャンスを生み出し、そのチャンスを生かす	**コンパクトな守備、中盤のプレッシング**	● 引いて全員でコンパクトな守備を形成（引いて守備的に守る場合） ● 中盤でまとまりを作る ● 中盤にあるボールを、徹底したアタック（プレッシング）で奪う ● 状況に応じて時々前線でのプレッシングを入れる
カウンタープレー	● 守備的に守ることで、相手の攻撃スペースを狭める ● ボールを奪ったら素早く逆襲を開始。素早い切り換え ● ボールを奪ったら状況に応じて、できるだけ多くのプレーヤーがフォローする ● ランウィズザボール、ダイアゴナルパス、縦パス、コースを狙ったシュート	**フォアチェック**	● ハーフラインの向こう側で、徹底的なアタックで早期にボールを奪う ● 長いバックパス、自チームのCKの後、スローイン等に、状況に応じてFWのプレッシングを入れる ● 試合開始時、リードされているとき、相手が不安定なとき、一時的に前方へ「プレス」する ● 全員がボールの方向に移動する
セットプレー	● いくつかのバリエーションをマスターしておく ・直接フリーキック ・間接フリーキック ・コーナーキック	**セットプレー**	● 様々な距離からの直接FK、間接FKの壁の作り方の原則をマスターしておく ● 相手のフリーキックの際の効果的な守備の組織を身につける

Chapter5：トレーニング実践　技術／戦術

［トレーニングフォーム活用のためのアドバイス］

● 特定のトレーニングフォームに決定する際には、スムーズに進行するためのオーガナイズの全ての可能性が満たされているかどうかを、常に検討すべきです（右下の囲み参照）。

● 具体的な戦術重点のためのゲーム形式、練習形式を長期的にプランすべきです。そこで集中的にトレーニングし、難度をシステマティックに高めていくようにします。

　各トレーニングフォームは、スタートに際してある程度の時間を必要とします。初めからすぐにうまくいくものではありません。必要があれば課題の難度を下げます。例えばフィールド／ゴールを大きくする、ゴールタッチ数の制限を無くす、ニュートラルプレーヤーを追加する等といった方法があります。

● ここに挙げたプレー時間は、目安に過ぎません。プレーヤーをよく観察して、休憩をフレキシブルに調整し、必要に応じて長さを変え、適切な負荷の加減を考慮する必要があります。

● 1つの新しいゲーム形式を導入する際には、以下の点に注意します。
1. 最も重要なことを、短く簡潔に説明する（フィールドの制限、特別ルール、ゴールのカウント、戦術的重点等）
2. できるだけパフォーマンスレベルが均等になるようにグループ分けをする
3. 可能な場合には、トレーニングフォームの基本的な進行を少しやらせてみて、その上で中断し、不明なことや質問を最終確認するようにする

● フィールドの境界線ははっきりとマークします。あらかじめあるライン等を利用しても構いません。あるいはコーン等のマーキング用具を活用します。ポジション毎の専門的な戦術課題の場合は、試合で実際に使うスペースでトレーニングすべきです。

● 休憩は、できるだけ積極的回復とします。
例：軽いテクニック練習、ストレッチング、体操、ジョギング等

● 一つのトレーニングフォームの間には、以下に挙げるいくつかのポイントに注意し、必要があればオーガナイズやルールを変更します。
1. トレーニンググループの強さはだいたい同じだろうか？
2. エリアは狭すぎないか／広すぎないか？
3. ゴールは小さすぎないか／大きすぎないか？
4. 負荷と回復の時間のバランスはとれているだろうか？　全てのアクションを最大のテンポで最大の集中でやれなくてはならない。
5. そして特に、意図する戦術要素が本当に重点的に活用／トレーニングされているだろうか？（ある程度の時間行った後で判断）

トレーニングのオーガナイズ

トレーニング場
どのトレーニング場を使うことができるのか？　トレーニング場には同じ時間に他のチームもいるのか？　話し合いは必要か？
グラウンドの性質はどうか？　そのために特定のトレーニングが不可能となってしまうことはないか？　計画したトレーニングフォームをできるだけ支障無く練習したいのだが、トレーニング場は分割可能だろうか？

用具
どのトレーニング用具が使えるのか？　個人練習が必要になってもボールは十分か？　もしも足りなかった場合、それでも各プレーヤーにできるだけたくさんボールにさわらせるようにするためには、トレーニングはどう組んだらよいか？　マーキング用具はどのようなものが使えるか？
一つの課題から次へ、できるだけ時間の無駄なく移行することできるよう、トレーニング用具とマーキング用具を準備することはできたか？

グループの大きさ
トレーニングにはプレーヤーは何人来るのか？　小グループでできるだけ集中的に学習できるようにするには、いくつのグループとフィールドを用意しておくべきか？　チームの人数や強さが大きくかたよった場合には、どうしたら調整できるか？

戦術トレーニングのための基本フォーメーション

図7.
勝利と魅力を兼ねそなえたサッカーへの道

1	実戦に近いトレーニングをする！できるだけ複合的に。必要なだけ十分に基本的に
2	スピードを強調してトレーニングする！ランニングのスピードから行動のスピードへ
3	細分化してトレーニングする！個人の改善がチームの成功のベース
4	目的をもってトレーニングする！学習目標は直接ゲームから導き出されるべき
5	クリエイティブにトレーニングする！まねをするばかりでなく、自分のアイディアを行動に移す
6	負荷を適切に加減する！コンディションの要求を、実戦で実際に起こることから設定する

Chapter5：トレーニング実践　技術／戦術

個人戦術：1対1の攻撃

[今日のゲームにおける特徴と意義]

　個人戦術は、攻撃において、1対1の状況をうまく乗り切るために、グループ戦術やチーム戦術の要求を満たすために、そしてゲーム課題を解決するために、個々のプレーヤーがマスターしておくべきプレーの要素です。そのためには基盤として、テクニックを確実にマスターしておくことが必要です。テクニックをマスターしていなければ、試合のあらゆる課題にフレキシブルで適切に反応することはできません。

　ゲームの進行中には、絶えず1対1の状況ができます。1対1とはすなわち、ボールを保持するか／失うかを意味し、フィニッシュを可能にし、最終的にゲームの結果に影響を与えるものです。

　「1対1をより多く制する者がゲームを制する」というのはサッカーでよく言われる格言です。したがって、1対1が攻守にわたって優れていることは、あらゆるレベル、年代で根本的な攻撃の成功のためのベースであるといえます。

　個々のプレーヤーの個人戦術レベルを高めさせることで、チームプレーが効果的に改善されます。確実なコンビネーションプレーと要求の高い攻撃コンセプトには、ベースとして常に個々のプレーヤーの能力が必要です。したがって、1対1の学習を、規則的に計画的に、トレーニングプログラムに組み込むようにしなくてはなりません。

　1人のプレーヤーが解決しなければならないプレー状況は、実に幅広いものです。攻撃の分野において、その中でも特に2つの個人戦術の基本状況を挙げることができます。

●基本状況1は、アタッカーがすでにボールを持っている場合です。アタッカーは相手に向かってドリブルをしかけ、そこから2つの選択肢があります。一つは1対1でボールをキープすること、そしてもう一つは相手をかわして次のアクションにつなげること（ドリブル、パス、クロス、またはシュート）です。

●基本状況2というのは、アタッカーがまだボールを持っていない状況です。アタッカーはまず相手プレーヤーのマークをはずし、味方からのパスを要求しなくてはなりません。フリーランとパスされたボールを確実に受けることが、ボールキープあるいは単独突破のための最適な出発点となります。

　この2つの個人戦術の基本状況をマスターすることは、現代のサッカーにおいて、非常に重要なことです。

　一つには、ボールを中心としたディフェンスコンセプトの普及によって、攻撃アクションのためのスペー

1対1の攻撃の状況

突　破
● アタッカーは高いテンポでゴール方向にドリブル
● 相手がゴールへのコースに入ったらすぐに、テンポを落とし、ボールを足下に置く
● フェイントをして、ボールを相手の横のスペースに出し一気にスタート

個人戦術：1対1の攻撃

スがますます狭くなってきています。強力に組織されたディフェンスに対抗するには、何よりも、目標に向けたクリエイティブな個人アクションが必要です。しかしこれは、テクニックが完璧で、プレーの機転と突破力をもち、幅広いフェイントのレパートリーを持った攻撃プレーヤーにしかできないことです。特にアウトサイドのポジションには、これらのクオリティーを備えたドリブルのうまいウイングプレーヤーが求められます。

もう一方で、数的優位な相手ディフェンスに対し、1人で抜いていくのはますます難しくなってきます。コントロールしたプレーの組み立て、そしてまた何よりもトップでボールを支配するには、ボールキープがより重要となります。個々のプレーヤーは、相手からのプレッシャーがきつくても、あらゆるプレー状況でボールをキープできなくてはなりません。

これはつまり、あらゆるレベル・年代で規則的に1対1の攻撃のトレーニングをすることが、勝利に結びつきかつ魅力的なサッカーのために不可欠であるということです。

図8.

トレーニング目標

全　般	専門（ポジション別）
ボールがないとき ● 味方からパスを意識的に要求する ● ダッシュとボディフェイントで相手プレーヤーから離れ、妨害を受けずにボールを受けるための時間とスペースを獲得する ● タイミングよく相手から離れる（フリーなパスコースとアイコンタクト） **ボールがあるとき** ● パスを受けた後、できるだけ相手とゴールの方向を向く。それができない場合は、ボールを確実にカバーする ● 相手プレーヤー2人にアタックされてもボールをしっかりと保持する。そのためには、ボールをできるだけ足下近くに持ち、方向転換を多用しながらドリブルする ● 単独突破の時は、フェイントと爆発的なダッシュで相手をかわす ● うまく相手をかわしたら、狙いを持ったパスかシュートに結びつける。相手にそれ以上アタックのチャンスを与えない	**DF** ● 自ゴール前でプレッシャーをかけられたら、ドリブルでうまくフリーになり、確実にパスを出す ● ボールを奪ったら高いテンポで前に出て、相手のアタックを狙いを持ってかわす **MF** ● アタックをしてくる相手に対してバリエーション豊かにドリブルしてボールをキープし、自チームの攻撃プレーを組み立てる ● ランウィンズザボールで相手を引き離し、状況に応じてクロスかシュートまでつなげる **FW** ● うまいドリブルで相手ディフェンスに対してボールをキープし、上がってくる味方に落とす ● フェイントを多用したドリブルで、スペースで相手をかわし、ゴールに正確にシュート

3

Chapter5：トレーニング実践　技術／戦術

2ゴールを使って1対1

オーガナイズ／基本の進行

4人組のグループになり、それぞれ約20×30mのフィールドの両ゴールラインの後ろで待つ。

最初のペアが両ゴールを使って1対1を行う。ゴールにはGKが入る。

プレー時間：30秒間——終わったら2組目がプレーする。以下同様に続ける。

1巡目は、Aグループのプレーヤー全員がボールを持つ。2巡目はBグループのプレーヤーがボールを持つ。

6回ずつ行って、どちらのグループの方がゴールが多かったか？

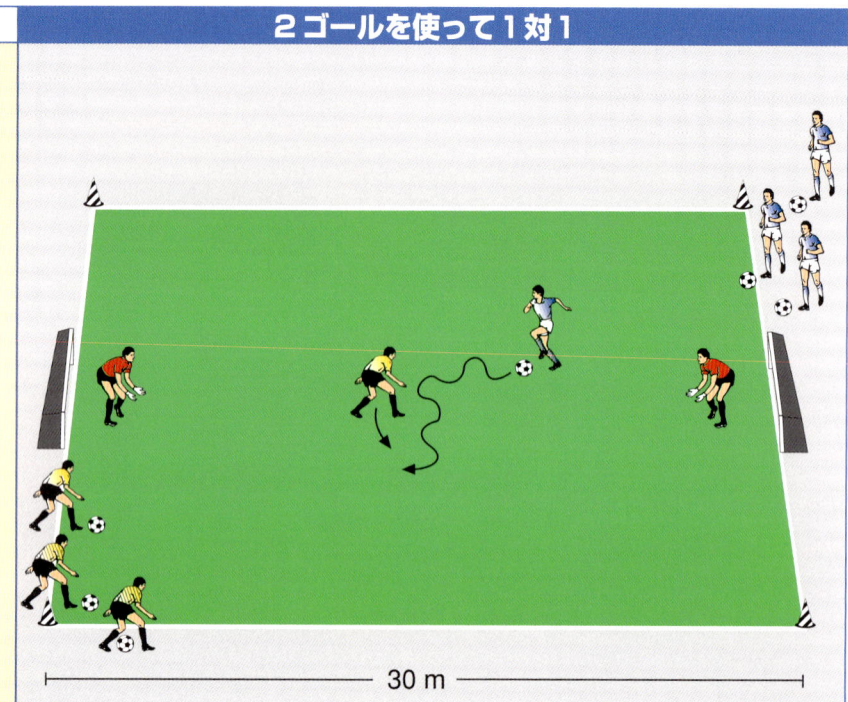

トレーニングの重点
- テンポを変えて1対1
- 様々なフェイントの適用
- ゴールチャンスを生かす

オーガナイズのアドバイス
- 残りのプレーヤーはゴールラインの後ろで待つ
- シュートされたボールを素早く取りに行く
- 30秒たったらすぐに次のペアが交替してフィールドに入る

修　正
- DFを外に誘い出し、1回のフェイントからシュートがうてるようにする
- シュートフェイント、パスフェイント、ボディフェイントを使う
- 突破したらフィニッシュ

バリエーション

第1段階
- プレーしていないペアは、フィールドの周りに広がってパッサーとなり、アタッカーを助ける
- 前と同じ。ただし、今度はパッサーは最大2タッチまででフィールド内にパスする（ボールを受けてパス）
- パッサーは自分のグループのアタッカーのみ助ける

第2段階
- 第1段階と同様。パッサーからのパスを1タッチでシュートを決めたら2ポイント。
- 常に2つのペアが同時に1対1を行う
- コーチがボールを全部持つ。まずコーチがフィールドの外のアタッカーにボールをグラウンダーでパスし、アタッカーはボールを確実に受けてからプレー開始

第3段階
- 今度は3組のペアが同時に1対1
- コーチがボールを全部持つ。コーチがアタッカーにライナーのパスを出す。アタッカーはそれを確実に受けてから1対1を開始する

個人戦術：1対1の攻撃

オーガナイズ／基本の進行

4組のペアが2ゴールの間（約25mの距離）で同時に1対1を行う。ゴールにはGKが入る。さらに2人のプレーヤーがニュートラルなパッサーとなってフィールド内に入る。ボール保持者はアタッカーになり、できるだけ長くボールをキープし、ニュートラルプレーヤーにパスをつなぐ。ニュートラルプレーヤーとのコンビネーションプレーをしたら、ゴールへシュートしてよい。シュートが決まったらアタッカーはそのままボールを保持する。シュートが決まらなかったら攻守を交代する。

ニュートラルプレーヤー2人を使い2ゴールを使って4×1対1

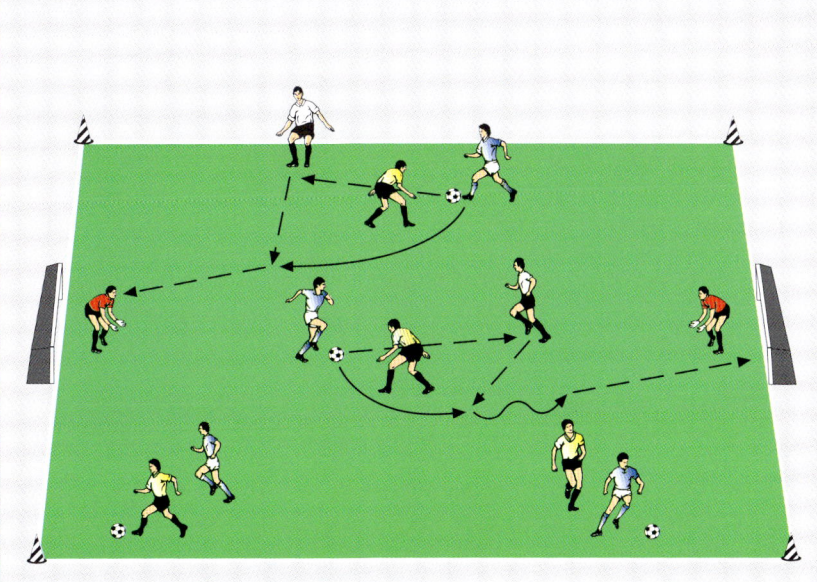

25m

トレーニングの重点
- ボールをカバーする
- 周りの状況をよく見る
- フリーのスペースを使う

オーガナイズのアドバイス
- 少したったらニュートラルプレーヤーを交替する

修正
- ボールと相手の間に身体を入れてボールをキープする
- パスを出したらテンポを変える

バリエーション

第1段階	第2段階	第3段階
●チーム毎の競争：どのグループがゴールが多かったか？ ●個人競争：2分間やって誰が1番ゴールが多かったか？	●ニュートラルプレーヤーは1タッチでアタッカーに返さなくてはならない ●ゴールが決まったら、シュートを決めたプレーヤーはまずドリブルでハーフラインを越えなくてはならない。それからニュートラルプレーヤーにパスして、次のゴールへ攻撃する	●ニュートラルプレーヤーからのパスを1タッチでシュートしたら2ポイント ●アタッカーはニュートラルプレーヤーからパスを受けた後、2タッチ以内でシュートしなくてはならない

Chapter5：トレーニング実践　技術／戦術

1対1＋1対1

オーガナイズ／基本の進行

ペナルティーエリア2つ分のフィールドにゴールを2個おき、GKが入る。そのフィールドの中で2組のペアが互いに対戦する（各チーム1アタッカー、1ディフェンダー）。両方のペアはフィールドのハーフから出てはいけない。ディフェンダーはボールを奪ったらもう片方のハーフのアタッカーにパスする。アタッカーは1対1でゴールを狙う。プレーしていないペアは、ゲームを見る。1分たったら次の2ペアが交替して入る。

トレーニングの重点
- 相手プレーヤーから離れる
- 意識してパスを要求する
- 相手からプレッシャーを受けていてもパスを確実に処理する

オーガナイズのアドバイス
- 1つのフィールドに最大8ペアまで
- 予備のボールを用意しておく

修　正
- ボディフェイントを使って相手をはずす
- 爆発的なダッシュでフリーになり、味方にパスコースをはっきりと示す
- ボールを持ったプレーヤーとアイコンタクト

バリエーション

第1段階	第2段階	第3段階
● プレーしていないペアは、フィールドの周りに広がってパッサーとなり、アタッカーを助ける。 ● 前と同じ。ただし、今度はパッサーは最大2タッチまででフィールド内にパスする（ボールを受けてパス）。 ● パッサーは自分のグループのアタッカーのみ助ける。	● シュートが決まったら、同じペアが引き続きボールを保持し、反対のゴールに攻撃する。 ● 常に2つのペアが同時に1対1を行う。 ● 同じ方法で、今度は片方のハーフでは2対2、もう片方のハーフでは1対1を行う。	● 第2段階と同様。ただし、今度は片方のハーフでは3対3、もう片方のハーフでは1対1を行う。 ● 同様。ただし、今度は片方のハーフでは1対1、もう片方のハーフでは1対2を行う。

個人戦術：1対1の攻撃

ペナルティーエリアで3×1対1

オーガナイズ／基本の進行

ペナルティーエリアから5m外に、1人のパッサーがボールをたくさん持って立つ。ペナルティーエリアの中では1組のペアがそれぞれ1対1を行う（アタッカー3人、ディフェンダー3人）。アタッカーはパスを受け、相手プレーヤーに対してゴールに向かって攻撃する。ゴールにはGKが入る。ディフェンダーがボールを奪ったらパッサーに返す。1回のアクションが終わったら、次のアタッカーにパス。以下同様に続ける。5分たったら交替する。

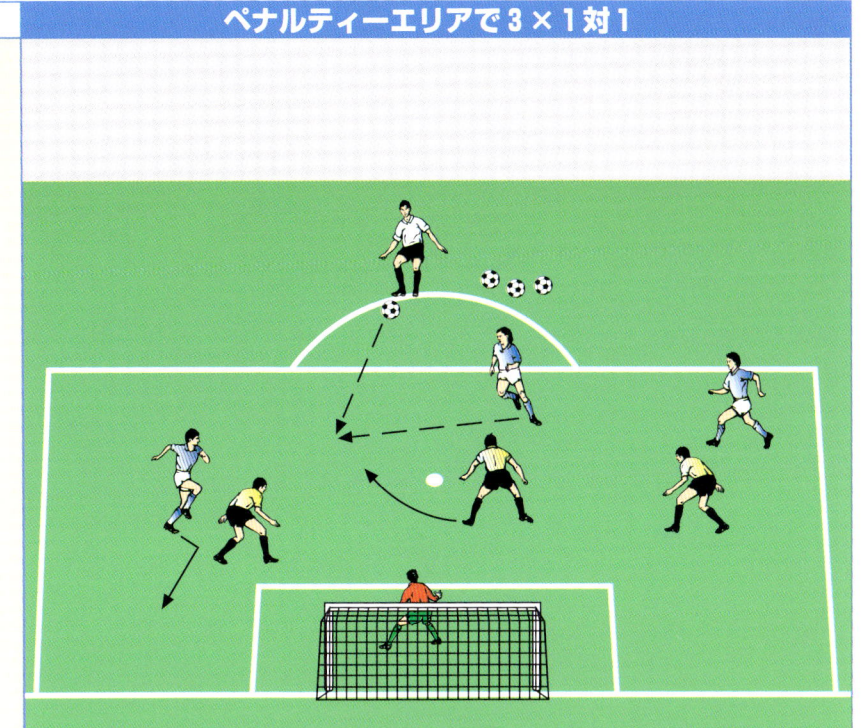

トレーニングの重点
- 相手プレーヤーから離れる。
- ドリブルからシュート。
- 相手プレーヤーにフェイントをかける。

オーガナイズのアドバイス
- 同じ強さになるようペアを作る。
- ステーショントレーニングに組み込むことができる。
- 積極的回復として、魅力的なシュート練習を入れる。

修　正
- 確実にボールを受ける。
- ボールを受けると同時に相手をかわす。

バリエーション

第1段階
- パスを受けたらアタッカーはペナルティーエリア内でコンビネーションプレーでシュートまで。
- すぐに突破のチャンスができなかったらパッサーに返す。パッサーは次のアタッカーにパス。

第2段階
- 同じ方法で、今度は4組のペアで行う。
- 2人のパッサーが、両サイドのペナルティーエリアのラインの高さに入る。彼らは交互にペナルティーエリア内のアタッカーにパスする。アタッカーは3×1対1（または3対3）でシュートチャンスを作る。

第3段階
- パッサーのパスから1タッチでシュートを決めたら2ポイント。
- パッサーはもっと後方（ゴールから30m）とサイドに入る。彼らはそこからペナルティーエリアのアタッカーに浮き球やライナーを蹴る。アタッカーはそのボールを受け、3×1対1、または3対3でシュートまで。

Chapter5：トレーニング実践　技術／戦術

| トレーニングフォーム 1 | 4パッサー＋4対4 | バリエーション |

トレーニングフォーム 1

4人ずつ3グループ。グループAとBは25×35mのフィールドで4対4を行う。ゴールを2つ使い、それぞれGKが入る。Cのプレーヤーはパッサーとして、片方のハーフのサイドラインとゴールライン上に入る。彼らは順番にAのプレーヤーにパス。パスを受けたプレーヤーはゴール1を攻撃しシュートまで。
Bがボールを奪ったらゴール2へカウンター。何回かやったらAとBで攻守を交代する。

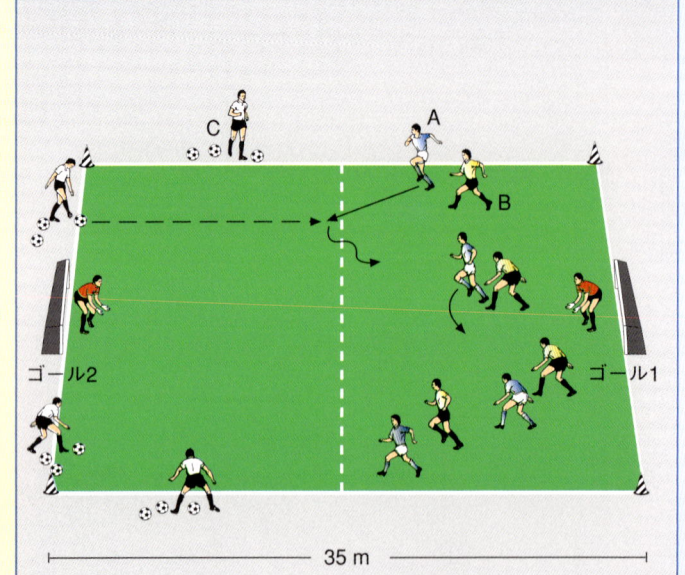

バリエーション

- 直接のマークを決める。アタッカーは積極的に自分でしかける。フリーになってパスを受けたら自分で抜いていってシュートまで。
- パスをライナーで。
- パッサーはサイドライン上のみ。アタッカーにスローインする。
- アタッカーはまずはじめにパッサーから遠い方のハーフにフリーラン。

トレーニングフォーム 2　2つのパラレルゴールに1対1（GK有り）

フィールドのゴールラインに15m離してゴールを2つ置き、GKが入る。ペナルティーエリアの約10m外にカウンターラインをマークする。
プレーヤーはペアとなる。最初のペアのアタッカーが相手をかわし、片方のゴールにシュート。ディフェンダーがボールを奪ったら逆襲でカウンターラインをドリブルで通過する。終わったら次のペアが出る。

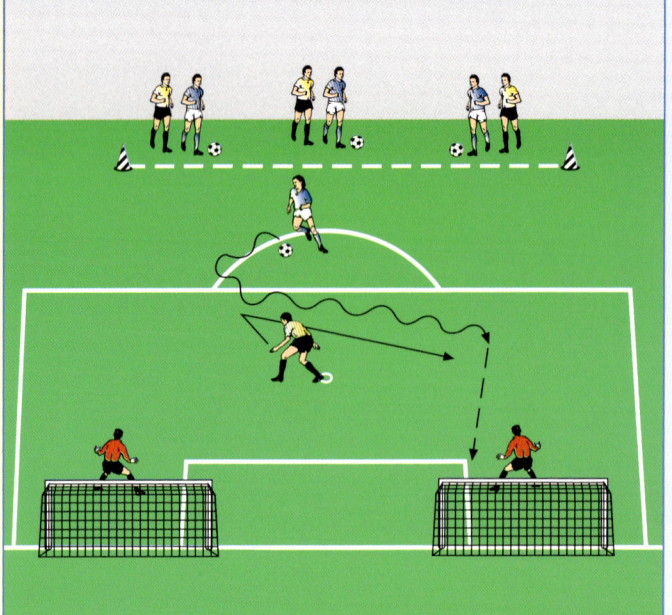

バリエーション

- チーム競争：アタッカーとディフェンダーがそれぞれチームを作る。個々のプレーヤーの得点をチームで合計する。
- ディフェンダーがボールを持ち、両ゴールの間のゴールライン上に立つ。そこからアタッカーに浮き球を入れて1対1をスタートする。
- コーチがアタッカーに攻撃するゴールをあらかじめ指定する。ディフェンダーは相手がどちらのゴールに攻撃してくるかを知らない。

個人戦術：1対1の攻撃

トレーニングフォーム3

ゾーンでパッサーを使って1対1

3人ずつ2グループから、それぞれ1人のフィールドプレーヤーが出て、15×15mのフィールドで相手グループのフィールドプレーヤーに対して1対1を行う。残りのプレーヤーはパッサーとしてフィールドのサイドに1人ずつ入る。味方のパッサーとのコンビネーションプレーで30秒（1分間）ボールを保持することができるのは誰か？
1回毎にパッサーとフィールドプレーヤーで役割を交替する。

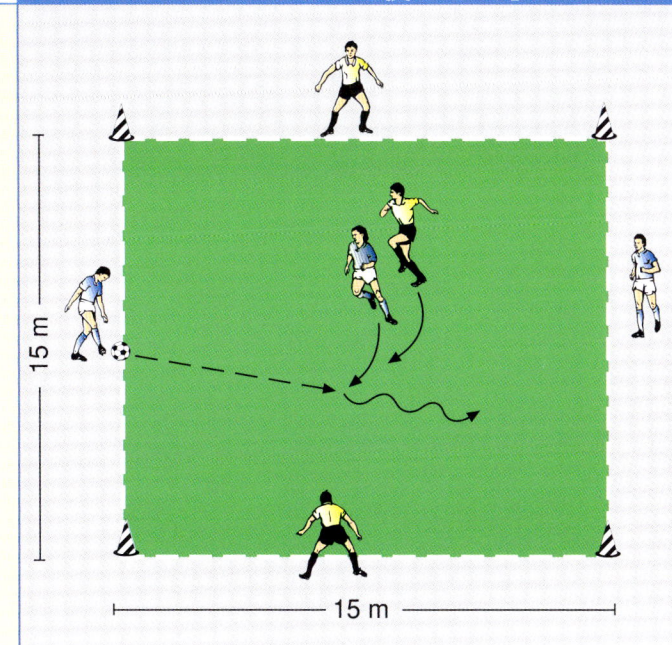

バリエーション

- アタッカーになったプレーヤーは、4人のパッサー全てとコンビネーションプレーをする。
- パッサーは連続2タッチまで。
- パッサーは1タッチでプレーしなくてはならない。
- 自チームのパッサーの1人と2回目にパスをかわしたらフィールドプレーヤーとパッサーで役割を入れ替わる。
- どちらのフィールドプレーヤーが先に自チームのパッサーと3回パスをつなぐことができるか。

トレーニングフォーム4

3つのミニゴールを使って3×1対1

15×25mのフィールドのサイドラインに、5m間隔でミニゴールを3つ作る。プレーヤーは2グループに分かれる。
各グループから3人ずつが同時に1対1を行う。ボール保持者は相手の3つのミニゴール全部を攻撃してよい。休みのプレーヤーはゴールの後ろでボールを集める。
30秒間やったら次の3組が出て1対1を行う。

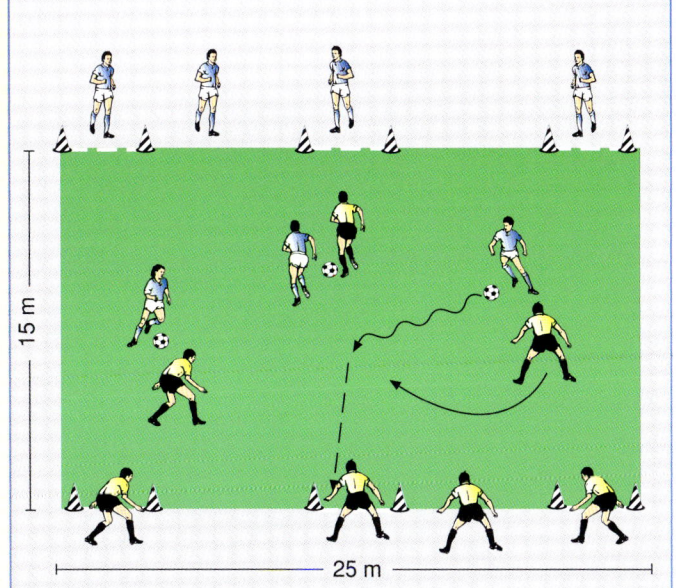

バリエーション

- アタッカーが相手ゴールの1つをドリブルで通過したら1ポイントとする。そのためにはゴールを少し広げてもよい。
- 個人競争またはチーム競争：どのプレーヤー／チームが1番ゴールが多かったか？
- 両ゴールライン上に2ゴールずつで行う。

Chapter5：トレーニング実践　技術／戦術

| トレーニングフォーム5 | ラインを越え1対1 | バリエーション |

15×15mのフィールド内で、2人のプレーヤーが3m幅のゴールを4つ使って1対1を行う。各プレーヤーはそれぞれ並んだ2つのゴールを守る。ボールを持ったプレーヤーは1対1から攻撃し、2つのゴールの片方をドリブルで通過しなくてはならない。通過したら1ポイントを獲得する。

プレー時間：30秒〜1分間

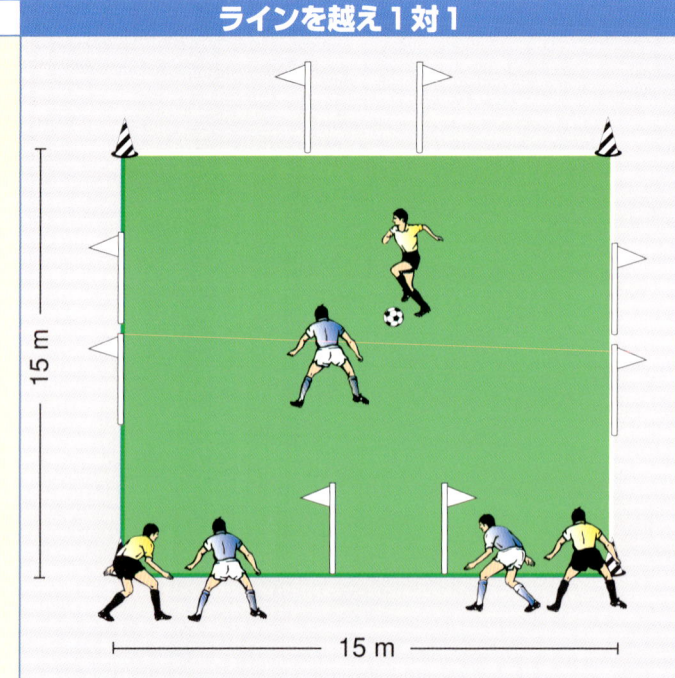

- 同じ方法で、2組のペアが同時にフィールド内でプレーする。
- ゴールの幅はプレーヤーのレベルに合わせる。
- ミニゴール無し。アタッカーは相手の2つのゴールラインの1つをドリブルで通過しなくてはならない。

| トレーニングフォーム6 | パスからゴールへ1対1 | バリエーション |

ペアを作る（1アタッカー、1ディフェンダー）。1組目のペアはゴール前中央約20mの距離に立つ。ゴールにはGKが入る。残りのペアはゴールの横、ゴールライン上。パッサーがボールを持ってさらに後方に入る。ペナルティーエリア前のアタッカーは自分のディフェンダーから離れ、パスが受けられるようにする。1対1からシュートまで行ったら、次のペアが出る。3回ずつやったら攻守を交代する。

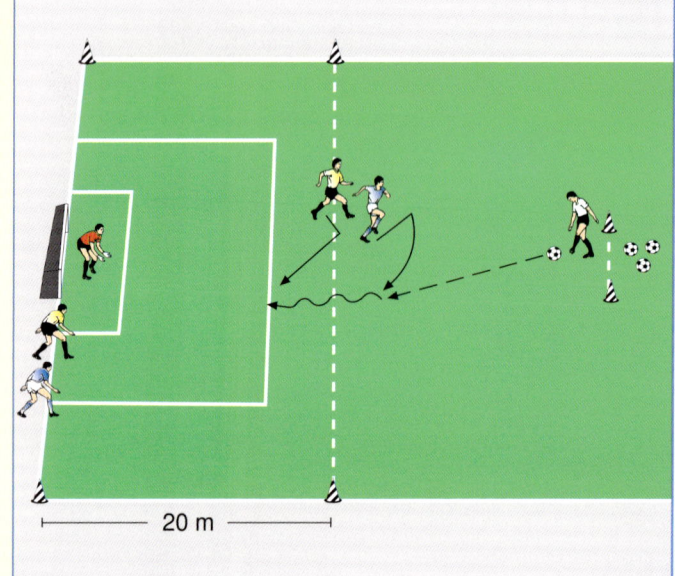

- アタッカーはゴールラインからフリーに走る。ディフェンダーは同じ地点からスタートし、ボールを奪おうとする。
- アタッカーへのパスをライナーで出す。
- ディフェンダーはボールを奪ったら後方のスペースのコーンゴールにカウンターアタック。
- アタッカーがボールを受けたらパッサーもプレーに参加し、2対1でゴールを攻める。

個人戦術：１対１の攻撃

１対１：ゴールまで単独突破

トレーニングフォーム7

２グループに分かれ、ゴール前約25mの距離に入る。ゴールにはGKが入る。グループAのプレーヤー（アタッカー）が順番にグループBの各プレーヤーと対戦する。３〜４回やったらBがアタッカーとなる。

バリエーション

- 対戦相手同士が並ぶ。アタッカーは静止した状態からゴールへスタート。ディフェンダーも同時にスタートする。１対１からシュートを狙う。
- 対戦相手同士が短い距離で前後になる。アタッカーはボールをディフェンダーの股の間を通し、そこからゴールへの１対１をスタートする。
- ディフェンダーはボールを奪ったら２つのミニゴールのどちらかへカウンターアタック。

クロスからヘディングシュート

トレーニングフォーム8

約30mの距離でゴールを２つ置く。ゴールにはGKが入る。ゴール前にアタッカー２人、ディフェンダー１人が入る。各右サイドにウイングプレーヤーがボールを持って入る。アタッカーは２対１からクロスに合わせ、できるだけヘディングでシュートする。10回ずつやったら役割を交代する。

バリエーション

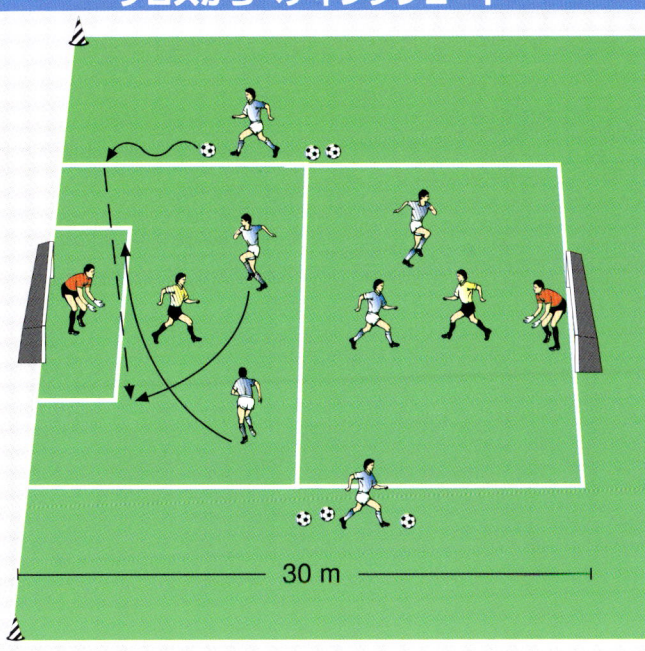

- 同じ方法で、両ゴール前で１対１で行う（５〜６本クロスを上げたら他のペアと交替する）。
- 両サイドにウイングプレーヤー。
- ボール１個でプレーする。ディフェンダー（またはGK）がボールを奪ったら、自分の右のウイングプレーヤーにパス。そのウイングプレーヤーが反対のゴール前にクロスを上げる。ゴールが決まったらGKはボールを反対のハーフのウイングプレーヤーにスローイングする。

Chapter5：トレーニング実践　技術／戦術

個人戦術：1対1の守備

［今日のゲームにおける特徴と意義］

　守備の個人戦術は、守備の状況をうまく解決するために、そしてまたグループ戦術やチーム戦術の守備の要求を満たすために、個々のプレーヤーがマスターすべきプレー要素です。1対1はしばしば「ゲームの出発点」といわれます。これは当然のことで、守備の最高の戦略も、個人戦術の基礎があってはじめて機能しうるものなのです。

　攻撃の個人戦術の場合と同様に、個々のプレーヤーが守備で解決すべきプレー状況は、2つの基本状況に分けて考えることができます。

● 基本状況1は、アタッカーが既にボールを持っている場合です。

　状況、フィールド上のポジション、相手に対するポジショニング、行動スペースに応じて、ボール保持者はボールをキープ・スクリーンするか、思い切って突破、あるいはパスを出そうとします。ディフェンスは自分の守備の行動をそれに合わせ「アクティブな守備」（例：ボールへの積極的なアタック）でイニシアチブをとり、相手の攻撃アクションを限定します。

● 基本状況2は、ディフェンダーが直接マークする相手プレーヤーがまだボールを持っていない状況で、フリーランニングでチームの攻撃アクションにからもうとしている状況です。ディフェンスには、ゲーム状況に応じて2つの選択肢があります。相手がボールを受ける時に妨害するか、または、はじめからパスコースに入るかインターセプトをして相手が攻撃に入るのを妨げるようにします。

［1対1のトレーニングのためのアドバイス］

　1対1行動に優れていることが非常に大きな意味を持つため、1対1の基本状況は、規則的に重点的に、目的を持ってトレーニングを重ねていかなくてはなりません。その際、考慮すべき原則がいくつかあります。

● 攻撃、守備のための「個人戦術の基本レパートリー」は、全てのプレーヤーがトレーニングし、常に繰り返し磨きをかけていかなくてはなりません。その際、守備はとりわけ高い集中力で臨み、状況に適した行動を重視して行います。

　攻撃においては、攻める気持ちとフレキシビリティが特に重要です。確実な効果を得るには絶え間なくトレーニングを重ねるしかありません。トレーニングプロセスの中で、そのつど長期にわたって、魅力的なゲーム形式や練習形式を用い、それにコーチの適切な修正を与えることで、1対1の要素に取り組んでいかなくてはなりません。

● ハイレベルの1対1の守備の基礎を獲得した後は、ポジションの専門的なトレーニングも可能になります。

守備の1対1の状況

ドリブラーに対する戦略
● ディフェンダーは半身で後退し、アタッカーが突破しにくい方のサイドへ、外に向かって追い込む。
● アタッカーがあけておいたサイドにボールを出したら、アタッカーのランニングコースとほぼ並行な位置からアタックし、スライディングタックルでボールをクリアする。

1

2

個人戦術：1対1の守備

個別化したトレーニングプログラム（個人、小グループ）で、重点的に、様々なポジショングループでの要求に準備していくようにします。
● もちろん、1対1の課題を用いて、1対1の守備と攻撃を同じようにトレーニングすることができます。多くのトレーニングフォームでは、両方の目的を相互に結びつけることができます。それでも一つの個人戦術に重点をもたせたトレーニングの方がより効果的です。

図9.

トレーニング目標

全　般

- ドリブルしている相手を、できるだけ早くできるだけ遠くに、自陣ゴールから遠ざける。
- 常に自ゴールと相手の間に入る（「インナーライン」）。
- 常にボールと相手をよく見る。
- あらゆる方向にスタートできるように、軽いステップで、軽く前傾した姿勢で動く。
- 半身で下がり、守備のフェイントを使う。
- 相手に効果的にプレッシャーをかけ、次のプレーを準備する時間を与えない。
- 相手を外に押し出すように、ポジショニングとランニングを合わせる。
- パスを受けようとしているプレーヤーをカバーし、できるだけパスをインターセプトできるようにする。
- インターセプトが狙えなければ、アタッカーがボールを受けるところにプレッシャーをかける。

ポジション毎

DFの場合

- 相手がドリブルをするのをよく見る（ストロングポイントとウイークポイントを見抜く！）。ドリブルのうまいアタッカーには慌ててアタックをしかけてはいけない。スピードに乗ったドリブルには距離を置いて対応する。
- プレー状況にフレキシブルに対応して、相手の後ろまたは横につく。

MF、FWの場合

- 良いポジショニングで、相手チームのプレーの流れを妨害する。
- 相手の攻撃プレーにブレーキをかける。相手プレーヤーとゴールの間に入って動く。
- ボールを持ったアタッカーに追い抜かれない。
- 攻撃プレッシングの際には、相手の攻撃の組み立てに対して、徹底してまとまって早期に妨害する。
- それに対して、守備的に守る場合には、後方に引いてスペースを狭め、相手の攻撃の勢いにブレーキをかける。

Chapter5：トレーニング実践　技術／戦術

2ゴールを使って1対1

オーガナイズ／基本の進行
片方のゴールラインの後方にアタッカー、もう片方のラインの後方にディフェンダーが入る。アタッカーは1人ずつ順番に、相手ゴールに向かってドリブルし、シュートを決めようとする。同時に1人のディフェンダーが出て、シュートを防ごうとする。ボールを奪ったら、反対のゴールへカウンターアタック（カウンターは1回のトライのみ）。アタッカーだったプレーヤーがディフェンスをする。1回終わったら次のアタッカーが出て、次のディフェンダーに対してプレーする。

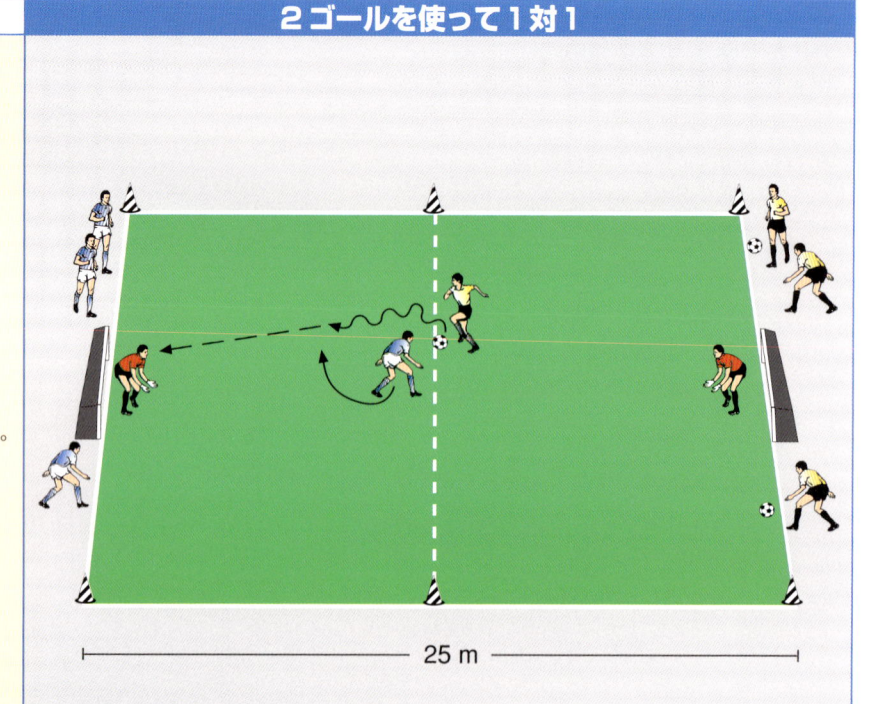

25m

トレーニングの重点
- ポジショニング
- 相手に外に向けてプレッシャーをかける

オーガナイズのアドバイス
- すぐに次の攻撃アクションが始まるように注意する。
- シュートされたボールはすぐに取りに行く。

修正
- ディフェンダーは常に相手と自陣ゴールの間に入る。
- アタッカーにサイドをあけ、ゴールへの直接のコースに入る。
- アタッカーに外に向けてプレッシャーをかける。
- よいタイミングでボールにアタックする。

バリエーション

第1段階
- 1回だけのカウンタートライではなく、今度は1対1からどちらかのゴールにシュートが決まるまでプレーする。
- フィールドにニュートラルプレーヤーを入れ、アタッカーの味方としてプレーさせる。2対1からシュートまで。

第2段階
- ディフェンダーがボールを持つ。アタッカーにパスを入れて1対1を開始する。プレーを終えたら元のポジションに戻る。
- シュートがあったらコーチがもう1個ボールを入れ、新たにゴールへの1対1を開始する。

第3段階
- 1人のアタッカーに対し2人のディフェンダーが出て、1対2からシュートまで。
- 前と同様。ただし、今度は第2ディフェンダーはアタッカーと同じラインからスタートする（ただしゴールの反対側から）。アタッカーは短い時間で突破を試み、1対2になるのを避けるようにする。

個人戦術：1対1の守備

2ゴールを使って同時に3×1対1

オーガナイズ／基本の進行

40×35mのフィールド（大体ペナルティーエリアの2個分）で3（4）組のペアがゴールへ1対1を行う。ゴールにはGKが入る。各ペアから1人は左、1人は右のゴールにプレーする。

1分間やったら、次の3（4）組がフィールドに入る。

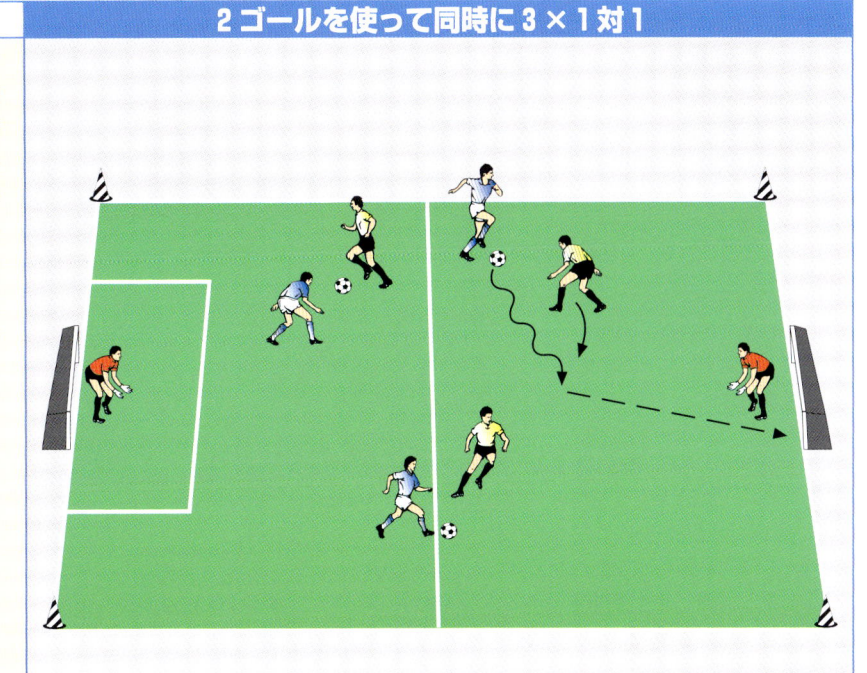

トレーニングの重点
- ポジショニング
- シュートのブロック
- カウンターからフィニッシュ

オーガナイズのアドバイス
- 互いに邪魔になりすぎたりGKに無理な要求となるようであれば、同時にプレーするペアの数を減らす。
- 予備のボールを用意しておく。

修正
- フェイントにかからない。
- シュートをうたれない。
- 軽いステップでディフェンスする。
- ボールの状況をよく見る。

バリエーション

第1段階	第2段階	第3段階
● 3組のペアが約2m幅のミニゴールにプレーする（GK無し）。シュートはどちらのサイドでも可。プレーを常に続ける。ゴールを走り抜けてはいけない。 ● 同じ方法で今度は5m幅のフラッグゴールとし、GKが入る。 ● ゴールライン上の2つのミニフラッグゴール、またはコーンゴールに3組のペアが同時に1対1を行う。	● 40×20mのフィールドのゴールラインに3つずつミニゴールを置いて1対1。常に3組が同時にプレーする。相手ゴールラインのゴールであればどれを狙ってもよい。 ● 前と同様。ただし、今度は相手ゴールをドリブルで通過する。	● シュートを決めたらアタッカーは自分のゴールラインまで予備のボールを取りに行き、さらに攻撃を続ける。 ● コーチの合図で、そのとき攻撃側だったプレーヤーは全員ボールを相手に渡さなくてはならない（素早い切り換え）。

Chapter5：トレーニング実践　技術／戦術

2ゴールを使って1＋1対2

オーガナイズ／基本の進行

20×15mのフィールドにフラグで3m幅のゴールを2つ作る。2人ずつ2チームとなる。Aのプレーヤーはまずアタッカーとして Bの2人のディフェンダーに対してゴールを攻める。Aの味方は自ゴールで待つ。アタッカーはプレッシャーをかけられたら味方にパスを返してよい。味方はそのパスを受け相手ゴールに向かってスタート（1対2）。ディフェンダーがボールを奪ったら、その1人が次のアタッカーになり、2人のディフェンダーに対して反対のゴールを攻める。味方は自陣ゴール横のヘルプポジションに入る。

プレー時間：1回が最大3分まで。

トレーニングの重点
- 積極的な守備。ボール保持者にプレッシャーをかける。
- パスをインターセプト。

オーガナイズのアドバイス
- 方法をデモンストレーショングループを使って1回やってみせる。

修正
- 自分の方が味方よりも相手に近かったらすぐにボール保持者にプレッシャーをかける。
- 味方がボール保持者にアタックする場合、すぐにそのアタックをサポートして2対1の状況を作る。

バリエーション

第1段階	第2段階	第3段階
● 2ゴールGK有りを使って同じ方法でプレー。休みのアタッカーはゴールライン上を動く。 ● 第2アタッカーは、味方の後方でパッサーとなり、自分ではシュートはうてない。	● 各チームとも、2つの横に並べたミニゴールを攻撃する（5m幅）。攻撃の可能性が広がり、方向転換とフェイントで守備はさらに難しくなる。	● 今度は各チームとも、3つ横に並べたミニゴールを攻撃する。 ● 休みのアタッカーはバックパスを受けたら攻撃に参加する。ディフェンダーは素早く2対2の状況に切り換える。

個人戦術：1対1の守備

オーガナイズ／基本の進行

約20×30mのフィールドハーフ2つの間に5m幅のタブーゾーンがある。
各ハーフで4対4を行う。1つのハーフの4人のディフェンダーともう1つのハーフの4人のアタッカー合計8人で1チームとなる。
アタッカーはコンビネーションプレーから相手のゴールラインをドリブルで通過する。ディフェンダーがボールを奪ったら、反対のハーフの味方にパス。そこで再び同様にコンビネーションプレーからゴールラインのドリブル通過を狙う。

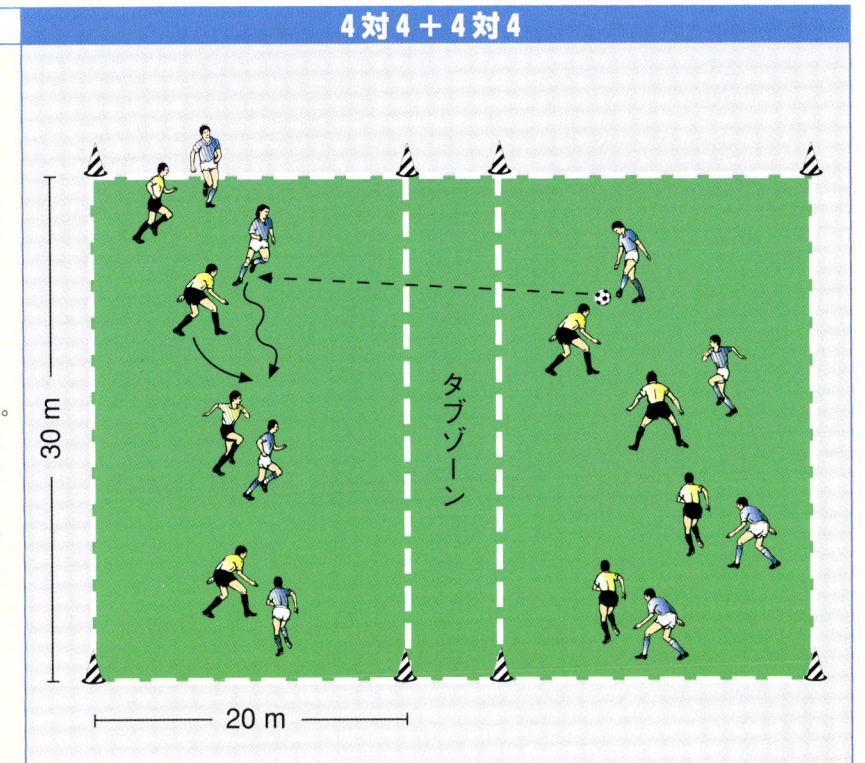

4対4＋4対4

タブゾーン
30m
20m

トレーニングの重点
- プレー状況の予測
- 適切なポジショニング
- パスのインターセプト

オーガナイズのアドバイス
- チームがはっきりと見分けがつくようにする。

修　正
- 相手プレーヤーの後ろに入るとボールに直接出ることができなくなってしまう。
- 常にボールと相手を視野に入れる。
- インターセプトのチャンスだと思ったら、ボールへのコースへスタートする。

バリエーション

第1段階	第2段階	第3段階
● 3対3＋3対3でプレー ● 同じ方法。ただし今度は両チームともゴールライン上の2つのミニゴールを守る。	● 同じ方法。ただし、今度は両チームともゴールライン上の2つのミニゴールを守る。 ● タブーゾーンを7m幅にしてプレーする。	● 同じ方法。ただし、今度は両ゴールラインに2ゴールずつGK有りでプレーする。 ● 5対5＋5対5でプレー ● タブーゾーンを10m幅にしてプレーする。

Chapter5：トレーニング実践　技術／戦術

トレーニングフォーム1	前方からディフェンダーvsアタッカー　1	バリエーション
2つのゴールを約30m離して置き、GKが入る（ペナルティーエリア2個分）。同じ人数のグループに分かれ、ゴール横で待つ。グループAのプレーヤーがボールを持つ。Aの1人目のプレーヤーが数mドリブルして強いパスをグループBの相手に正確に出し、ディフェンダーになってダッシュで当たりに行く。Bは1対1からゴールを狙う。Aがボールを奪ったら、Bのゴールにカウンター。シュートがあったらAから次のプレーヤーがスタート。	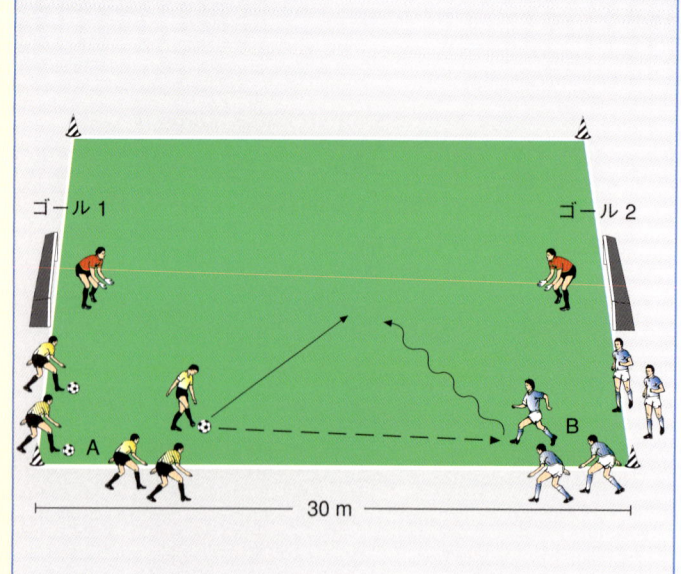 ゴール1　ゴール2　A　B　30m	●相手に浮き球のパスを出す。パスを受けたら1対1を開始。 ●個人競争：10回やって誰が1番ゴールが多かったか？ ●チーム競争：10回やってどちらのグループの方がゴールが多かったか？

トレーニングフォーム2	前方からディフェンダーvsアタッカー　2	バリエーション
ゴール前約30mの距離にミニゴールを3つ置く。ゴールにはGKが入る。各ミニゴールで2（3）組のペアが1対1を作る。最初の組のボール保持者がGKの守る大ゴールへスタートし、ゴールを狙う。パートナーは後からスタートし、ディフェンダーとなる。ボールを奪ったら「自分の」ミニゴールにカウンター。シュートがあったら終わり。2人は次のミニゴールに入り、次の順番を待つ。	30m	●カウンターゴールを広げる。ボールを奪ったらディフェンダーはカウンターゴールのラインをドリブルで通過する。 ●ディフェンダーはどのミニゴールへスタートしてもよい。

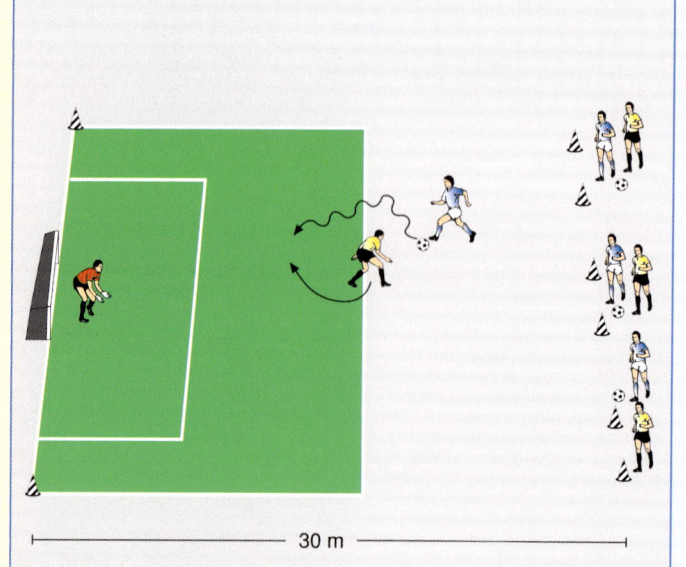

個人戦術：1対1の守備

トレーニングフォーム3

アタッカーがゴールを背にしてスタート

2つのゴールを約30m離して置き、GKが入る。各ゴールの横に何組かのペアが入る（ディフェンダーとアタッカーのペア）。ゴール1の最初の組のアタッカーがフィールドの中央にパスを出し、ボールを追ってスタートする。ディフェンダーもスタートして、アタッカーがゴール1にシュートするのを防ぐ。ボールを奪ったらゴール2へカウンター。次の1対1をゴール2から開始する。

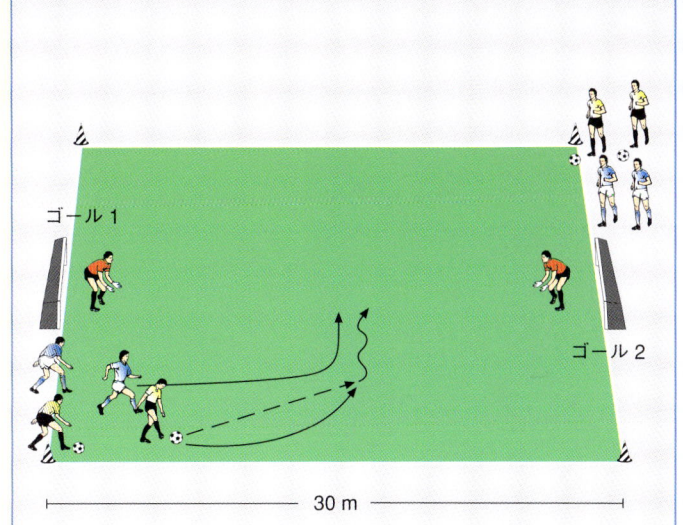

バリエーション

- ディフェンダーはカウンターなしで、ボールを奪ったところで終わり。こうすることで両ゴールで同時にプレー。
- アタッカーは今度は相手を背にしてドリブルし、そこから自分が出てきたゴールへプレーする。

トレーニングフォーム4

パスから1対1

前と同じオーガナイズ。ゴール横に6～8人のプレーヤーが入る。コーチがサイドラインからフィールドの中央へボールを出す。パスが出たら両グループから1人ずつスタートする。ボールを取った方がシュートを狙う。ディフェンダーがボールを奪ったら、反対のゴールへカウンター。ボールを奪われたプレーヤーはディフェンダーとなる。

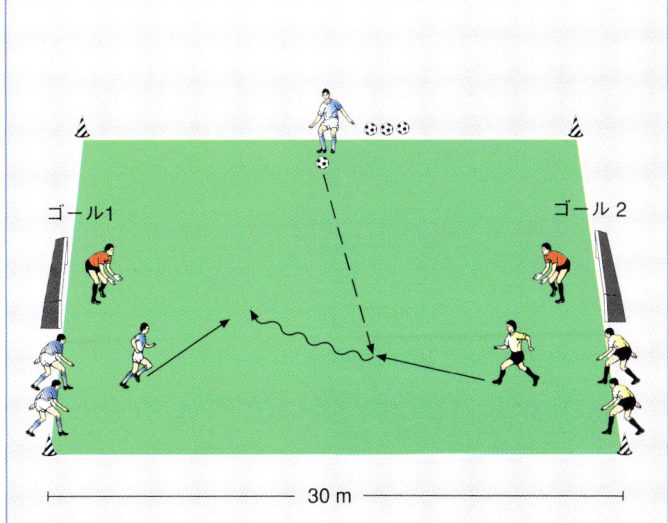

バリエーション

- コーチからパスが出たら、両チームから2人ずつ出て2対2となる。
- コーチはボールをフィールド内に高く蹴り上げる。
- コーチは様々なボールをフィールドに入れる（グラウンダー、浮き球等）。

Chapter5：トレーニング実践　技術／戦術

トレーニングフォーム5	パスから1対1　1	バリエーション
2つのゴールを約25m離して置き、GKが入る。両ゴールの横にいくつかのペアが入る。ゴール1の1組目のペアが用意する。ゴール2からGKがアタッカーにボールを出す。アタッカーはボールを受け、1対1からゴール1にシュートを狙う。ディフェンダーがボールを奪ったらゴール2にカウンター。次のアクションは反対のGKからスタート。	（図：25m）	● GKがアタッカーにライナーをスローイングする。 ● GKが足でグラウンダーを出す。 ● GKが足でライナーを出す。 ● GKの競争：どのGKが最も得点を奪われなかったか？

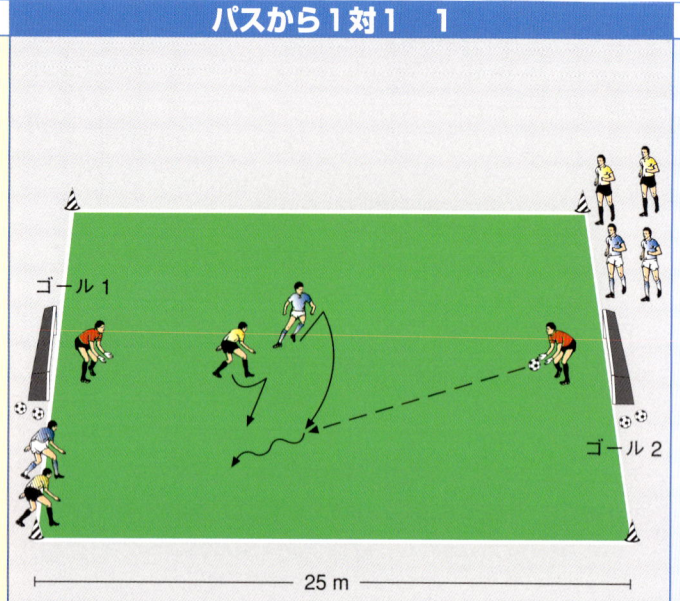

トレーニングフォーム6	パスから1対1　2	バリエーション
通常のゴール前約30mの距離にミニゴールを3つ置き、プレーヤーのペアが入る。ゴールにはGKが入る。さらに3組のペアがミニゴールとゴールの中間に入る。ミニゴールの後方のペアがそれぞれボールを出す。1つ目のミニゴールの後方のプレーヤーがフィールド内のプレーヤーにパスする。このプレーヤーはディフェンダーをはずして1対1からゴールを狙う。ディフェンダーがボールを奪ったらミニゴールにカウンター。次のプレーヤーがアタッカーにパスする	（図：30m）	● 3回やったらペアの中で攻守を交代する。 ● アタッカーへのパスをライナーで出す。 ● カウンターゴールを広げる。ディフェンダーはゴールラインをドリブルで通過しなくてはならない。

個人戦術：1対1の守備

トレーニングフォーム7	ペナルティーエリアでゴールへ1対1	バリエーション
ゴールにGKが入る。ゴールの両サイドのゴールラインの後ろにそれぞれ2（3）人のディフェンダーがボールを持って入る。ペナルティーエリアの両コーナーには2（3）人のアタッカーが入る。左のディフェンダーがダイアゴナルにグラウンダーのパスをアタッカーに出す。アタッカーはゴールを狙う。同時に逆サイドのディフェンダーがスタートして守る。終わったら元のポジションに戻る。次に右からダイアゴナルパスを出し、以下同様に続ける。		●アタッカーへのボールをライナーで出す。 ●パスが出たら両サイドからディフェンダーとアタッカーが1人ずつ出て、ペナルティーエリアで2対2。

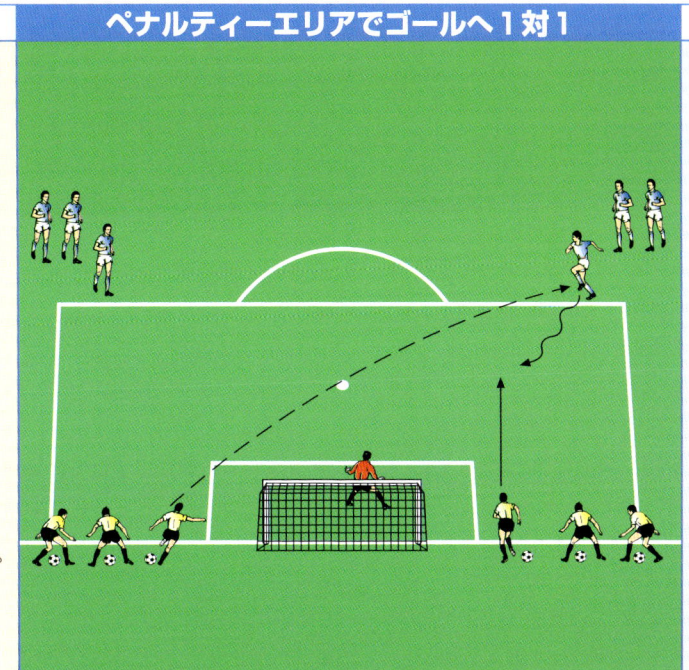

トレーニングフォーム8	ペナルティーエリアでクロスから2対3	バリエーション
ペナルティーエリア内に2人のディフェンダーと3人のアタッカーが入る。サイドラインにクロスを上げるプレーヤーが入る。アタッカーはゴール前にフリーで走り込んでクロスを要求し、ヘディングシュートを狙う。ディフェンダーは同様にボールをヘディングまたは足でハーフラインの方向の味方にパスする。1回毎に状況がはっきりするまでペナルティーエリア内でプレーする。8〜10回やったら逆サイドから。		●アタッカーはクロスを頭か足でペナルティーエリアの外側から走り込む味方につなぐ。このプレーヤーはできるだけ1タッチでシュートする。 ●クロスからペナルティーエリア内で3対3（4対4）。 ●前と同様。今度はペナルティーエリアの外から2人のアタッカーが走り込む。

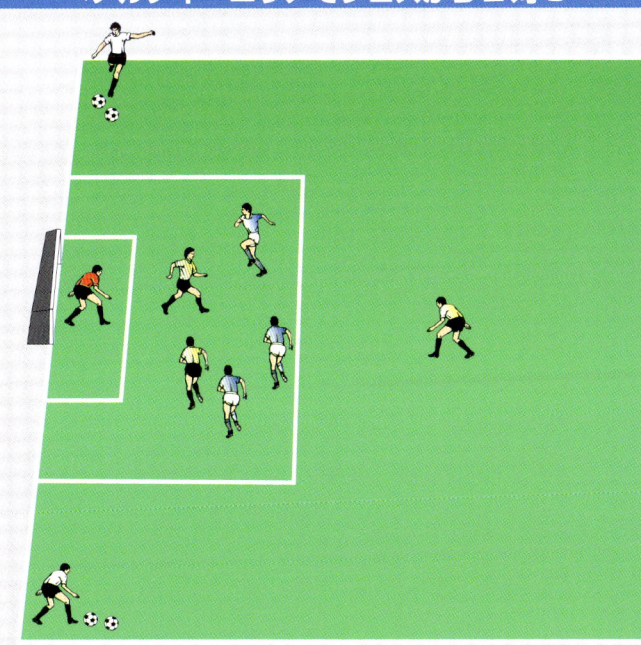

Chapter5：トレーニング実践　技術／戦術

グループ戦術：ボールキープのためのコンビネーションプレー

[ボールキープの重要性]

　世界のベストチームはその特徴として、あらゆるプレー状況で（ほぼ）パーフェクトにボールをキープし、ボールを支配します。彼らは、たとえ相手が徹底的にプレスをかけてきても、まず後方から確実にプレーを組み立てます。このように建設的にプレーを開始する方法は、今日ではきわめて重要となっています。ボールキープの原則は、MFとFWでも徹底して継続します。ここでは通常、素早くフレキシブルなコンビネーションで、特にショートパスを使い、時にロングパスを織り交ぜて、多数のステーションを経由したパス回しを基にします。

　コンビネーションプレーには、必ず個人のアクションが結びついています。これは絶対に放棄してはいけない要素です。

　狭いスペースでのプレーアクションのテンポが、近年大いに向上しています。というのは、ボール中心の積極的なディフェンスによって、ボール保持者へのプレッシャーが非常に高まったためです。以前と比べ、ボール保持者には、周囲の情報を得て状況を解決するための十分な時間が与えられません。したがって、確実で素早くコンビネーションプレーにとりわけ高い価値を置いて重視しなくてはなりません。プレーヤーは、コンビネーションプレーのあらゆる基礎を完璧にマスターし、高いプレッシャーを受けながらも自チームでボールをキープできるようにしなくてはなりません。

●**コンビネーションプレーの基礎**
● 「ボールを持ったときのクリアティビティ」と巧みなボール扱い。
● 高いテンポで、プレッシャーを受けながらも、変化に富んだ正確なパス。
● 高いテンポで、プレッシャーを受けながらも、確実にフレキシブルにボールを受ける。
● ボールを受ける動き、フリーになる動き。短いダッシュ、ボディフェイント、方向転換をタイミングよく使って。

方法	ワンツーパス	戦術的な特徴
● アタッカーBは相手プレーヤーAに向かってドリブルする。 ● Bはパスの前に「壁プレーヤー」Cとアイコンタクトをとり、約２ｍ前でパスを出す。Cは横に入る。 ● Bはパスを出すと同時にゴールの方向に急激にダッシュし、できるだけ早くAの背後に入る。 ● Cは１タッチで正確にBの前にパスを返す。Bはそれを受けて攻撃のアクションを継続する（例：シュート）。	（図：ゴール前でB→C→Bのワンツーパス。AがディフェンダーでDがカバー）	● ワンツーパスは、２人での効果的なコンビネーションプレーの１つである。 ● ２人目の正確な１タッチパスを使って相手プレーヤーをかわす。 ● 素早いコンビネーションとオプション（例：ワンツーをフェイントに使い「壁プレーヤー」が持ち込む）で意外性を持たせる。 ● 典型的なワンツーパスの状況： １．中央でシュートチャンスを生み出す。 ２．ウイングでクロスを上げる状況を作る。

グループ戦術：ボールキープのためのコンビネーションプレー

● **コンビネーションの型**

効果的なコンビネーションプレーとグループの効果的な作用を引き出すための様々な型があります（一連のプレー）。

そのような変化に富んだ素早い攻撃のコンビネーションで、コンパクトな相手の守備も破ることが可能となります。

効果的なプレーの型としては、ワンツー、ボールの受け渡し、オーバーラップ等があります。これらの基本レパートリーの発展としては、例えば「ワンツーをフェイントに使った動き」あるいは「第3の動き」があります。

[コンビネーションプレーのトレーニングのために]

コンビネーションプレーを確実に実行するための基礎となるのは、ドリブル、パス、受ける動き、ボールコントロールといった、必要とされる基本的なテクニックを完璧にマスターしておくことです。トレーニングでは、これらのテクニックをまずたくさんの実戦的な練習形式で安定化させなくてはなりません。そこでは、正確性、テンポ、相手のプレッシャーの要素を、システマティックに高めていくようにします。このベースを作り、その上で、小グループでのゲームをたくさんこなすことで、なめらかなコンビネーションプレーを、バリエーション豊かにトレーニングしていきます。

そして最終的には、この基礎をチーム戦術のコンセプトに結びつけていかなくてはなりません。そのためには、さらなるトレーニング要素が必要となってきます。
1. ポジショングループ内のコンビネーション
2. リズムの変化とプレーの展開
3. 確実な組み立てとウイングを使ったプレー

図10. トレーニング目標

全　般
- ドリブルとパスを、なめらかなコンビネーションプレーに結びつける。
- プレー状況に応じて、ショートパスとロングパスを使い分ける。
- 各ポジショングループ内で、確実なコンビネーション。
- グループ戦術の行動手段を活用する。

方　法
- アタッカーBは、コースをふさいでいる相手プレーヤーAに向かってドリブルする。
- Aの直前まで来たらBは方向を変え、味方Cに向かって斜めまたは横にドリブルする。Aに対して身体を入れてボールをカバーする。
- Cも向かって来て、相手と反対側のサイドでボールを受け取る。ボールを受けたら少しダッシュして狭い状況から抜け出す。
- Cが攻撃のアクションを継続する（例：シュート）。

ボールの受け渡し

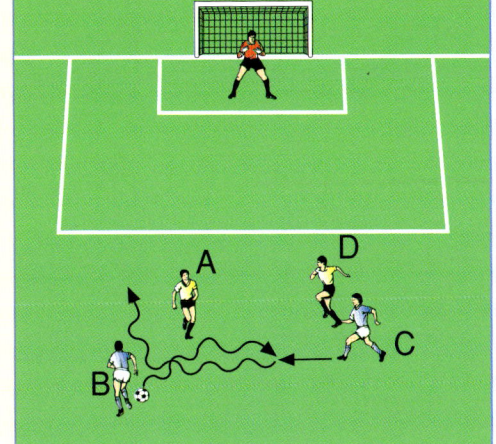

戦術的な特徴
- ボールの受け渡しは、有効な攻撃のグループ戦術の手段の1つである。
- このコンビネーションを使って、相手のプレッシャーをはずす。
- 典型的なボールの受け渡しの状況：
  1. 中央でシュートチャンスを生み出す。
  2. ウイングでクロスを上げる状況を作る。

Chapter5：トレーニング実践　技術／戦術

スペースでのゲーム

オーガナイズ／基本の進行

制限したスペースあるいはフィールドのハーフコートで、フリーの6対6。
ボールを保持したチームは確実なコンビネーションプレーで、できるだけボールを長くキープする。ボールを奪われたら攻守を交代する。
連続10本パスをつないだら1ポイント獲得。

1回のゲーム時間：5分間

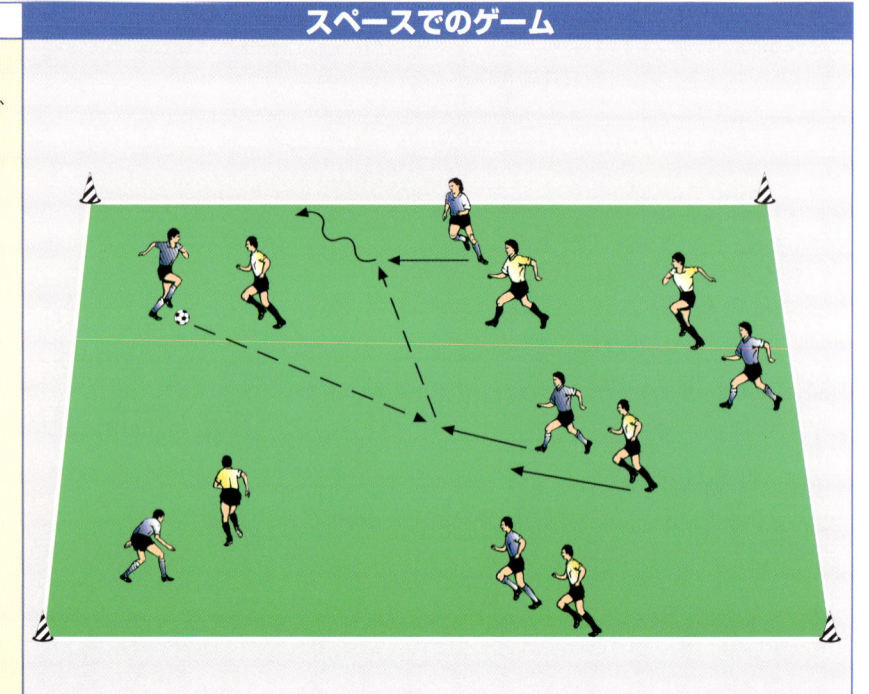

トレーニングの重点
- 確実なパス
- 受ける側が動いてパスの選択肢を増やす。

オーガナイズのアドバイス
- フィールドを長方形にする（実戦に近く！）
- ボールがアウトになったらスローインはせず、その位置からドリブルかキックイン。

修　正
- パスを出した後、すぐまた受けに動く。
- 片側のサイドにばかり固定しない。
- ショートパスを何本かつないだあと「局面を変える」パスを入れる。

バリエーション

第1段階
- ニュートラルプレーヤーが2人（そのうち1人はコーチでもよい）がボールを保持したチームの味方となり、コンビネーションプレーをやりやすくする。
- ライン越えのゲーム。ボールを保持したチームはサイドラインからサイドラインまでプレーする。ボール保持者は確実なコンビネーションプレーから相手のゴールラインをドリブルで通過する（＝1ポイント）。

第2段階
- アタッカーが3回ボールを奪われたら攻守交代。コンビネーションプレーに条件を付ける。最初は1タッチのみ。1回奪われたら連続2タッチまででプレー。2回奪われたらフリーでプレー。
- 最高3タッチまででプレー。

第3段階
- 味方に長い浮き球を通す＝1ポイント。
- ワンツーパス、ボールの受け渡し＝1ポイント。
- 2タッチまで、または1タッチのみ。
- マンツーマンの相手を決める。
- ハーフに3m幅のコーンゴールを6個置く。ゴールにパスを通す＝1ポイント。

グループ戦術：ボールキープのためのコンビネーションプレー

「ストライカー」に対してボールキープ

オーガナイズ／基本の進行

4人ずつ3チームになってプレー。制限したフィールドにゴールを2個置き、GKが入る。

チームAとBが両ゴールを使って4対4。Cのプレーヤーはポストになって両サイドライン上に均等に散らばる。

Aはできるだけたくさんシュートをうつ。どちらのゴールを攻めてもよい。それに対してBはポストを使ったコンビネーションプレーでできるだけ長くボールをキープし、相手にゴールを決めさせないようにする。

5分間やったら役割を交替する。

30 m

トレーニングの重点
- 意識的な狙いを持ったコンビネーション。
- パスを受けるポイントとなる。
- 正確なパス

オーガナイズのアドバイス
- ゴールには予備のボールを用意しておく。

修　正
- 適度なテンポでのコンビネーションプレーでプレー全体を楽に見渡す。
- フィールド全体を使う！それによって相手がボールに当たるのを困難にする。
- できるだけポストをたくさん使う。

バリエーション

第1段階
- ゴールを攻撃する側のチームAもポストを使ってよい。
- 守備のチームBは、ポストを使ったボールキープにGKも含めてよい。

第2段階
- チームBとポストは2タッチまででコンビネーションプレーをする。
- チームAは、両ゴールを交互に攻撃する。

第3段階
- Bとポストは1タッチでプレーしなくてはならない。
- 両ゴールを使って4＋4対4。ポストはそのつど攻撃側のチームの味方となる。相手ハーフでボールを奪ったらすぐにシュートを狙う。自陣ハーフでボールを奪ったらボールキープを優先させる。ポストも使って3(4〜5)本パスをつないでからゴールを攻撃する。

Chapter5：トレーニング実践　技術／戦術

ポストからポストへ

オーガナイズ／基本の進行
約35×25mのフィールドで2チームが4対4を行う。さらに2人のプレーヤーがポストとなり、ゴールラインの後ろに入る。
ボールを保持したチームはできるだけたくさん2人のパッサーの間をコンビネーションで往復する。ポストからポストへつながったら1ポイント獲得。

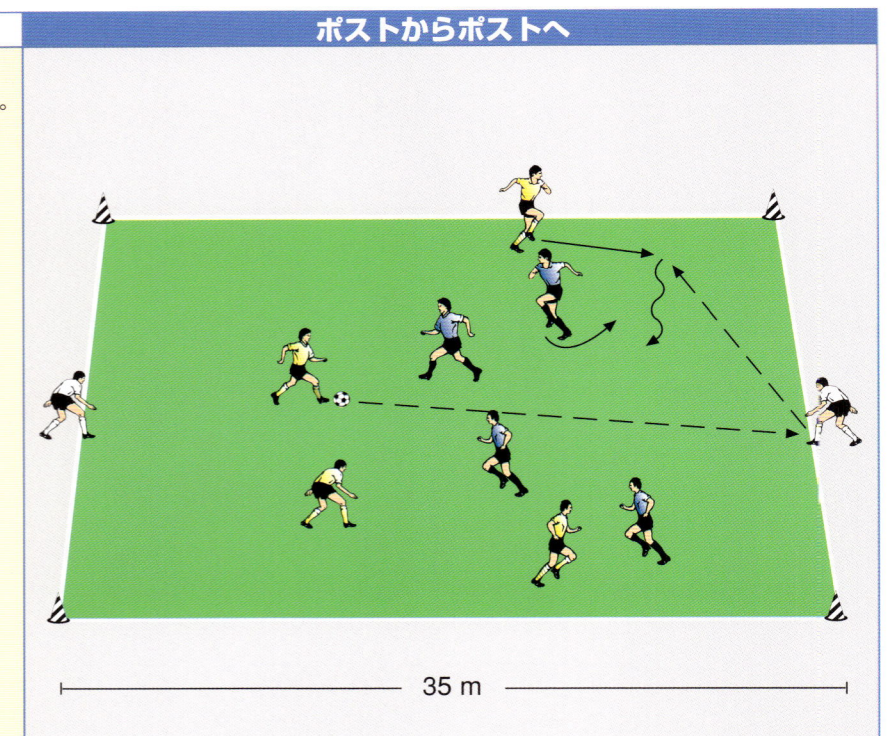

トレーニングの重点
- 確実なコンビネーションプレー
- フリーランニング

オーガナイズのアドバイス
- フィールドははっきりとマークする。

修　正
- 厚みを持たせるよう注意する。そうすることで攻撃方向が変わったときにすぐに前方にパスが出せるようにする。
- フリーになって、相手を避けてグラウンダーのリスクのないパスをつなげるようにする。
- パスを出した後、すぐまた受けに動く。

バリエーション

第1段階
- もう1人プレーヤー（ニュートラル）を入れ、コンビネーションプレーをやりやすくする。
- 5対5：各チームから1人がポストになり、ゴールラインの後ろに入る。相手ポストにパスしたら、そのプレーヤーは同じプレーヤーに返す。味方ポストにパスしたら、受けたポストプレーヤーがドリブルで入ってパッサーと交替する。

第2段階
- パッサーは最高2タッチまで。
- 2人のポスト間を5対5（6対6）。時間を長く／フィールドを広げる。
- ボールキープ。10本連続でつないだら1ポイント。
- GKがポスト役となる（フィールドプレーヤーとしての練習）。

第3段階
- パッサーは1タッチのみ。
- 2人のポスト間を5対5（6対6）。40×30mのフィールド（相手のプレッシャー、時間のプレッシャーを高める）。
- フィールド内のコンビネーションプレーを2タッチまでとする。
- GKがポストとなる。GKに浮き球を入れたら1ポイント。

グループ戦術：ボールキープのためのコンビネーションプレー

4対4＋4ポスト

オーガナイズ／基本の進行

約30×20mのフィールドで4人ずつ3チームがプレーする。
チームAとBが4対4を行う。Cのプレーヤーはポストとなり、4つのライン上に分かれる。
AとBはコンビネーションプレーで、ボールをチーム内でできるだけ長くキープする。10本連続でつないだら1ポイントとする。
最後に1番ポイントが多いのはどのチームか？
5分間やったら交替して別のチームがポストとなる。

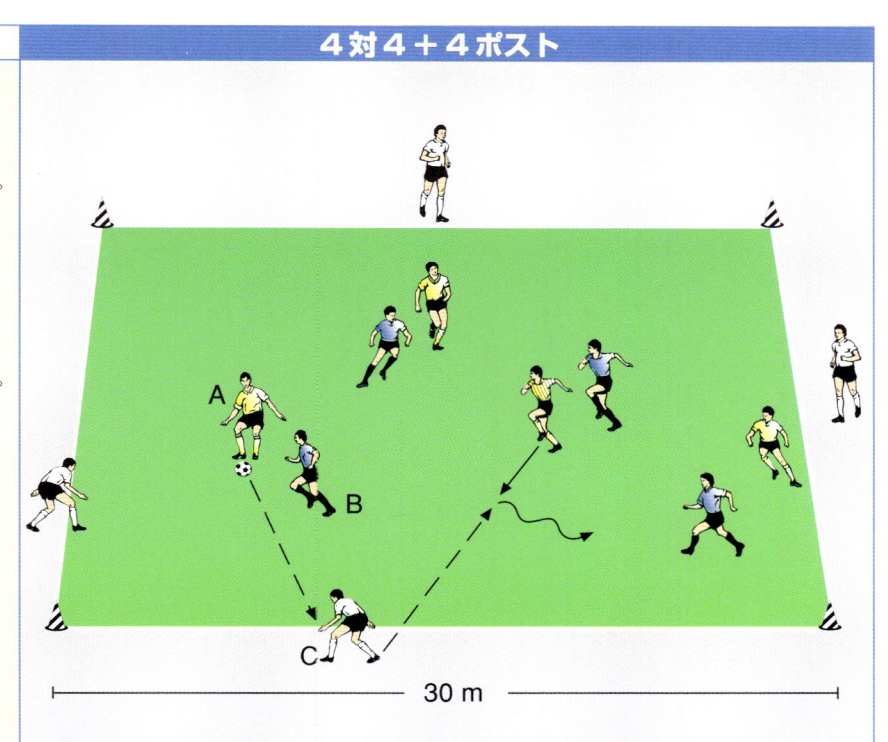

トレーニングの重点
- リスクのないパスで確実なコンビネーションプレー
- 正確なパス。
- パスが受けられる位置に入る。

オーガナイズのアドバイス
- フィールドははっきりとマークする。

修正
- 積極的に味方からパスを受けようとする。
- 常にプレーにからむ。
- スペースを広く使う。
- 味方がボールを受けるときには既に受ける準備をしておく。

バリエーション

第1段階
- もう1人プレーヤー（ニュートラル）が入り、ボールを保持したチームの味方としてプレーする。
- ポスト同士でコンビネーションプレーをしてもよい。
- 5本連続でつないだら1ポイント。

第2段階
- パッサーは最高2タッチまで。
- グラウンダーのみ（最高でも腰の高さまで）。それ以上は相手ボール。
- 5対5＋4ポスト
- ボールを必ず受けて持ち出してからプレー。

第3段階
- パッサーは1タッチのみ。
- 6対6＋4ポスト。ボールを10本つないだら、次にボールを失っても自チームのボール。
- 15本つないだら1ポイント。
- パッサーは2タッチまで。フィールド内のプレーヤーは1タッチのみ。

Chapter5：トレーニング実践　技術／戦術

6対4のボールキープ

オーガナイズ／基本の進行

約40×30mのフィールド。チームA（6人）とB（4人）は自チームできるだけ長くボールをキープする。
Aのプレーヤーは最大2タッチまで。Bは制限無し。
2～4分間やって、アクティブレストをとり、次のチームを組み合わせる。

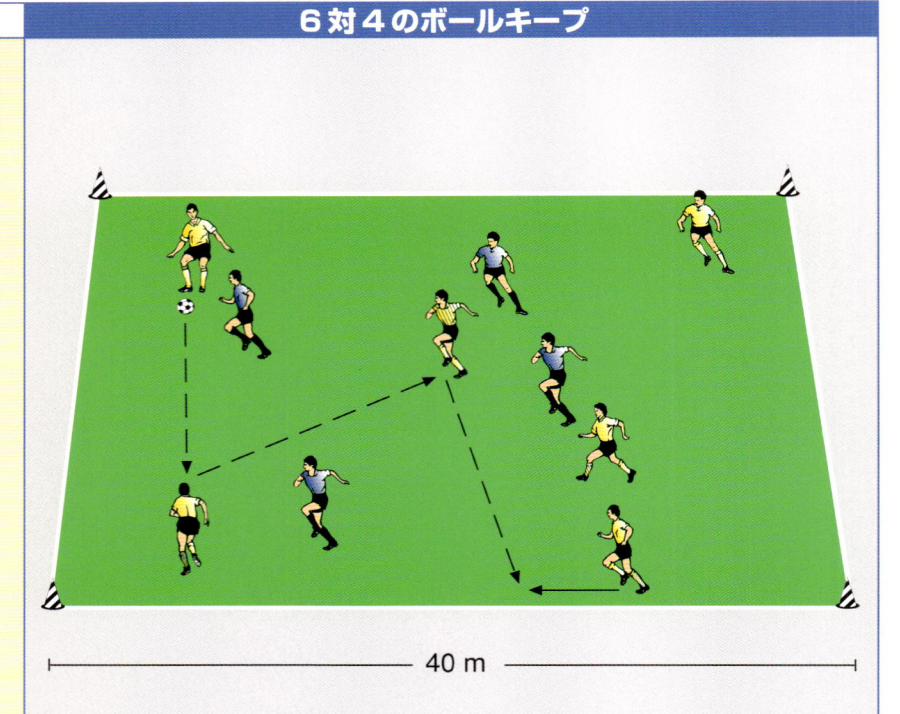

トレーニングの重点
- 数的優位な状況での確実なコンビネーションプレー
- 数的不利な状況でのボールキープ

オーガナイズのアドバイス
- フィールドははっきりとマークする。

修正
- 数的優位の場合：確実なコンビネーションプレーが適度なテンポで楽にできる。あわてないこと。フィールド全体を使い、広いスペースでプレーする。
- 数的不利の場合：方向を変えながらドリブル。ドリブル、ワンツー、ボールの受け渡しを使ってプレッシャーのかかった状況を打開する。

バリエーション

第1段階	第2段階	第3段階
● フィールドを大きくして、コンビネーションプレーをやりやすくする。 ● Aのプレーヤーは3タッチまで。	● 2ゴールGK有りを使って6対4。40×30mのフィールド。6人チームは2タッチまでで、両方のゴールを狙い、できるだけたくさんシュートをうつ。4人チームはフリーのスペースでボールをキープ（15秒間キープしたら1ポイント）。6人チームの攻撃からGKに渡ったら、GKはこのボールを4人チームに出す。	● 6人チームは1タッチのみ。4人チームは3タッチまででプレーする。 ● フィールドを小さくする。ボール保持者へのプレッシャーを高め、ボールキープを難しくする。

グループ戦術：ボールキープのためのコンビネーションプレー

ターゲットゾーンへのパス

オーガナイズ／基本の進行

縦を約1/3縮めたフィールドでゴールなしで（あるいはハーフコート）、2チームが7対7を行う。フィールドのコーナーにはコーンで約12×12ｍの大きさのターゲットゾーンをマークする。ハーフラインもマークする。

ボールを保持したチームはコンビネーションプレーからターゲットゾーンへ走り込む／走り込んだ味方にパス（＝1ポイント）。

このゾーンにドリブルで持ち込んではいけない。ディフェンスはターゲットゾーンに入っていてはいけない。攻撃が成功したら相手ボールとなる。まずハーフコートを越えてから攻撃開始。

トレーニングの重点
- フィールドを広く使って確実なコンビネーションプレー
- タイミングよくフリーになる。
- プレーの展開

オーガナイズのアドバイス
- ターゲットゾーンははっきりとマークする。

修　正
- ディフェンスが特定のターゲットゾーンに集中し厚く守っていたら、プレーを展開し、攻撃方向を変える。
- アイコンタクトをしてタイミングよくターゲットゾーンに入る。
- パスを受けるポイントをたくさん作る。

バリエーション

第1段階	第2段階	第3段階
● もう1人プレーヤー（ニュートラル）が入り、ボールを保持したチームの味方としてプレーする。 ● ターゲットゾーンを広げる。	● パッサーは最高2タッチまで。 ● ポイントを取ったチームが引き続きボール保持。ただし別のゾーンを攻撃しなくてはならない。 ● 各チームがそれぞれ2つのターゲットゾーンを攻撃する。	● 攻撃側は1タッチのみ。 ● 守備側もターゲットゾーンへ入ってよい。アタッカーがターゲットゾーンの味方にプレーし、そのプレーヤーがプレッシャーを受けながらもボールをキープして、そこからゾーン外の味方にパスをつないだら1ポイントとする。

Chapter5：トレーニング実践　技術／戦術

| トレーニングフォーム1 | 5対2 | バリエーション |

約12×12mのフィールドにアタッカーが5人でプレーし、ディフェンスが2人、中に入る。
アタッカーは正確なパスでボールをキープする。ディフェンスがボールを奪ったら、あるいはボールがフィールドの外に出たら、ボールを奪われる原因となったアタッカーが前からいた方のディフェンダーと交替する。

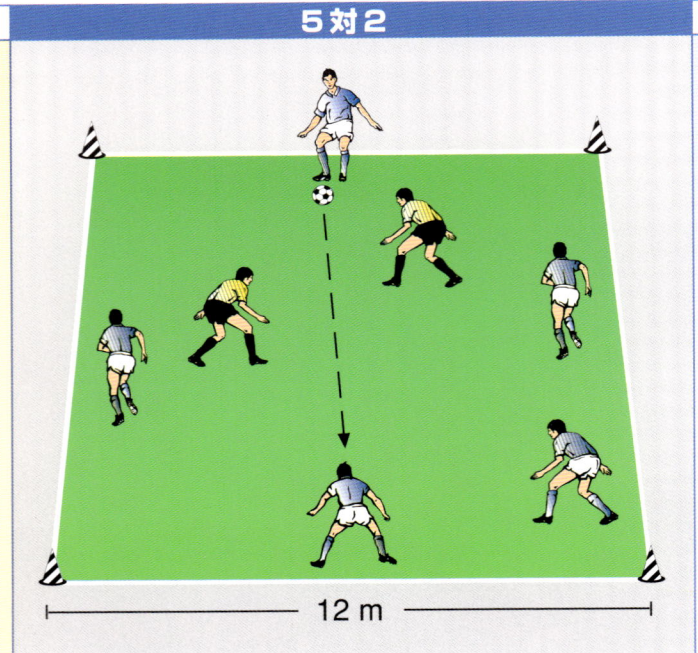

- アタッカーは最高2タッチまで
- アタッカーは1タッチのみ。
- アタッカーは必ず2タッチ。最初にまず受けてから2タッチ目でボールを出す。

12m

| トレーニングフォーム2 | 3対1＋4パッサー | バリエーション |

5人と3人で2チーム。
5人のチームAは、4人をポストとして約20×15mのフィールドのサイドライン上に置く。5人目がフィールド内でBに対してプレーする。Aのポストはできるだけたくさん中のプレーヤーにパスを入れる。中のプレーヤーはボールをキープして、外にパスを返す。30秒間で交替。Aのどのプレーヤーが最もたくさんポストとパスをつないだか？

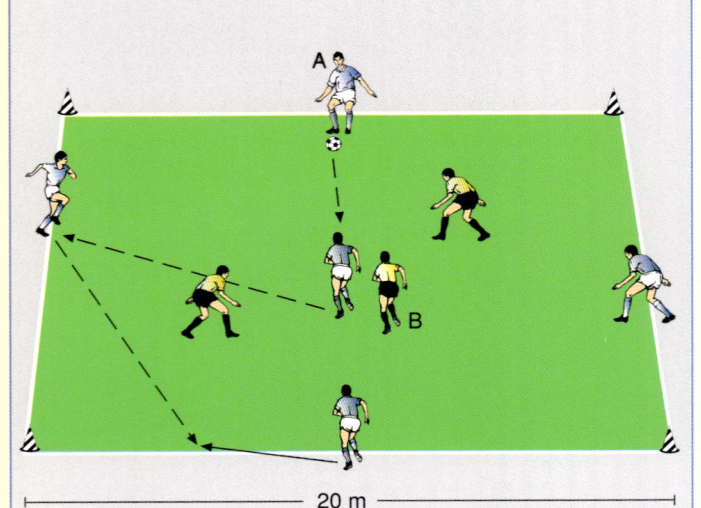

- アタッカーは2タッチまで。
- アタッカーはライン上全体を動いてよい。
- 中のアタッカーへのパスは浮き球も有り。
- 同じ方法で5対3＋4ポスト。3人のアタッカーは4人のポストとのコンビネーションプレーで5人のディフェンダーに対し、できるだけ長くボールをキープする。休憩を十分にとる。

20m

グループ戦術：ボールキープのためのコンビネーションプレー

トレーニングフォーム3	コーンゴールを使って5対7	バリエーション
1/4コートにコーンまたはフラッグで約3m幅のゴールを5〜7個作る。 2チームで5対7。5人チームがフリーでボールをキープする。7人チームは2タッチまででフラッグのゴールを攻撃する。ゴールを通してパスをつないだら1ポイント。		● 同じ方法で、5対6または5対5（プレーのレベルに応じて）。 ● フラッグのゴールをドリブルで通過する。 ● 7人チームがフラッグのゴールにワンツーパスを通したらポイント。

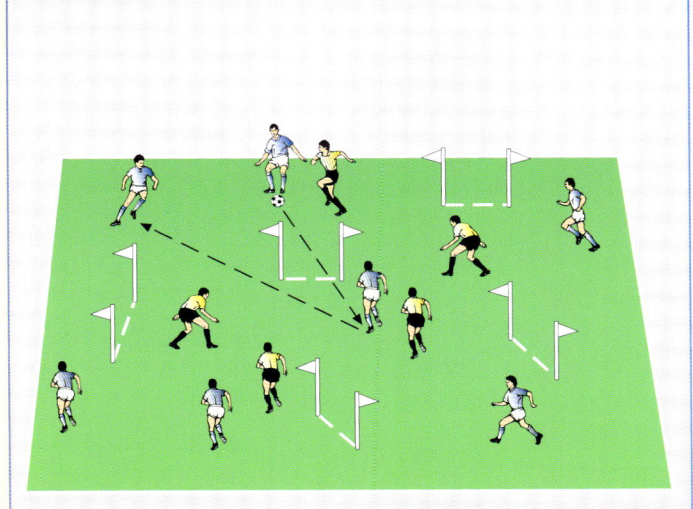

トレーニングフォーム4	様々なゴールへ5対5＋1	バリエーション
1/4コート、ゴールライン上にフラッグのミニゴールを3個、反対のゴールラインにコーンで約12m幅のゴールを作る。 5対5を行う。11人目のプレーヤーが常に攻撃側の味方となってプレーする。 Aは4つのミニゴールの1つを攻撃する。 Bはコンビネーションプレーから相手のゴールラインをドリブルで通過する。 終わったら次のペアが出る。		● 同じ方法でゴールライン上のミニゴールの数を変える。5対5（11人目無し）または6対6。

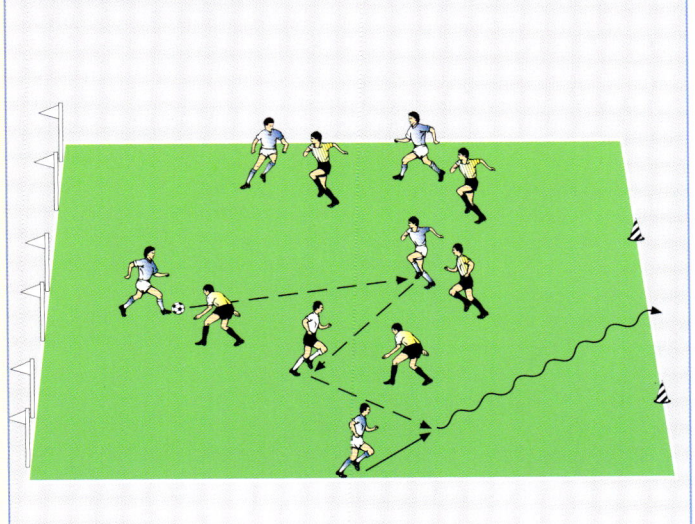

Chapter5：トレーニング実践　技術／戦術

グループ戦術：コンビネーションプレーからシュート

[ゴールチャンスを生み出すプレーの重要性]

　サッカーの興奮は、間違いなく、見事に生み出されたゴールチャンスとゴールです。しかしながら、ディフェンスはゴールまでのスペースを著しく狭め、徹底したマークでボール保持者に攻撃のアクションのためのスペースをほとんど残してはくれません。そのため、アタッカーがゴールチャンスをつくり出してゴールすることは非常に難しくなっています。たいていの場合、シュートをうつためにはほんの一瞬しか残っていません。ゴールチャンスの確率を高め、攻撃の成功の確率を高めるには、コンビネーションプレーと合わせたシュートを頻繁にトレーニングすべきです。

[シュートトレーニングについて]

　伝統的に使われている練習メニューに含まれているシュートトレーニングの多くは、今日の要求を、全く、あるいはあまり考慮していないものです。ディフェンスのない状態でのコンビネーションやドリブルからペナルティーエリアへ入っていってシュート。これは相手のプレッシャーという要素を無視したものです。しかし、試合でゴールチャンスをゴールに結びつけようと思うのであれば、まさにその部分にこそプレーヤーは準備していかなければならないのです。

　したがって、シュートトレーニングにおいては、単純な練習形式や複雑な練習形式にシュートを結びつけ、常に実戦に近いゲーム形式で、ペナルティーエリアの中あるいは付近で、といった状況を取り入れていくべきです。最近のゲーム分析によると、シューターもラストパスを出す選手も、ペナルティーエリア内に既に入っているケースが大部分です。

　それと並んで、ゴールチャンスを生み出し得点に結びつけるという課題を、効果的に実戦的に向上させるには、以下の原則に留意する必要があります。
1. シュートトレーニングにも、主要なトレーニングの原則が当てはまります。

シュートトレーニングのためのアドバイス

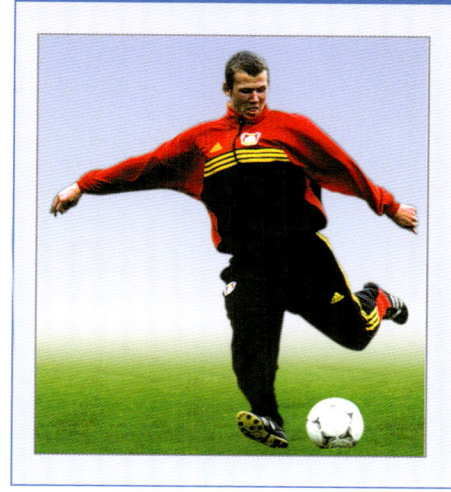

● トレーニングでは、プレーのレベル、シーズンの段階、順位等の状況に応じて、単純な練習形式、要求の高い複雑な練習形式、ゲーム形式を、それぞれ適切に組み合わせるようにします。
● シュート練習の際には、グループを少人数にします。場合によっては、同時に2つのゴールを使って練習します。あるいはトレーニンググループの一部が別の課題を行います。進歩させるには、たくさん反復させることが重要です。
● 「ゴールチャンスを生み出す」「チャンスをゴールに結びつける」という重点は、長期的に計画し、毎日のトレーニングプログラムに継続的に組み込んでいくようにします。
● 1回のトレーニングの中でのシュート練習は、システマティックに構成し、できるだけ実戦的な段階に、できるだけ早く進めるようにします。
● シュートトレーニングは常にバリエーション豊かに、実戦的に、楽しさを強調したものになるようにします。
● トレーニングにおいて、常にプレーヤーにシュートを狙うよう励まします（たとえリスクがあっても思い切って）。

グループ戦術：コンビネーションプレーからシュート

・単純なものから複雑なものへ。
・たくさんの反復をし、バリエーションを織り交ぜる（課題の難度を上げる）
・負荷と回復のバランスをとる
・具体的にわかりやすく
・長期にわたって規則的にトレーニングプログラムに組み込む

2．シュートトレーニングは、実戦での要求に、徹底的に合わせていかなくてはなりません。つまり、相手と時間のプレッシャーを、できるだけたくさんの練習形式で組み込んでいくようにします。さらに、常に1タッチシュートを奨励するようにすべきです。今日のゲームでは、ペナルティーエリア内ではボールを受けている時間はほとんど残されていないのです。

3．シュートトレーニングの際には、テクニックの幅広いバリエーションを提供するようにします。グラウンダー、浮き球のシュート、コースを狙ったシュート、近距離／遠距離からのシュート等です。

4．全ての攻撃の戦術的な目標は、成功の見込みの高いシュートポジションに到達することです。理想的には、攻撃プレーヤーは、できるだけ短い距離から、できるだけ相手の妨害の影響の少ない状況でフィニッシュができるようにすることです。そのためのトレーニングフォームも計画しなくてはなりません。

図11. トレーニング目標

全　般

● 確実でありつつ、しかもバリエーション豊かなコンビネーションプレーでゴールチャンスを準備する
● ゴールチャンスを思い切って徹底して生かす
● もしも味方がより有利なシュートポジションにいたらパスする

シュートトレーニングのためのアドバイス

● シュートトレーニングの要求のレベルは、そのときのチームの（そしてできるだけ個々のプレーヤーの）実際のレベルに柔軟に合わせるようにします。そうしてはじめて最適なモチベーションとトレーニングの成果がもたらされるようになるのです。

● マーキングのためのフラッグやコーンをうまく活用します。それらを使って相手プレーヤーの守備のシミュレーションにしたり、フィールドをはっきりとマーキングしたり、クロスのためのターゲットエリアをマーキングしたりします。

● シュートトレーニングは、年齢やレベルに応じて、ポジションと関係なく、ないしはポジション毎で専門的に、プランするようにします。プレーレベルが低い場合には、プレーヤー全員が攻撃と守備の課題を両方同じようにトレーニングするようにすべきです。

Chapter5：トレーニング実践　技術／戦術

オーガナイズ／基本の進行	2ゴールを使ってゲーム
約40×30mのフィールドにゴールを2個置き、GKが入る。 2チームが5対5を行う。確実なコンビネーションプレーからシュートチャンスをつくる。 5分やってどちらのチームが勝つか？	（40m）

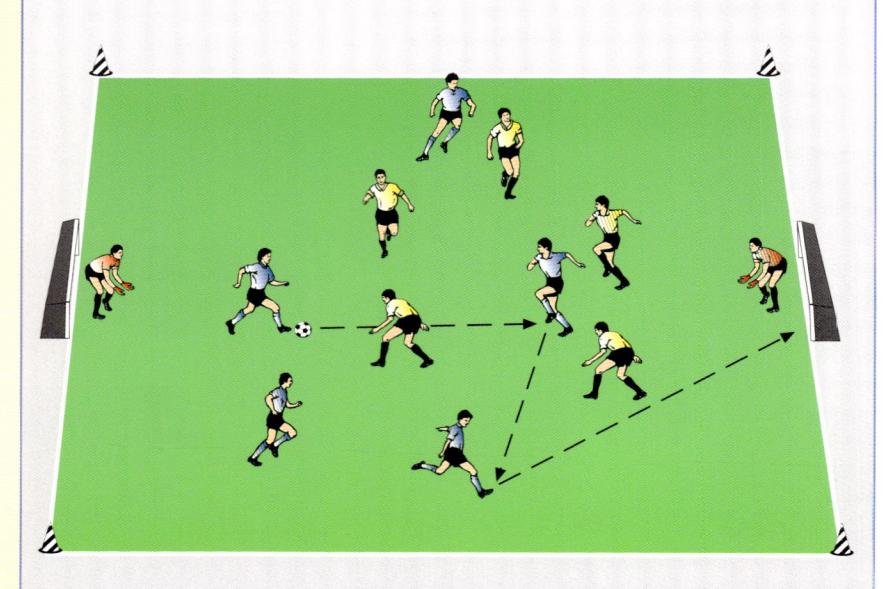

トレーニングの重点
- 確実なコンビネーションプレー（ボールを失わない）。
- シュートチャンスを生み出す。
- シュートチャンスを生かす。

オーガナイズのアドバイス
- シュート練習と組み合わせてゲーム形式を入れる。
- 予備のボールをゴールに用意しておく。

修正
- パスは正確に。できるだけ1タッチでパスを出す：時間を得る、意外性。
- 狙いをもってシュート。

バリエーション

第1段階	第2段階	第3段階
● ニュートラルプレーヤーが2人入って、攻撃側のチームの味方としてプレーし、コンビネーションプレーをやりやすくする。ただし、シュートはうてない。 ● ニュートラルプレーヤーもシュートをうってよい。 ● ニュートラルプレーヤーは1タッチのみ（あるいは2タッチまで）でプレー。 ● ニュートラルプレーヤー1人。	● ハーフラインをマークする。自陣ハーフでは3タッチまで。相手ハーフではフリーでプレーする。 ● 自陣ハーフからのロングシュートは2ポイント。	● 攻撃側は3（または2）タッチまででプレーする。 ● バックパスからの1タッチのシュートのみ認める（それによって、攻撃に厚みを持たせ、後方のアタッカーにフォローを促す）。 ● ボレーシュートの場合ポイントを加算。

グループ戦術：コンビネーションプレーからシュート

オーガナイズ／基本の進行

約45×35mのフィールドにゴールを2個置き、GKが入る。3チームで4対4から7対7まで。
2チームが対戦し、もう一つのチームは休憩。
5分やったら交替する。

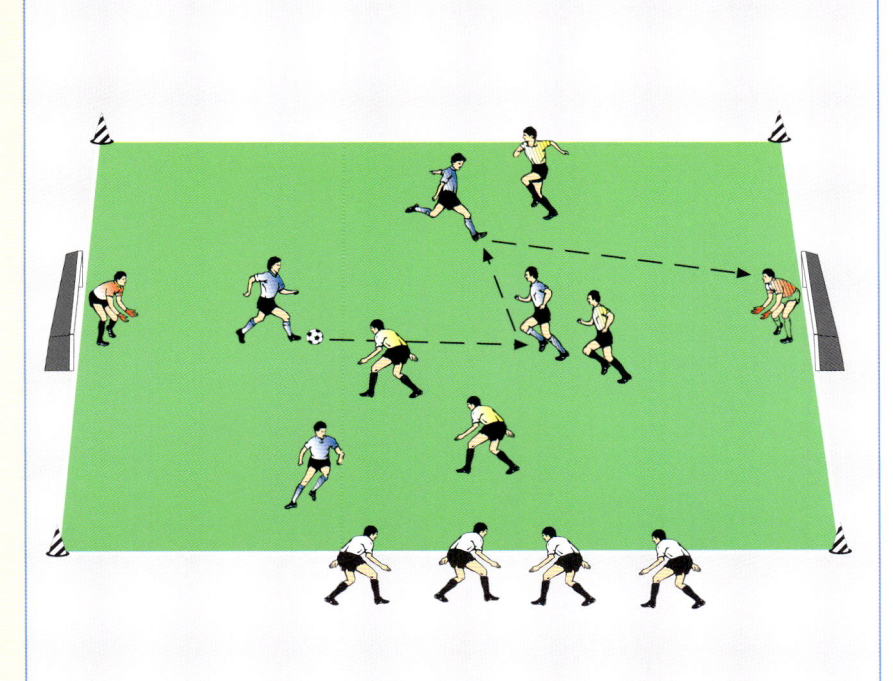

2ゴールを使って3チームでゲーム

トレーニングの重点
- 素早い確実な攻撃。
- 攻撃への素早い切り換え。
- 攻撃に厚みを持たせる。

オーガナイズのアドバイス
- 休憩のチームはアクティブレスト。
- 予備のボールをゴールに用意しておく。

修　正
- 幅と厚みを持たせるようにする。そうすることで、スペースを広く使ったコンビネーションプレーがやりやすくなる。
- トライアングルを作って攻撃。
- ゴールチャンスを狙いをもって生かす。

バリエーション

第1段階	第2段階	第3段階
● ニュートラルプレーヤーが2人入って、攻撃側のチームの味方としてプレーし、コンビネーションプレーをやりやすくする。シュートも可。 ● ニュートラルプレーヤーは2タッチまででプレー。 ● ニュートラルプレーヤー1人。	● ゴールが決まったら次のチームが入り、決めた方のチームと対戦する。GKは交替して入ったグループにボールをスローイングする。どのチームが最初に10ゴール決めるか。 ● 同じ方法で、攻撃は3（または2）タッチまで。	● フィールドを50×40mに広げ、3チームが同時にプレーする。BとCがそれぞれ1つずつのゴールを守る。Aは連続で攻撃する。ゴールを決めてもボールを失ってもすぐにAにボールを返し、Aの攻撃を続行する。5分間やったら交替。どのチームが最もたくさんゴールを決めるか。 ● 同じ方法で、ボールタッチ数を制限する。

Chapter5：トレーニング実践　技術／戦術

オーガナイズ／基本の進行	ゴールとカウンターラインを使ってゲーム
ゴールから約35mの距離に、30m幅の「カウンターライン」をマークする。ゴールとカウンターラインの間で2チームが5対5を行う。ゴールにはGKが入る。 チームAはコンビネーションプレーからゴールにシュート。Bはそれを守り、ボールを奪ったら逆襲でカウンターラインを通過しようとする。終わったらAが再び攻撃する。5分間やったら攻守を交代する。どちらのチームがより多くゴールを決めるか？	（図：35m幅のフィールドでA対Bの5対5、カウンターラインとゴール）

バリエーション

トレーニングの重点	第1段階	第2段階	第3段階
●シュートチャンスを生み出す。 ●シュートチャンスを察知する。 ●素早い切り換え。 **オーガナイズのアドバイス** ●カウンターラインをはっきりとマークする。 **修　正** ●攻撃の組み立てには厚みと幅を持たせるようにする。 ●特に攻撃の中央には常にパスコースができるようにする。 ●トップはボールを落とす、あるいは壁パスの壁となる。	●ニュートラルプレーヤー（またはコーチ）が1人入って、攻撃側のチームの味方としてサポートする。 ●ニュートラルプレーヤーが2人入って、攻撃側のチームの味方としてサポートする。	●Bのプレーヤーがカウンターラインをドリブルで越えたらすぐに攻守。攻撃方向の交替。 ●カウンターライン上にコーンまたはフラッグのミニゴールを2つ作る（約3m幅）。	●ゴールライン上に2ゴール置き、それぞれGKが入る（反対のサイドはカウンターラインのまま）。Aは両方のゴールを狙ってよい。Aはボールを奪ったらカウンターラインに向けて逆襲。 ●Aが5分間両方の方向へ攻撃。Bはボールを奪ったら、GKを交えてボールをキープする。5分たったら攻守を交代する。

グループ戦術：コンビネーションプレーからシュート

ペナルティーエリア内でゲーム

オーガナイズ／基本の進行

ペナルティーエリアをフィールドとする。4人ずつ3グループとなる。
2チームがペナルティーエリア内で4対4を行う。ゴールにはGKが入る。3つ目のチームのプレーヤーは、ポストとなり、攻撃側のチームの味方となる。2人がゴールライン上ゴールの両脇、2人がエリアのサイドライン上。ポストにアタックしてはいけない。攻撃側は、ポストを使ってのコンビネーションプレーでシュートチャンスを生み出し、シュートに結びつける。守備側がボールを奪ったら、ポストにパスをしてからそのチームがゴールを攻撃する。5分間やったら役割を交代する。

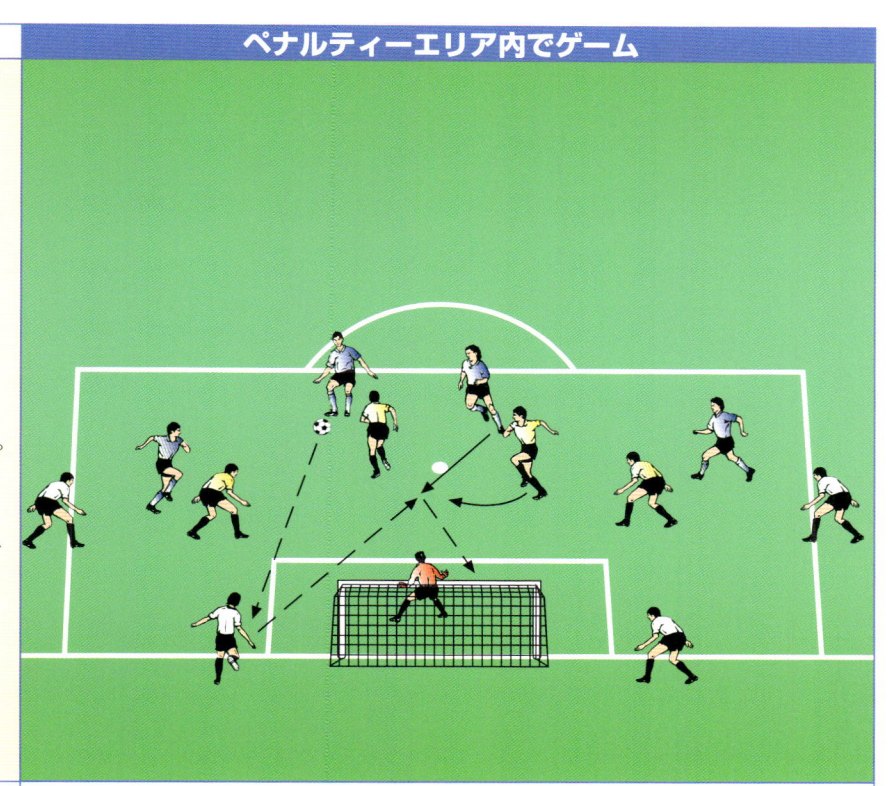

トレーニングの重点
- ゴールの近くで素早くシュートチャンスをつかむ。
- シュートテクニックの改善。
- 狙いをもった正確なシュート。

オーガナイズのアドバイス
- 必要があればペナルティーエリアをコーンを使ってはっきりとマークする。

修　正
- 素早く正確なパスでシュートチャンスを生み出す。
- 味方が走り込んできて1タッチでうてるようなパスを狙う。

バリエーション

第1段階	第2段階	第3段階
● ボールキープのためにエリアからドリブルで出てもよい。このプレーヤーにはアタックしてはいけない。 ● ゴールを決めたチームのボール保持で攻撃を続行。	● ポストは2タッチまで。 ● 両サイドのポストは、ペナルティーエリアの外からゴールへシュートしてよい。 ● 1タッチのシュートのみカウント。	● ポストは1タッチのみ。 ● ポストへもアタックしてよい。 ● ボールを奪ったら5タッチ以内でシュートしなくてはならない。 ● ヘディングシュート、またはポストからのボールを1タッチでシュートした場合のみカウント。

Chapter5：トレーニング実践　技術／戦術

2ゾーンゲーム

オーガナイズ／基本の進行

40×30mのフィールドに、2ゴールを置く。ゴールにはGKが入る。
2チームで5対5を行う。プレーヤーは両ハーフに分かれる。片方のハーフで3対3、もう片方のハーフで2対2となる。プレーヤーは自分のハーフを出てはならない。

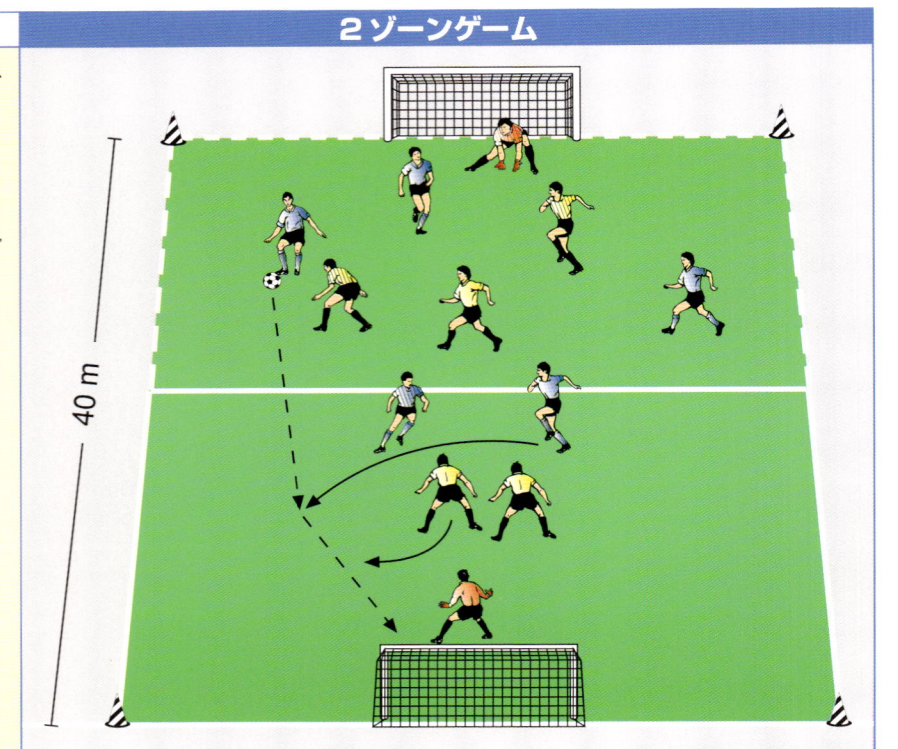

トレーニングの重点
- シュートチャンスを察知する。
- 縦パスからゴールチャンスを作り出す。
- 攻撃ハーフでタイミングよくパスを受ける。

オーガナイズのアドバイス
- ハーフラインをはっきりとマーク。

修正
- まず相手のマークをはずしてパスを要求する。味方がフリーの動き出しに気づき、縦パスが出せるように。
- コースを狙ってシュートする。

バリエーション

第1段階
- ニュートラルプレーヤーが1人入って、フィールド全体を動いて攻撃側のチームの味方としてプレーする。
- 両ハーフともアタッカー3人、ディフェンダー2人。それによって攻撃側の組み立てとシュートをやりやすくする。
- ディフェンダーも攻撃ゾーンに入ってよい。常に攻撃側が数的優位となる。

第2段階
- 同じ方法で、3対3＋3対3となる。
- 通常のフィールドのハーフコートを使って6対6。AはGKの守るゴールを攻める。Bはハーフライン上の2つのミニゴールを攻撃する。プレーヤーはそれぞれゾーンに割り当てられる。ペナルティーエリア内で2対2、それ以外で4対4。

第3段階
- 各ハーフで2対3となる。攻撃側の組み立てとシュートが難しくなる。
- ディフェンダーの組み立てのボールタッチ数を制限する。

グループ戦術：コンビネーションプレーからシュート

4対4＋サイドに4ポスト

オーガナイズ／基本の進行
35×25mのフィールドに、2ゴールを置く。ゴールにはGKが入る。4人3チーム。AとBが4対4を行う。Cはポストとなって両サイドラインに入り、攻撃側の味方としてプレーする。

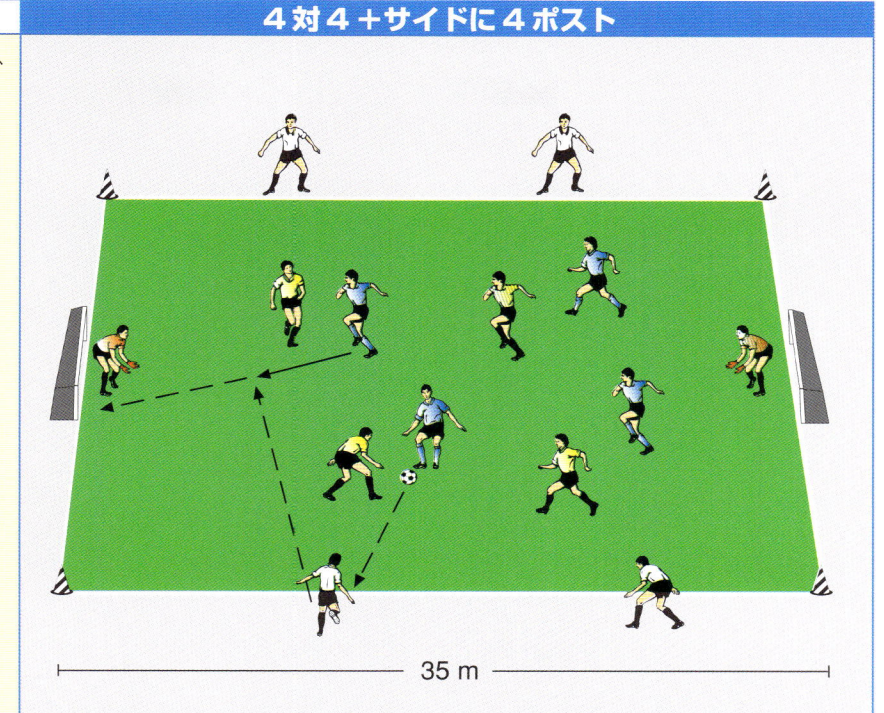

35 m

トレーニングの重点
● 正確なパスでゴールチャンスをつくり出す。
● シュートのテクニック、正確性の改善。

オーガナイズのアドバイス
● 予備のボールを用意しておく。

修　正
● 素早い正確なパスでシュートチャンスを生み出す。
● 味方が走り込んできて1タッチでうてるようなパスを出す。
● シュートをうつときには思い切って。

バリエーション

第1段階	第2段階	第3段階
● ポストはボールタッチの制限無くフリーにプレー。 ● 3対3＋サイドに2ポスト。	● ポストは2タッチまで。 ● Aは攻撃時に4人のポストを使ってよいが、2タッチまで。Bはボールタッチに制限無し。3分たったら課題を交替する。どちらのチームがより多くゴールを決めるか？	● ポストは1タッチのみ。 ● 6タッチ以内にシュートしなくてはならない。 ● チーム内で3タッチ以内にシュートまたはポストへパスしなくてはならない。 ● 1タッチシュートのみカウント。

Chapter5：トレーニング実践　技術／戦術

4対4＋ゴール横に2ポスト

オーガナイズ／基本の進行
35×25mのフィールドに、2ゴールを置く。ゴールにはGKが入る。4人3チーム。AとBが4対4を行う。Cはポストとなって両ゴールラインに入り、攻撃側の味方としてプレーする。

バリエーション

	第1段階	第2段階	第3段階
トレーニングの重点 ● 正確な縦パス。 ● トップをフォローする。 ● 攻撃のテンポを変える。 **オーガナイズのアドバイス** ● フィールドの制限とゴールの設置はトレーニングの開始前にやっておく。貴重なトレーニング時間の節約。 **修　正** ● 縦パスを出したらすぐにフォローして、落としからシュートを狙う。 ● シュート前にもう一度ボールをよく見る。	● ポストはボールタッチの制限無くフリーにプレー。 ● ゴールライン上のポストからのバックパスを1タッチでシュートして決まったゴールは2ポイント。 ● さらにニュートラルプレーヤーを入れ、フィールド内で攻撃側をサポートさせる。	● ポストは2タッチまで。ポストのバックパスからのシュートのみカウントする。 ● 4人のポストはハーフ全体に広がる。2人はサイドライン、残りの2人がゴール2の左右。Aは1対1からゴール1を攻撃する。Bはゴール2を攻撃する。ただしBはポストの落としからの1タッチシュートのみ。	● ポストは1タッチでプレー。ポストのバックパスからのシュートのみカウント。 ● ポストの落としからのヘディングまたはボレーシュートのみカウント。コンビネーションプレーからゴール横のポストに縦パスを入れ、ポストは2タッチ以内にゴール前にパスを出す。

グループ戦術：コンビネーションプレーからシュート

フラッグゴール（GKあり）を使ってゲーム

オーガナイズ／基本の進行

フィールドのハーフの中央に7m幅のゴールを作る。ゴールにはGKが入る。シュートは両面から可。

8人2チームがプレー。両チームともフィールドのそれぞれ対角のコーナーに1人ずつ入りポストとなる。フィールド内は6対6となる。自チームのポストを使ったら入れたプレーヤーがポジションと役割を入れ替わる。ポストだったプレーヤーはドリブルでフィールドに入ってきて、自チームのプレーヤーとコンビネーションプレーからゴールを狙う。

トレーニングの重点
- スペースを広く使った確実なコンビネーションプレーでシュートチャンスを生み出す。
- プレーの展開。
- プレー全体を見渡す。

オーガナイズのアドバイス
- ゴールのマークにはできるだけフラッグを使う（コーンではなく）。

修正
- ゴールの両面でボールを受けに動き、プレーが展開できるようにする。
- 急に攻撃方向を変え、狙いをもってシュートに持ち込む。

バリエーション

第1段階	第2段階	第3段階
● ポストは4カ所とも使ってよいが、入れ替わるのは自チームのポストのみ。 ● シュート後もプレーを続行。ゴールは通り抜けてはならない。 ● GKがボールを取ったら、守備側のチームのポストにパスし、そこから味方にパスしてプレーを開始。	● ボールを奪ったらまずポストを経由してからゴールを攻撃。 ● Aのプレーヤーのみ4人のポストを使ってよい。ただし2タッチまででプレー。Bのプレーヤーはポストは使えないが、ボールタッチに制限はない。3分間やったら課題を交替する。	● アタッカーは2タッチまででプレー。 ● ヘディングシュート、またはボレーシュートのみカウント。 ● Aは7～10分でできるだけたくさんシュートをうつ。Bはボールキープのみ。次に課題を交替する。どちらのチームがシュートをより多く決めるか？

Chapter5：トレーニング実践　技術／戦術

トレーニングフォーム1	予備練習：正確なシュート	バリエーション
約30mの距離でゴールを2個置き、GKが入る（ペナルティーの縦×2）。ゴールの両サイドに3〜5人のプレーヤーがボールを1個ずつ持って入る。両グループからゴール右の1人目のプレーヤーがドリブルで出て、ペナルティーエリアのライン辺りからシュート。反対のグループの後ろにつく（シュートしたゴールの右）。両グループが終わったら、ゴール左のグループが出て左足でシュート。	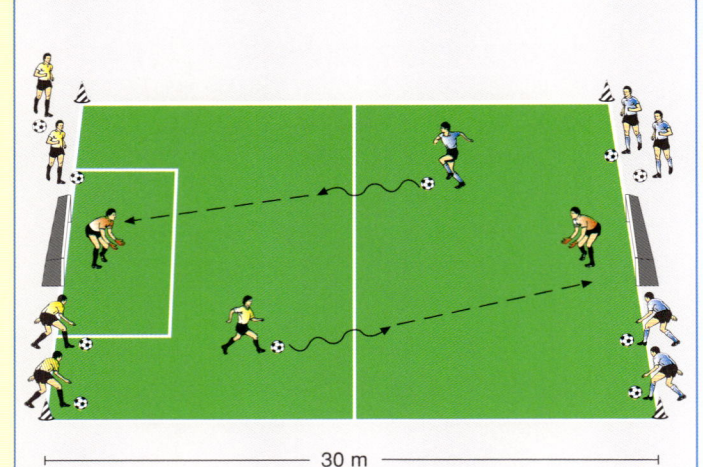 30 m	● レーヤーはボールをペナルティーラインの方向に出し、2タッチ目でシュート。 ● ドリブルで斜めの方向に出てそこからシュート。 ● 対角上の2人のプレーヤーが同時に出る。5〜8mドリブルして同時に自分のボールで相手の前にパスを出す。それぞれパスを受けて1タッチ（またはコントロールして）でシュート。

トレーニングフォーム2	1対1からのシュート	バリエーション
トレーニングフォーム1と同様。今度はゴール右のプレーヤーがボールを1個ずつ持つ。グループの1人目のプレーヤーが少しドリブルして正面にパスを出す。正面のプレーヤーがそのボールを受けにスタートする。パッサーはディフェンスとなる。ボール保持者は1対1からシュート。その後、両プレーヤーはポジションを交替する。次のグループが同様に出て続ける。	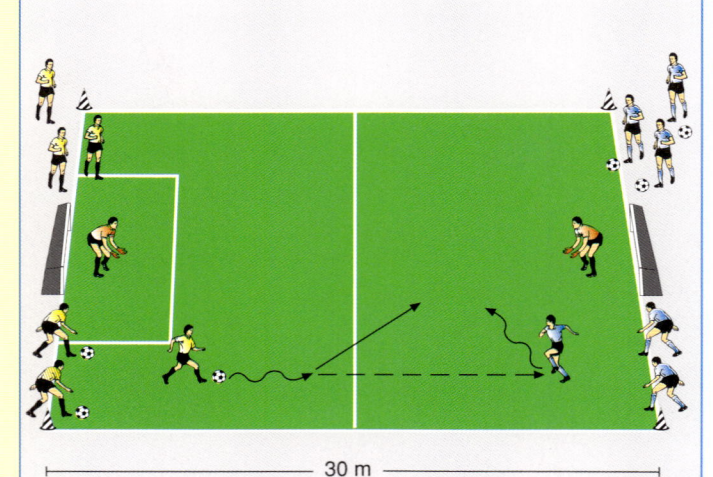 30 m	● ライナーの強いパスを出し、ボールを受けるのを難しくする。 ● 1対1無し。パスを受けたプレーヤーはボールを運んでペナルティーラインからシュート。

グループ戦術：コンビネーションプレーからシュート

トレーニングフォーム3

ゴールからゴールへのシュート

約30mの距離でゴールを2個置き、GKが入る（ペナルティーの縦×2）。プレーヤーは均等に2グループに分かれ、フィールドのハーフラインとサイドラインの交点に入る。
さらに2人のプレーヤーがポストとしていくつかボールを持って両ゴールの左に入る。彼らはペナルティーポイントの方向にパスを出す。プレーヤーが出てきてそこからシュートをうつ。

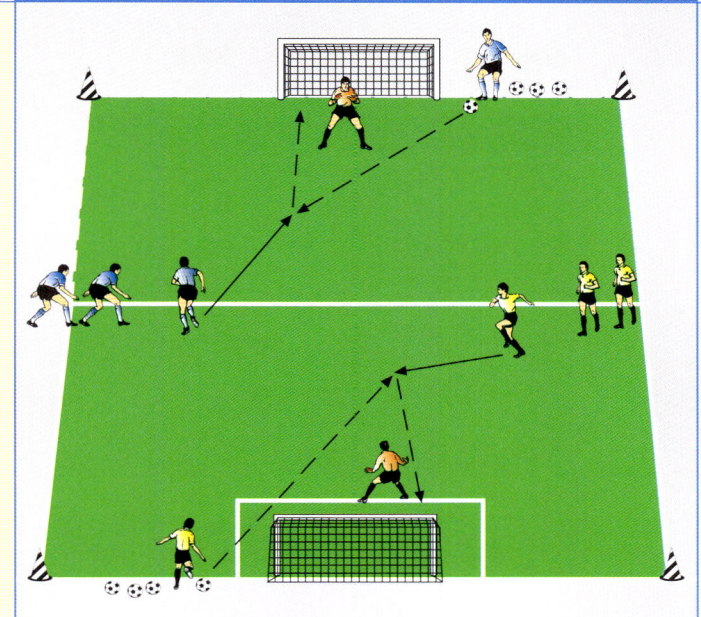

バリエーション

- プレーヤーはボールを受け、少し動かしてからシュート。
- パスをライナーで出し、ボレーかヘディングで合わせる。
- 走り込むシューターに対し、ボールを様々な高さや強さで出す。

トレーニングフォーム4

2対2のローテーション

2人組に分かれる。何組かがボールを持ってゴール横に入る。残りはセンターサークルの前。
ゴールライン上の1組目のペアの1人がハーフラインの1組目のペアに浮き球を出し、パートナーと共にペナルティーエリア前にダッシュし、ディフェンスとなる。
パスを受けたペアは、ディフェンスに対しシュートを狙う。1回のプレーが終了したら次の2組が出る。

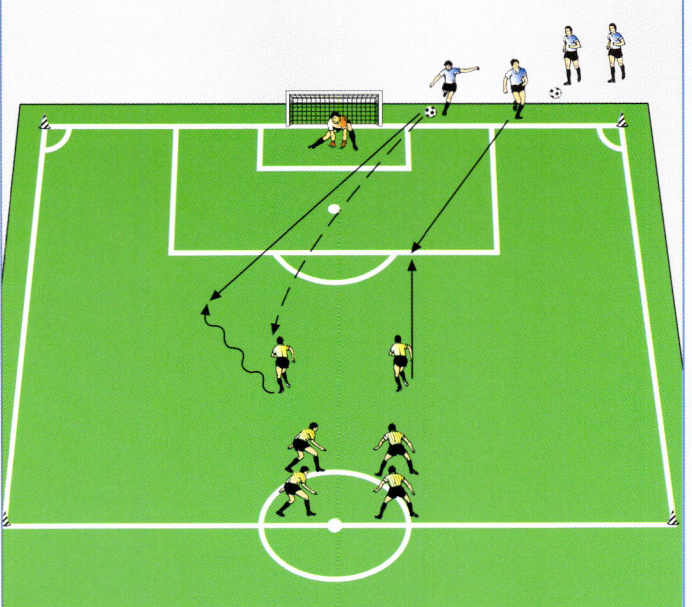

バリエーション

- ディフェンスのペアがボールを奪ったらゴールから35mの2つのミニゴールにカウンター。
- 同じ方法を3人ずつのグループで行う。3対3でローテーション。

Chapter5：トレーニング実践　技術／戦術

| トレーニングフォーム5 | ペナルティーエリア前の3対2からシュート | バリエーション |

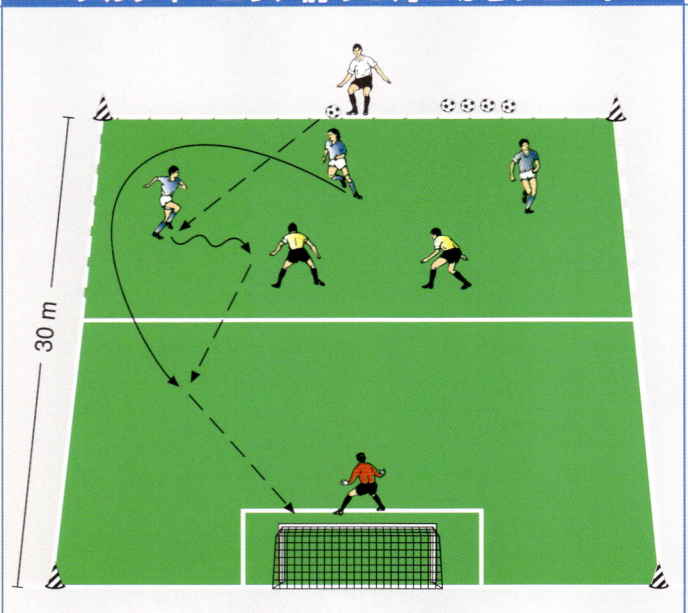

30×40mのフィールドにゴールを1個置き、GKが入る。フィールド内で3対2。反対のゴールライン上にもう1人入ってポストとなる。ポストプレーヤーからアタッカーへのパスでプレーを開始する。アタッカーは動いてボールを受け、素早く確実なコンビネーションでゴールチャンスを生み出す。ディフェンスがボールを奪ったら、ポストプレーヤーにパス。ポストプレーヤーからボールを出し、次の攻撃を開始する。

- 突破の可能性がなかったらアタッカーはポストへ返してよい。
- フィールドを約40×40mに広げる。5人＋1ポスト対3人のディフェンダーでプレーする。
- アタッカーはまずペナルティーエリア内の味方にパスしてからスタートし、シュートをうつ。

| トレーニングフォーム6 | 2対2の切り換え | バリエーション |

約25mの距離でゴールを2個置き、GKが入る。チームAとBはそれぞれペアを作る。Aのペアは1つのゴールの左右に入る。Bのペアはもう1つのゴールの左右に入る。Aの1組目のペアがBの1組目のペアに対してプレーし、シュートを狙う。アクションが終わったら、シュートが決まっても外れても、両チームとも次のペアが入る。

- 各ペアのゴールを合計する。最後にどちらのチームの方がよりゴールが多かったか？
- 両チームのプレーヤーが両ゴールの両サイドに均等に分かれる。2対2からゴールが決まったら、守備側のチームがアウトとなる。同じチームの次のペアがドリブルでフィールド内に入り、得点を決めたペアに対し、反対のゴールに攻撃をしかける。

グループ戦術：コンビネーションプレーからシュート

トレーニングフォーム7

ゴールからゴールへのシュート

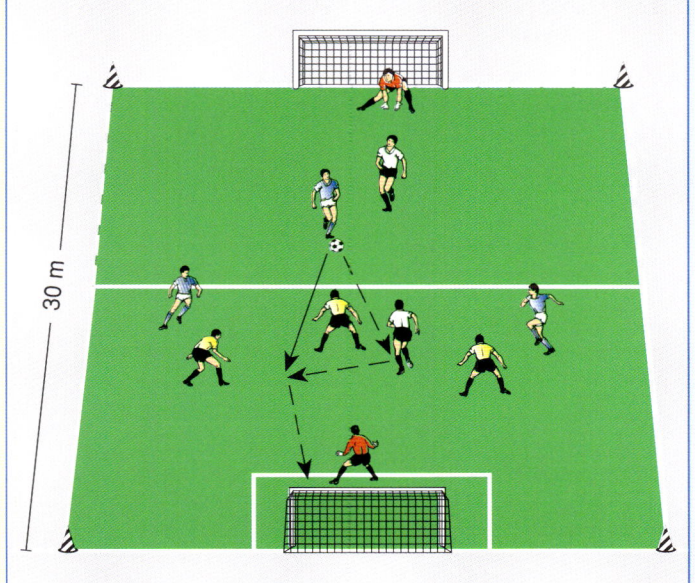

約30×40mのフィールド（ペナルティーエリア×2）の両ゴールラインにゴールを置きGKが入る。ハーフラインをはっきりとマークする。2チームで3対3を行う。両ゴールの前にニュートラルプレーヤーが攻撃側のための「壁パスプレーヤー」として入る。ニュートラルプレーヤーとの壁パスからのシュートは2倍にカウントする。
4分間でどちらのチームがより多くゴールしたか？

バリエーション

- 対4＋2ニュートラル「壁パスプレーヤー」
- 「壁パスプレーヤー」は壁パスをフェイントにして別の味方に1タッチでパスを出す。

トレーニングフォーム8

1ゴールに2対1

2人組に分かれる。まず1組のペアがディフェンスとなる。1人がゴール前に入り、もう1人がゴールラインの後方で待つ。攻撃側のペアはボールを1個ずつ持って、ゴール前約30mの位置に入る。1組目がゴールに向かってスタートし2対1。ディフェンダーをかわしてシュートを狙う。ゴールが決まったら守備チームは継続。ゴールが決まらなかったら攻撃していたチームが次のディフェンスとなる。

バリエーション

- ディフェンスのペアがボールを奪ったら状況に応じてGKにパスを返すか、またはフィールド中央にいる味方に確実にパスをつなぐ。
- ディフェンスがボールを奪ったら、2つのミニゴールにカウンター。

Chapter5：トレーニング実践　技術／戦術

グループ戦術：ボールを中心とした守備

[「ボールを中心とした守備」とは何か？]

　以前は、ほとんど全てのポジションで「マンマーク」でプレーされていました。各プレーヤーは、守備においては、自分の直接のマークを、フィールド全体を追いかけ回してアタックし、できる限りプレーさせないという、一つの課題しか持っていませんでした。「マンマーク」の中では、各プレーヤーが守備において、常に自分の相手選手の担当でした。このように役割分担がはっきりしていて、特定のプレー状況での変則といったものはありませんでした。したがって、もしも味方がかわされたら、必要に応じてその時だけ別のプレーヤーがマークしていました。

　しかしながら「マンマーク」は、チーム戦術的な守備のコンセプトとしてはかなり古くなりました。明らかな欠点としては、相手がうまくフリーランをしてきた場合、特に「プルアウェイ」をうまく使われると、アタッカーに簡単に広い攻撃スペースを与えてしまいます。各アタッカーは、1対1から、自分1人でシュートまで行かれなかった場合には、次のアクション（クロス、ドリブル、パス）へと続けていくことができます。

ボールを中心とした守備：積極的に守り、相手にプレッシャーをかけます。

アウトサイドポジションでの攻撃に対する守備

基本形
- アウトサイドを使った攻撃に対しては、アウトサイドのディフェンダーがボール保持者に当たり、味方がボール保持者の方向にずれます。
- 適切なポジショニングによって、アウトサイドのディフェンダーは、アタッカーを外に追いやり、ゴールへの直接の攻撃のコースを閉ざします。
- 残りのプレーヤーは、アタックをしかける味方の方へずれます。ボールサイドへ移動し、互いにカバーし合います。

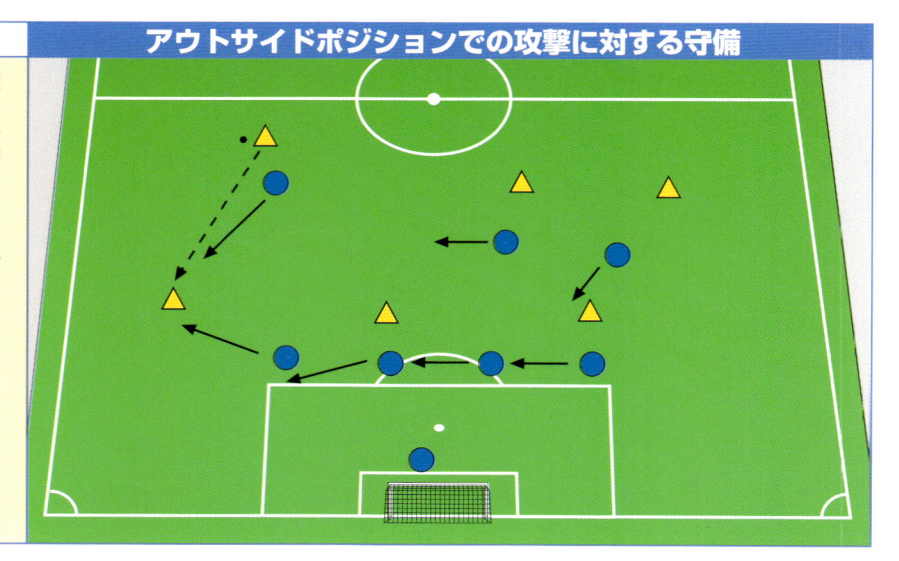

グループ戦術：ボールを中心とした守備

今日では、アタッカーははるかに大変になっています。というのは、ボール保持者はしばしば2〜3人のディフェンスからアタックを受けることになるからです。1人の相手プレーヤーが直接割り当てられることはほぼ稀になりました。

そのかわりにプレーヤーは、あらかじめスペースを割り当てられ、そこで自分のすぐ近くにいる相手プレーヤーに対してプレーしなくてはなりません。その際、この割り当てのスペースは固定的なゾーンではなく、むしろ互いにオーバーラップしているものです。各DFの行動範囲は、ボール保持者のポジションやその味方のランニングのコースによって変わってきます。ボールの近くでは、常に、ボール保持者に素早くアタックします。他のDFプレーヤーは、ボールの近くにいる相手プレーヤーをタイトにマークします。適切なポジショニングでパスコースを閉ざします。それによって、相手のプレースペースを狭め、相手のコンビネーションプレーを困難に、もしくは完全に阻止します。

つまり、全てのプレーヤーが常にボール保持者の方向に向かいます。その際、ボール近くの相手はタイトにカバーし、ボールから遠いプレーヤーはスペースをカバーします。ボールへのまとまった移動によって、ボール保持者を早期に包囲し、ボールを失わざるをえない状況に陥らせます。

［「ボール中心」を中心とした守備の習得］

ボールを中心とした守備は、十分なレベルになるまでは、チーム戦術のトレーニングにおいて、常に適切なポジショニングとボール保持者への移動を重視するようにしなくてはなりません。

その際、初めは特に小グループでのゲーム形式を与え、その中でDFを数的不利な状態でプレーさせるようにします（例：5対4、4対3等）。

基本原則
プレーヤーは何を身につけておくべきか？
- あらゆる1対1の状況で安定した1対1の技術
- 常に移り変わるプレー状況に対し、高い集中力
- プレーを広く見渡し、自分のポジショニングを、ボール、味方、相手との関係で最適にする
- 学習のレディネスとディシプリン
- 自己批評の能力。ゲーム／トレーニングの状況から学ぶ
- チームのための思考と行動

基本形
- 中央からの攻撃に対しては、センターバック（またはセンターのMF）がアタッカーに当たります。
- 近くの味方はいくらか中にしぼり、アタックをしかけている味方の背後をカバーします。
- ディフェンダーは単にアタッカーに対してポジションをとるだけでなく、慎重にうまくアタックをしかけ、プレッシャーをかけます。

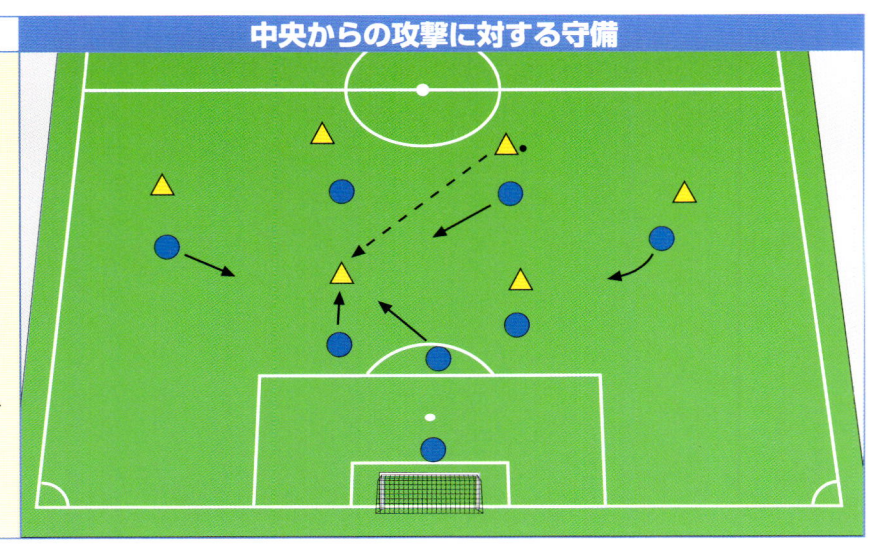

中央からの攻撃に対する守備

Chapter5：トレーニング実践　技術／戦術

方　法

ボールを中心とした守備を、年齢に応じてトレーニングするにはどうしたらよいのだろうか？

- たくさんの小フィールドゲームで、F、Eユースのうちからすでに「みんなでボールを取り返す！」というモットーの基に、全員が積極的に参加するまとまった守備を身につけさせるようにします。
- Dユースでは、システマティックに1対1の習得に取り組みます。1対1における適切な行動が、プレー能力の改善のベースとなるからです。
- Cユースからは、その上にボールを中心とした守備の、グループ戦術、チーム戦術的な行動に取り組みます。

これらのゲーム状況を助けとして、プレーヤーはすぐに明確に理解することができます。各自が1人1人の相手プレーヤーだけに責任を持つのではなく、うまく守備をしようと思ったら相互にサポートし合わなくてはならないのです。

以前のマンマークがトレーニングの中心的な内容であった時代とは違って、今日では、ゾーンディフェンスの適切な守備が中心となってきています。すなわち、各プレーヤーは、あらかじめ決められたスペースで守り、そこで戦術的に賢いうまい1対1で相手を迎え撃つようにしなくてはなりません。

1人のプレーヤーがどのゾーンで動くかは、ポジショングループ－DF、MF、FW－によって決まってきます。

重要なのは、プレーヤーが、ボールにしたがって自分の動きを方向付けること、そのつどのボール保持者にプレッシャーをかけること、相手のボール近くのスペースを狭めることを学ぶことです。ボールがパスされたら常に新しいボールのポジションとゲーム状況に応じて動きます。

● F、Eユースのトレーニング

小フィールドでのゲーム、小グループでのゲーム形式によって、F、Eユースのうちからすでに、ボールを素早く奪うことを目的とした、まとまった守備を身につけるようにすべきです。

その際の基本的な考え方は、以前のように相手のプレーを受け身的に守るのではなく、むしろ積極的に守備をすることです（「みんなでボールを取り返す！」）。このような積極的な守備を、ユースコーチがはじめから奨励すべきです。ただし、特定の相手プレーヤーをつぶすといったような破壊的な考え方はとってはいけません。

よい例

- パスの後には、すぐにボールに1番近いプレーヤーがボール保持者に当たります。
- その他のプレーヤーは、同様にボールに移動し、コンパクトなディフェンスのまとまりを形成します。このフォーメーションの中で各プレーヤーのアクションスペースはオーバーラップし、互いにヘルプし合い、背後をカバーし合えるようにすることが重要です。
- ボールから遠いサイドの相手に対してはルーズにマークします。状況によっては、中にしぼって後方をカバーします。

チームでのボールを中心とした守備

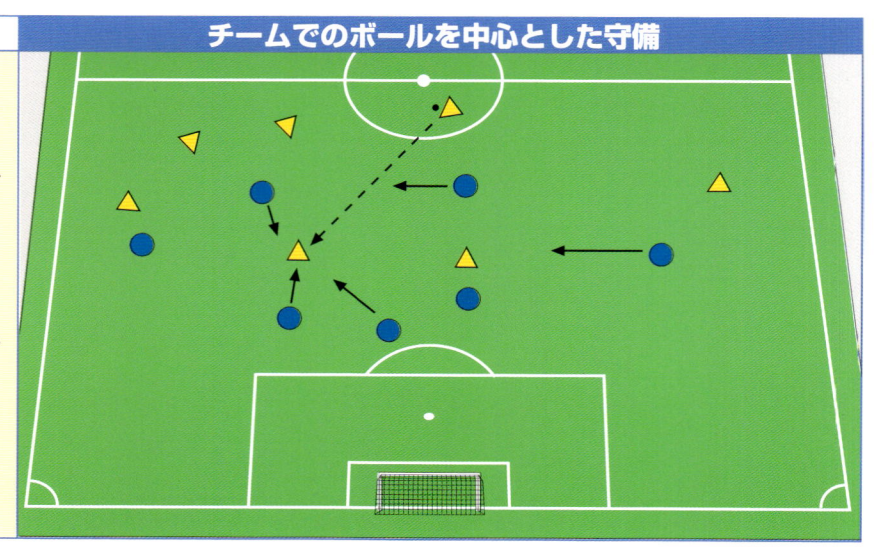

グループ戦術：ボールを中心とした守備

●Dユースのトレーニング

　Dユースでは、システマティックな個人戦術トレーニングに取り組みます。その際には、1対1の習得が中心となります。というのは、戦術的に賢い守備の戦略は、プレーヤーに必要な個人戦術的基礎がないと機能しないからです。その先のあらゆる戦術的な要素に1対1の行動が重要です。したがって、全プレーヤーが、ステップバイステップで、正しい1対1の行動を学ばなくてはなりません。その際には特に忍耐とシステマティックな取り組みが必要となります。

●Cユースのトレーニング

　遅くともCユースの年代には、ボールを中心とした守備の、グループ戦術およびチーム戦術の基礎に取り組むべきです。

　また、ここでは、小グループでのゲームがトレーニングの中心となります。基礎トレーニングとはちがって、今度は特定の技術・戦術の重点が置かれます。

　ボール中心の守備を習得するために重要なのは、数的不利の守備のゲーム形式です。ミニゴールを使った3対2、4対3、5対4等です。

　ここでは、ディフェンスのプレーヤーは、ボール保持者に応じてポジショニングをすることを学びます。その他のプレーヤーは、同時に、アタックする味方の近くのスペースをカバーします。パスの後は、新たなボール保持者に1番近いディフェンスが当たらなくてはなりません。再び味方が近くのスペースをカバーします。

ボールを中心とした守備：常にプレーに参加し、ボールの方向へ動きます！

悪い例

● ボールを奪おうという試みに、わずかなプレーヤーしか関与しません。それも中途半端。ボール保持が移っても、新たなボール保持者に直接1人のプレーヤーしかアタックにいきません。
● 相手の後方からのフォローをカバーしません。そのため相手は楽にバックパスを出すことができます。
● プレーヤーがボールに向かわないので、相手にプレッシャーがかからず、楽にキープされてしまいます。

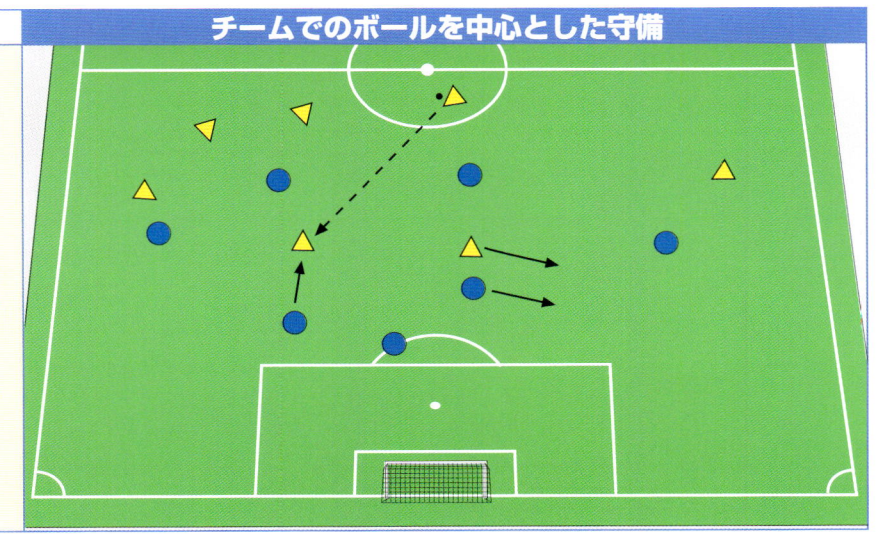

チームでのボールを中心とした守備

Chapter5：トレーニング実践　技術／戦術

　ボールを中心とした守備の原則を学習するための、もう一つの有効な可能性は、4つのミニゴールを使ったゲームです。
　その際の重点は以下の通りです。
1．ボールへのまとまった移動
2．相手の攻撃スペースを狭める
3．相手が今攻撃しているゴールのカバー
　戦術的なゲーム形式で、プレーヤーのアクションに規則的に修正や助言が与えられた場合には、最適な学習効果がもたらされます。コーチはプレーヤーに問いかけ、問題点を明らかにし、プレー状況を修正することで説明します。若手プレーヤーには、そのアクションの最中あるいは直後にフィールド上でインフォメーションを与える方が、わかりやすく効果的です。
　ボールを中心とした積極的な守備は、勝利につながりしかも魅力的なゲームをするための基礎であり、放棄してはいけないものです。このための個人戦術、グループ戦術の前提を、段階的に習得し、完璧にしていくべきです。
　ボールを中心とした守備のトレーニングは、プレーシステムに従属するものではありません。試合での実際の活用は、基本配置、ポジショングループ内の課題、相手のプレースタイル等によって変化します。
　若手プレーヤーの最適な育成という観点では、トレーニングとゲームを1つの単位と考えるようにします。したがって、各年代で、年齢に応じたトレーニング内容と並んで、現代の守備の基本要素や原則を常に考慮に入れて、ゲームコンセプト、基本フォーメーション、ポジション課題に踏み込むようにします。

　基本方針を2点、ここで挙げておきます。
1．固定的な相手のマンマークは、もう終わりました。プレーヤー全員がそれぞれの守備のエリアを持ちます。そこでそのつどそのエリアに入って来る相手プレーヤーを妨害し戦います。
2．ディフェンスラインのはるか後方にリベロを置く基本フォーメーションは、もう終わりました。リベロのプレーは、フレキシブルに、そのつどのプレー状況に合わせたものとなります。リベロが守備のリーダーであることは変わりません。

［まとめ：プレーヤーは何を習得すべきか？］

● ボール、味方、相手プレーヤーのポジションを考慮に入れ、そのつど自分のポジショニングを検討し、必要に応じて修正します。全員が、ボールの動きにしたがって、常に移動します。
● プレーヤーは、プレー状況を素早く的確に判断できるようにすることが重要です。
● プレーヤーは、様々なプレー状況のための解決策を自分で考えられるようにします。
● 全てのプレーヤーが守備に参加します。これには高い集中力とディシプリンが要求されます。
● 全てのプレーヤーが、相手のプレーヤーのプレーをあらかじめ読み、適切に判断する（予測する）能力を持つようにします。
● プレーヤーは、常に新たにモチベーションを高めて臨み、いい加減な行動にならないようにします。
● プレーヤーは積極的に守り、相手のフェイントにかからないようにします。
● 相手のボール保持者にプレッシャーをかけ、ミスを誘います。
● プレーヤーは、味方が近くで1対1を行っているときには、ただ傍観するのではなく、積極的にヘルプし、ボールを奪うようにします。

ボールを中心とした守備：ボール保持者に身体を寄せ、しつこくアタックします！

グループ戦術：ボールを中心とした守備

図12.

トレーニング目標

全　般	全　般	全　般
1対1の守備	**基本的考え方：協力して守る！**	**数的不利の状況の守備**

【1対1の守備】

● アタッカーがディフェンスを1対1でかわそうと、ディフェンスの正面にドリブルしてきた場合：
1. アタッカーに対してタイミングよく適切なポジションをとり、遅らせながら後退する。
2. 半身で構え、突破の危険のより低いサイド（アウトサイド）へ追いやる。
3. 後方に下がりながら、アタックへの有利なチャンスをうかがう。
4. 相手と同じ方向に走りながらボールにアタックし、相手に先んじて奪う。

● アタッカー（特にCF）がゴールを背にしてパスを要求しているとき：
1. ボールと相手に対し、パスがインターセプトできるようなポジションをとる。
2. 常にボールと相手を視野に入れる。全ての攻撃アクションに慎重についていく。
3. 常に「インナーライン」（自ゴールと相手との間）に入って動く。

【基本的考え方：協力して守る！】

● 積極的に守る！　相手の攻撃アクションに反応するだけではない。
● 相手プレーヤーに常に1対1をしかけ、ミスしてボールを失うようにしむける。
● 常に互いにコミュニケーションをとる。特に、相手プレーヤーのマークを受け渡すときには不可欠である。互いにコーチングし合い、そのつど秩序とバランスのとれた、まとまった守備を形成する。
● ボールに対して動き、ボールをめぐって優位な状況を作り、ボールを奪いやすくする。
● できるだけ相手のパスの起点をカバーし、危険なパスを出しにくくする。あるいは出せなくする。相手にフリーでコンビネーションプレーをさせないようにする。
● それでも相手にパスされたら、すぐに新たな状況に対応する。ボールへ戻り、ボール保持者にプレッシャーをかける。

【数的不利の状況の守備】

● ボール保持者に1番近いディフェンダーが、慎重に距離をつめて妨害する。
● 味方はボール保持者の方向にしぼり、突破を防ぎ、他のアタッカーを観察する。
● パスが出されたら、新たなボール保持者に、再び1番近くのディフェンダーが素早くかつ慎重にアタックする。他のディフェンダーはボールの方向に移動する。
● 中盤あるいは相手ハーフでの状況の場合：数的不利な状況にあるディフェンスは、ゆっくり後退しつつ、相手の攻撃を遅らせる。目的は、味方が戻ってくるまでの時間をかせぐことである。
● 自陣ペナルティーエリアのすぐ近くでの状況の場合：そのつどのボール保持者にタイトに当たり、シュートをうたせない。味方はアタックをかけるディフェンダーと同じラインで動く。ボールを持っていないアタッカーがゴール方向にスタートしたら、オフサイドをかける。

Chapter5：トレーニング実践　技術／戦術

各3ゴールに4対4

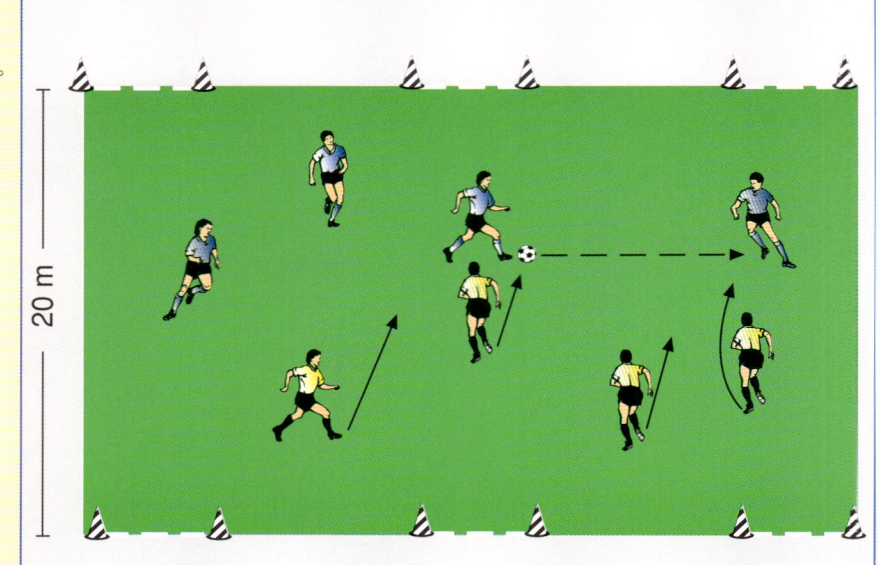

オーガナイズ／基本の進行

20×30mのフィールドの両ゴールラインにミニゴールを3個ずつ置く。
2グループで4対4を行う。各チームは自チームのゴールライン上の3つのミニゴールを守り、相手の3つのミニゴールを攻撃する。

1回のゲーム時間：5分間

トレーニングの重点
- ゾーンディフェンスの導入。
- ボールを中心に動く。

オーガナイズのアドバイス
- フィールドのセッティングと片づけはプレーヤーにやらせる。
- 全ゴールの後方にボールを用意しておく。

修　正
- 幅と厚みを持たせ、ボールを中心としてディフェンスを編成する。
- ボール保持者にはできるだけ2人で同時にアタックする。
- 相手のパスを予測しパスをインターセプトする。

バリエーション

第1段階
- ニュートラルプレーヤーが1人入り、ボールを保持したチームの味方となって、コンビネーションプレーをやりやすくする。
- ゴールが決まったらそのチームが引き続きボールを保持し、反対の3ゴールを攻撃する。
- コーチがニュートラルプレーヤーとなってもよい。

第2段階
- ゴールラインを3等分する。両チームは相手のゴールラインをドリブルで通過しようとする。中央のゾーンを通過したら2ポイント、それ以外は1ポイントとする。
目標：ディフェンスは中へのコースを重点的にふさぐ。
- ペナルティーラインとハーフラインの間で3つずつのミニゴールを使って5対5（6対6）。

第3段階
- 通常のフィールドのハーフを使って両サイドライン間を5対4。5人チームは4つのゴール、4人チームは3つのゴールを守る。5人チームは2タッチまででプレーする。

グループ戦術：ボールを中心とした守備

ライン越え4対4

オーガナイズ／基本の進行

20×30mのフィールドで2グループが4対4を行う。アタッカーは相手の30m幅のゴールラインをドリブルで通過しようとする。ディフェンスはボールを奪い、カウンターアタックを狙う。

プレー時間：4分間

トレーニングの重点
- ディフェンスは互いに助け合う。
- ボールを奪った後の素早い切り換え。

オーガナイズのアドバイス
- ポジション毎にトレーニングする。例えばＭＦのメンバーで1グループとなる。

修　正
- ボールサイドへ移動し、攻撃のスペースを狭める。
- アタッカーがポジションを変わったら、状況に応じて受け渡す。ただし、アタッカーに突破のチャンスがあったら自分のマークにそのままついていく。

バリエーション

第1段階	第2段階	第3段階
● プレーヤー（またはコーチ）がもう1人入って、攻撃側の味方としてプレーする。 ● フィールドを狭くして4対4（守備をやりやすくする）。	● フィールドのゴールラインを広げる（守備を難しくする）。 ● 両ゴールラインに約3m幅のゾーンをマークする。アタッカーはそこにドリブルで入ったら1ポイント。	4対4（または5対5）のフリーのゲーム。プレーヤーは必ず3タッチしてから次へボールを出す。 **目標**：パスが出される前にボールへ向かい、ボール保持者に積極的にアタックをしかける。

Chapter5：トレーニング実践　技術／戦術

ミドルゾーンから2ゴールに4対4

オーガナイズ／基本の進行

縦40mのフィールドに20×30mのミドルゾーンを作り、その中で2チームが4対4。両ゴールライン上に2つのミニゴールを置く。ボール保持側のプレーヤーはまずミドルゾーンの相手のゴールラインをドリブルで通過しなくてはならない。味方がゴール前のゾーンにスタートしてボール保持者のシュートをサポートする。

プレー時間：5分間

トレーニングの重点
- 1対1の守備
- ディフェンスは互いに助け合う。

オーガナイズのアドバイス
- まずデモンストレーショングループに先にやらせる。

修正
- 幅と厚みを持たせ、ボールを中心としてディフェンスを編成する。
- ボール保持者にはできるだけ2人で同時にアタックする。

バリエーション

第1段階
- もう1人ニュートラルプレーヤーを入れ、コンビネーションプレーと突破を簡単にする。
- ゴールが決まったらそのチームが引き続きボールを保持し、反対の3ゴールを攻撃する。
- コーチがニュートラルプレーヤーとなってもよい。

第2段階
- フィールド内のスペースで5対5。両ゴールラインの20m後方に通常のゴールを置き、GKが入る。相手のゴールラインをドリブルで通過した後、アタッカーはディフェンスに妨害を受けずにゴールにシュート。
- 同じ方法で、今度はアタッカーはそのまま持ち込んでGKをかわす。

第3段階
- 第2段階と同様。相手のゴールラインをワンツーで突破し、シュート。
- 同じ方法。ゴールラインを通過したらトップ（ディフェンス有り／無し）ともう1回ワンツーをしてシュート。
- ミドルゾーンで6対6（ディフェンスのプレッシャーを高める）。

グループ戦術：ボールを中心とした守備

フィールド外の3ゴールに4対4

オーガナイズ／基本の進行

約40×30mのフィールドで4対4。両ゴールラインの2m後方にミニゴールを3個ずつ置く。外側のゴールは2m幅、中央のゴールは3m幅とする。両チームはコンビネーションプレーから相手の3つのゴールを攻撃する。ゴールを通すときにはフィールド内から全員が出る。

プレー時間：5分間

トレーニングの重点
- テンポを変えて1対1。
- 様々なフェイントの適用。
- ゴールチャンスを生かす。

オーガナイズのアドバイス
- 残りのプレーヤーはゴールラインの後ろで待つ。
- シュートされたボールを素早く取りに行く。
- 30秒たったらすぐに次のペアが交替してフィールドに入る。

修　正
- DFを外に誘い出し、1回のフェイントからゴールにシュートがうてるようにする。
- シュートフェイント、パスフェイント、ボディフェイントを使う。
- 突破したらフィニッシュ。

バリエーション

第1段階	第2段階	第3段階
● もう1人ニュートラルプレーヤーが入り、ボールを保持したチームの味方としてプレーする。 ● フィールドのゴールラインを短くする（守備をやりやすくする）。	● 中央のゴールへのゴールは2ポイント。 ● アタッカーは2（3）タッチまででプレーする。	● プレーヤーは必ず3タッチしてから次へボールを出す。シュートは1タッチのみ。 **目標**：パスが出される前にボールへ向かい、ボール保持者に積極的にアタックをしかける。

Chapter5：トレーニング実践　技術／戦術

6ゴールゲーム

オーガナイズ／基本の進行

フィールドの両ゴールライン上にゴール1個（GK有り）と2個のミニゴール（2m幅）を置く。フィールドの縦をコーンで3つのゾーンに分ける。6対6のゲーム。両チームは自分のゴールライン上の3ゴールを守り、相手の3ゴールを攻撃する。
攻撃側がフラッグのゴールに得点したときに、ディフェンスが反対のアウトサイドのゾーンに残っていたら2ポイント。

プレー時間：7分間

トレーニングの重点
- 状況に応じてボールの方向に移動
- 常にコミュニケーションをとる

オーガナイズのアドバイス
- ボール、コーン、ビブスはトレーニングのはじめに用意しておく。

修正
- 状況に応じてボールを中心に守備を組織する（幅と厚みを持たせる）。
- ボールに向かって動き、積極的に守備する。相手の攻撃のアクションに反応するだけではいけない。

バリエーション

第1段階	第2段階	第3段階
● もう1人ニュートラルプレーヤー（コーチ）が入り、ボールを保持したチームの味方としてプレーしコンビネーションプレーとシュートをやりやすくする。 ● ゴールが決まったらそのチームがそのままボールを保持し、反対のゴールへ攻撃する。	● 同じ方法で7対7で行う（ディフェンスのプレッシャーを高める／スペースを狭める）。 ● フラッグゴール無し。ゴールライン上にマークしたゾーンをドリブルで通過する。 ● 同じ方法で、フラッグゴール3つで行う。	● 攻撃側は2タッチまででプレーする。

グループ戦術：ボールを中心とした守備

ミッドゾーンから4対4

オーガナイズ／基本の進行

5人ずつ2チーム。フィールドの20×35mのミドルゾーンで4対4。
ミドルゾーンのゴールラインの約15m後方にゴールを置きGKが入る。
各チームの5人目のプレーヤーはゴール横に立つ。アタッカーはミドルゾーンのゴールラインをドリブルで通過し、妨害を受けずにゴールにシュートする。ゴールが決まったらそのチームがボールを保持し、反対方向へさらに攻撃する。ただし別のプレーをする。自チームのサイドでシュートが決まったら自チームの交替プレーヤーと交替し、反対のサイドでは相手の交替プレーヤーからアタッカーがパスを受け、反対方向に攻撃をする。

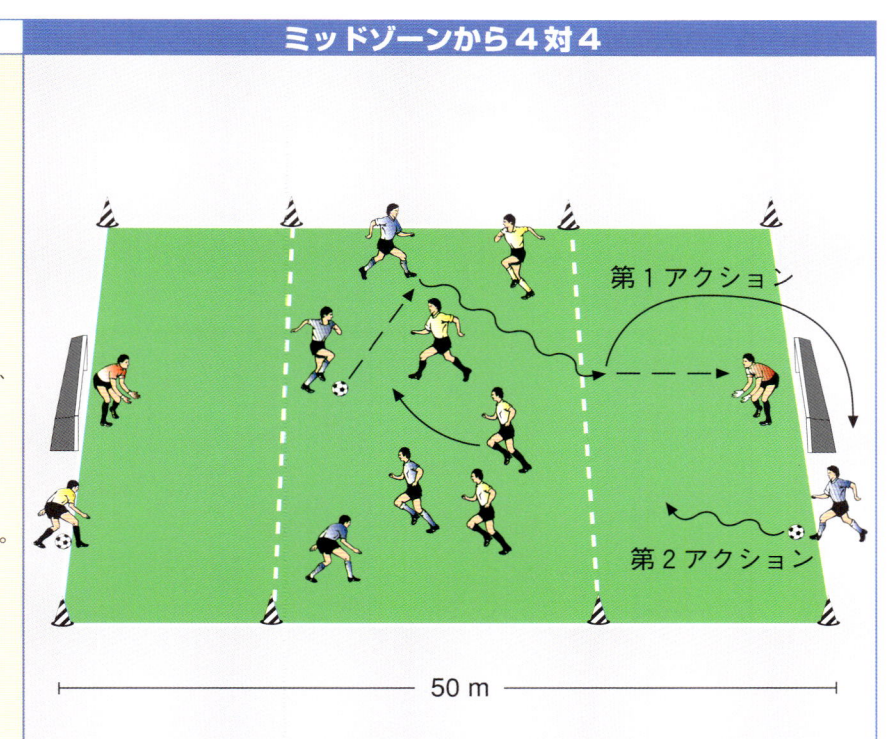

（図中：第1アクション、第2アクション、50m）

トレーニングの重点
- 1対1の守備。
- 攻守の素早い切り換え。

オーガナイズのアドバイス
- 交替プレーヤーのところにボールを十分に用意しておく。
- まずデモンストレーショングループに前もってやらせる。

修　正
- ボール保持者に早めにアタックし、突破を積極的に防ぐ。
- チャンスがあったらボールを思い切って奪いにいく。

バリエーション

第1段階	第2段階	第3段階
ミドルゾーンのゴールラインを少し短くする（守備をやりやすくする）。 ● もう1人ニュートラルプレーヤーが入って攻撃側のコンビネーションプレーと突破をやりやすくする。 ● 同じ方法で、ミドルゾーン内で3対3で行う。	● 同じ方法で、ミドルゾーン内で5対5で行う（ディフェンスのプレッシャーを高め、スペースを狭める）。 ● 突破したらアタッカーはGKもかわす。	● ゴールが決まったら、2人が交替プレーヤーと交替する。

Chapter5：トレーニング実践　技術／戦術

2ゴールを横に並べて4対4

オーガナイズ／基本の進行

ゴールライン上に、約15m離して通常のゴールを2個並べ、それぞれGKが入る。ゴールから30mの距離に35mのカウンターラインをマークする。

2チームで4対4を行う。Aが両ゴールを攻撃し、Bはボールを奪ったらカウンターアタック。カウンターラインをドリブルで通過したら、すぐに両チームで攻守を交代する。

プレー時間：5分間

トレーニングの重点
- 積極的な守備。
- シュートをうたせない。

オーガナイズのアドバイス
- 移動式のゴールをトレーニング前に設置しておく。トレーニング時間の節約。

修　正
- ボール保持者にタイミングよく当たる。
- ボール保持者にはなるべく2人でアタックする。
- ボール保持者の「利き足」を封じる。

バリエーション

第1段階	第2段階	第3段階
● 交替無し。Aが5分間ゴールを攻撃し、Bはカウンターラインを攻撃する（ドリブル通過＝「ゴール」）。 ● 守備側のチームは、ボールを奪ったらカウンターラインの通過ではなく3つのミニゴールを攻撃する。	● 同じ方法で、5対5で行う（ディフェンスのプレッシャーを高める）。 ● Bは2個のカウンターゴール（2m幅）の1つをドリブルで通過。	● Aは5分間ゴールを攻撃する。Bはボールを奪ったらGKを交えてフィールド内でボールをキープする。 時間が終わったらアクティブレストをとって交替する。どちらのチームの方がより多く得点したか。

グループ戦術：ボールを中心とした守備

3ゾーンで4対4

オーガナイズ／基本の進行

40×25mのフィールドの両ゴールライン上にゴールを置きGKが入る。フィールドを3ゾーンに分ける。外側のゾーンより中央のゾーンの方が大きくなるようにする。2チームで4対4を行う。攻撃ゾーンでの、パスから1タッチでのシュートのみカウントする。さらに、フィールドプレーヤー全員が自陣守備ゾーンから出ていなくてはならない。

プレー時間：4分間

40 m

トレーニングの重点
- 味方、相手をよく見る。
- パスコースを予測する。
- 全員が守備ゾーンから出る。

オーガナイズのアドバイス
- フィールドと各ゾーンをはっきりとマークする。
- プレー時間と休憩時間のバランスに注意する。

修正
- 適切なポジショニング。アタッカーの斜め後方、インナーラインに入る。
- できるだけパスをインターセプトする。

バリエーション

第1段階
- ミドルゾーンからのシュートのみカウント。ただし守備ゾーンからは出なくてはならない。
- ニュートラルプレーヤー（コーチ等）が1人入り、攻撃側のチームの味方となり、コンビネーションプレーやシュートをやりやすくする。

第2段階
- 攻撃ゾーン内でオフサイド有りでプレーする。
- シュートが決まったら同じチームがボールを保持し、反対のゴールに攻撃する。

第3段階
- ミドルゾーンからの1タッチでのシュートのみカウント。
- 攻撃側は2（3）タッチまで。

Chapter5：トレーニング実践　技術／戦術

2ゴールを使って6対4

オーガナイズ／基本の進行

6人ずつ2チーム。フィールドのハーフで2ゴール（GK有り）を使って6対4を行う。守備側の休みの2人のプレーヤーはゆっくりとジョギングでフィールドを2周する。それが終わったら2人が入って、今度は攻撃側だったチームから2人が出て2周回る。以下同様に続け、常に6対4になるようにする。数的優位の攻撃側はできるだけたくさんシュートをうつ。全員がランニングを終わった時点でどちらのチームの方が得点が多かったか。

トレーニングの重点
- 数的優位の守備。
- プレッシングの導入。

オーガナイズのアドバイス
- 休みのプレーヤーのランニングに別の課題を加える（例：スラロームコース、障害物）。

修正
- ボール保持者にはなるべく2人でアタックする。
- 攻撃側のコンビネーションプレーを何としてでも阻止しようとする。
- 全員が、できるだけ早くボールを奪おうという意志を持つ。

バリエーション

第1段階
- フィールドを小さくし、ボールを奪いやすくする。
- 同じ方法でフラッグのゴール2（3）個をゴールラインに横に並べて使う。

第2段階
- 攻撃側は2タッチまででプレーする。
- ゴールは1タッチシュートのみとする。
- フィールドの縦と横を短くする。攻撃側は2つのゴールを攻撃する。守備側はできるだけ長く自チームでボールをキープする（GKも交えて。パス5本で1ポイント）。

第3段階
- 攻撃側は1タッチでプレー。守備側は3タッチまででプレーする。
- 基本型と同じ6対4で、休みの2人がハーフを4周回らなくてはならない。攻撃側（数的優位）はできるだけたくさんシュートをうつ。守備側はGKとともにボールをキープする。攻守を交代する。

グループ戦術：ボールを中心とした守備

4対4：GKのパスからプレッシング

オーガナイズ／基本の進行

ペナルティーエリア×2個分のフィールドで、ゴールを1個置き、GKが入る。グループA（最初ディフェンス）とBが4対4を行う。両チームがそれぞれのハーフからスタート。
GKがペナルティーエリア内のディフェンダーにパスしてゲーム開始。攻撃側はペナルティーエリア内にスタートし、すぐにアタックをかけ、素早くボールを奪ってシュートを狙う。守備側はこのプレッシングの状況を打開し、反対のゴールラインをドリブルで通過しようとする。

10回やったら交替。

トレーニングの重点
- プレッシングの状況を察知する。
- ボール保持者に正しく当たりに行く。

オーガナイズのアドバイス
- 1回毎に適切な長さの休息をとる。

修　正
- 適切な状況でのみボール保持者に「プレッシング」をかける。
- ボール保持者には特にサイドライン際では2人でアタックし、中へのパスコースをふさぐ。パスが出せない状況にし、1対2でのドリブルをさせる。

バリエーション

第1段階	第2段階	第3段階
● 攻撃側4人対守備側3人（プレッシングを強化する） ● GKは守備側からボールキープのためのパスを受けられない（プレッシングをかけやすくする）。 ● GKはボールをライナーでスローイングする（プレッシングをかけやすくする）。	● GKは守備側からバックパスを受けてよい（プレッシングを難しくする）。 ● 守備側はゴールライン上の2つのミニゴールを攻撃する。 ● 守備側は5本パスをつないだらゴールラインに出してよい。	● 攻撃側はボールを奪ったらパスを5本つないでからシュート。

Chapter5：トレーニング実践　技術／戦術

「ブラジル」ゲーム

オーガナイズ／基本の進行

約40×30mのフィールドにゴールを2個置き、GKが入る。

4人ずつ3チーム（A、B、C）に分かれる。

まずAがBに対しゴール1を攻撃する。Cはゴール2のところで待機。

Bがボールを奪ったら、ゴール2を攻撃する。Cがそれを守る。ただし、CはBがハーフラインを越えるまでは入ってはいけない。Aはハーフラインまではneを追い、ボールを奪い返そうとしてよい。

プレー時間：7分間

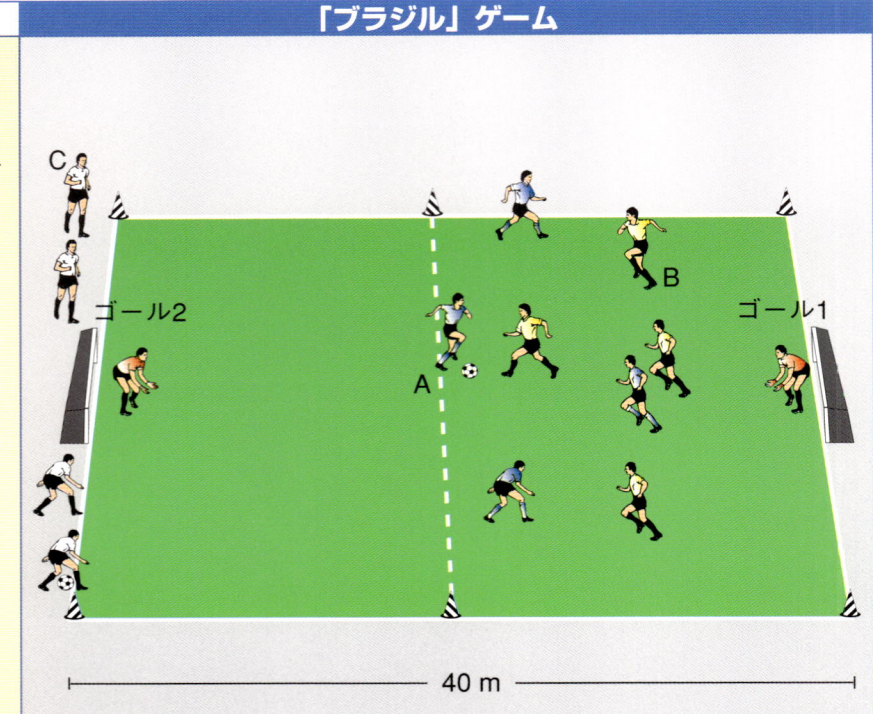

トレーニングの重点
- ボールを奪われたら素早く守備に切り換える。

オーガナイズのアドバイス
- 待っているチームは、絶対に早く入ってはいけない。

修正
- 新たな状況に素早く対応する。
- ボール保持者に1番近いプレーヤーがすぐにプレッシャーをかける。
- その他のプレーヤーは直接のマークをカバーし、パスコースをふさぐ。

バリエーション

第1段階	第2段階	第3段階
● ニュートラルプレーヤーが1人入って攻撃側の味方としてプレーする。 ● 同じ方法で、ミニゴール（2m幅）2個ずつを使ってプレーする。	● 同じ方法で、5人ずつで行う。 ● ボールを奪ったら、必ずパスを5本つないでからハーフラインを越える。	● 攻撃側は2タッチまで。 ● 同じ方法で6対6対6で行う（フィールドをいくらか広げる）。 ● 1タッチシュートのみカウント。

グループ戦術：ボールを中心とした守備

6対4＋2ポスト

オーガナイズ／基本の進行

40×30mのフィールドで、6人2チームで6対6を行う。チームAから2人がフィールドの両ゴールラインの後ろに入る。フィールド内は6対4となる。
両チームはボールをキープする。チームAはフィールド外の2人の味方にできるだけたくさんパスをつなぐ。つなぐ毎に1ポイント。
Bは10本パスをつないだら1ポイント。

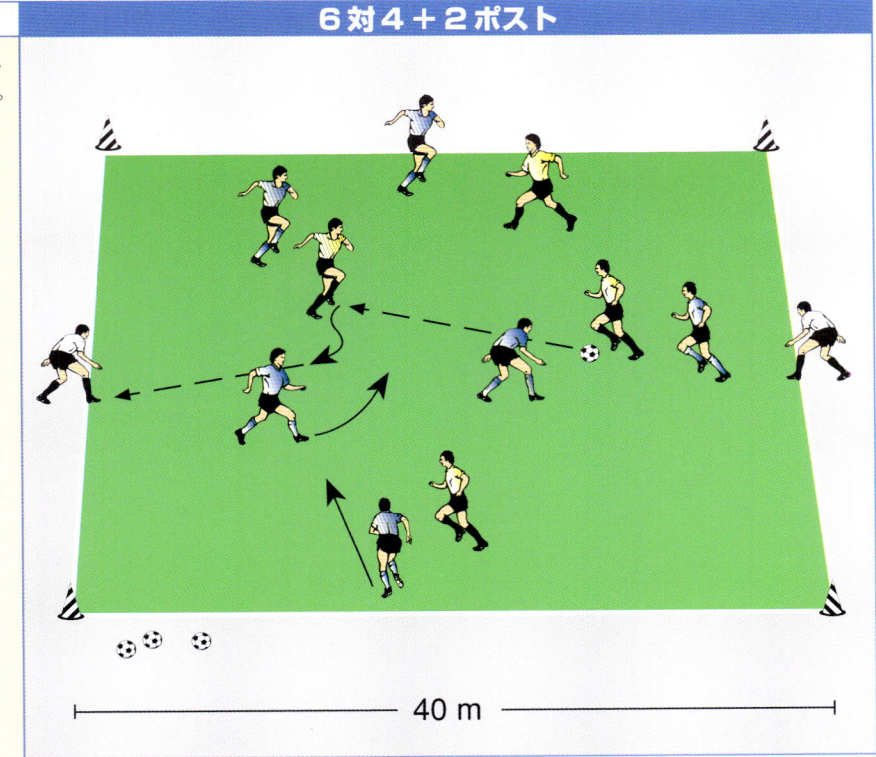

トレーニングの重点
● プレッシングの状況を常に意識する。

オーガナイズのアドバイス
● ポストプレーヤーは定期的に交替する。

修　正
● ボールをできるだけ早く奪い返す。
● ボール保持者にはなるべく2人でアタックする。パスコースを予測して封じる。
● ボールを奪ったらすぐに開いてできるだけスペースを広く使ってパスをつなぐ。

バリエーション

第1段階	第2段階	第3段階
● ポストプレーヤーにパスを入れたら、入れたプレーヤーが交替し、ポストだったプレーヤーはドリブルで入ってきてプレーを続行する。 ● コーチが開いているサイドに入ってチームAのためのポストとなる。	● 6人のチームは2タッチまででプレー。 ● 両ポストは2タッチまで。 ● 同じ方法で、7対5＋2ポストで行う。	● 6人チームは1タッチでプレー。 ● 両ポストは1タッチでプレー。

Chapter5：トレーニング実践　技術／戦術

| トレーニングフォーム1 | 2ゴールに1＋2対3 | バリエーション |

約20×15mのフィールド。3人2チームで3m幅のフラッグゴールを使ってプレーする。
3対2。3人目のディフェンダーはラインズマンになってサイドライン上で「オフサイド」の判定をする。自分のチームがボールを奪ったら、すぐにフィールドに入る。相手チームから1人がすぐにラインズマンになる。攻撃側になったチームはパスを3本つないでからゴールを狙う。

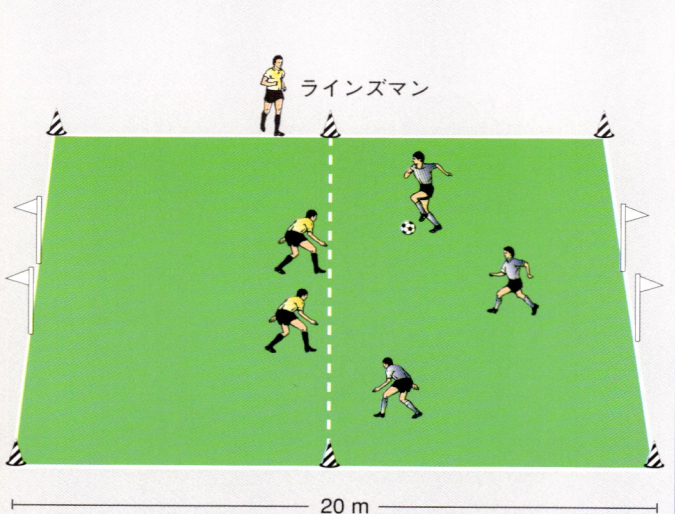

- オフサイド無し。休みのプレーヤーはゴールに入り、ゴールを5m幅とする。
- 積極的な守備にポイント。フィールド内でボールを奪ったらポイント獲得。

（ラインズマン、20m）

| トレーニングフォーム2 | 3対1＋4パッサー | バリエーション |

25×30mのフィールドにフラッグゴール（5m幅）2個。4人グループを2〜3作り、交替でプレーする。まずAがBに対してゴール1を攻撃する。Bから1人がゴールに入り、中は4対3となる。Cは1人がGKとなり、3人のディフェンダーがゴール2の前で待機。Bがゴール1前でボールを奪ったら、すぐに4人でゴール2を攻撃し、Cがそれを守る。Aはゴール1で次の順番まで待機。

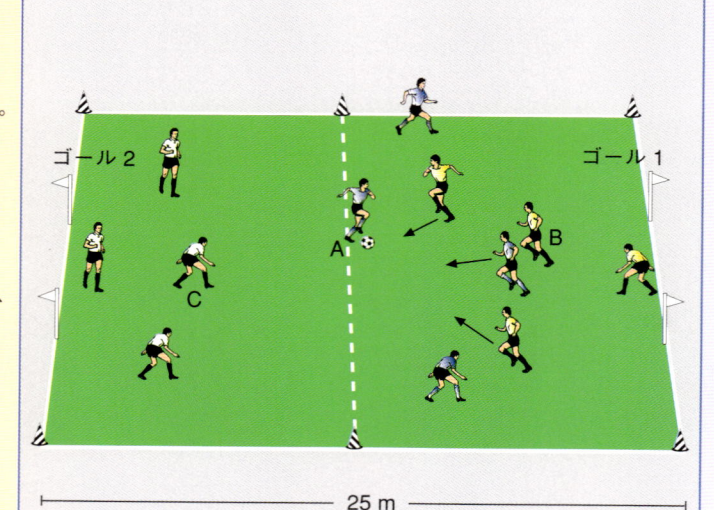

- 必要に応じてボールタッチ数を制限する。
- 各チームにGKをつける（交替無し）。
- 4対3ではなく3対2で行う。

（ゴール2、A、C、B、ゴール1、25m）

グループ戦術：ボールを中心とした守備

| トレーニングフォーム3 | ミニゴールを使って4対3 | バリエーション |

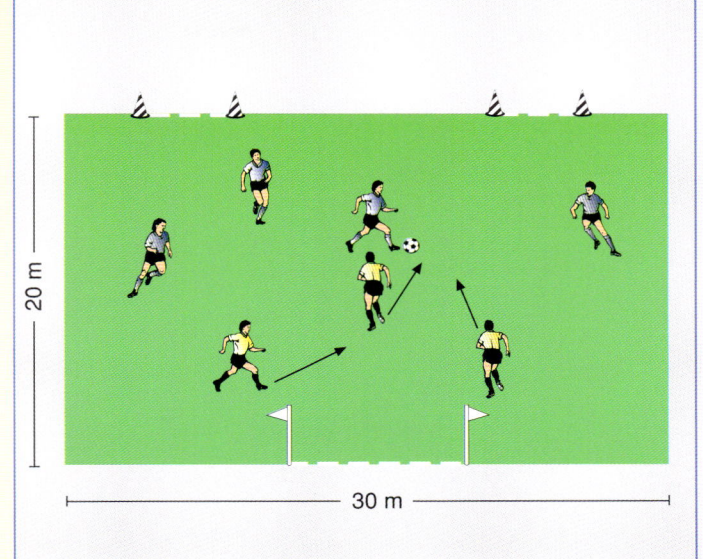

20×30mのフィールドの長い方の辺に5m幅のフラッグゴールを置く。反対のゴールライン上には10m離して3m幅のコーンゴールを2個置く。両ゴール間で4対3を行う。4人のチームが2つのゴールを守る。

- フラッグゴールの代わりに移動式のゴールを使い、GKが入る。
- 4人チームのボールタッチ数を制限する。

| トレーニングフォーム4 | 2ゴールを使って3対2＋3対2 | バリエーション |

20×30mのフィールドを2つ並行に作り、間に5m幅の「フリーゾーン」。それぞれのフィールドに3m幅のフラッグゴールを2個ずつ。攻撃側のチームAは6人（各フィールド3人ずつ）。守備側のチームBは4人（2人ずつ）。1つのフィールド内で3対2を開始。攻撃側はフリーゾーンはパスを通すのみ。守備側はフリーゾーンを通過して反対のフィールドに入ってサポートする。

- 両フィールドにハーフラインをマークし、オフサイドルールを適用。
- はグラウンダーから膝の高さまでのみ。

Chapter5：トレーニング実践　技術／戦術

トレーニングフォーム5	2対3（一緒に守る！）I	バリエーション

トレーニングフォーム5

ゴール前約35ｍの距離に、35ｍ幅ターゲットラインをマークする。4人のディフェンダー（レギュラーメンバー）が2組のペアとなる。ペアAはラインの前に入り、ペアBは待機。残りのメンバーは3人ずつで攻撃。最初のペアが2対3でラインを守る。相手に突破されたら（＝ラインをドリブルで通過）、そのアタッカーは妨害なしでシュート。3〜4回で次の守備のペアに交替。

バリエーション
- フラッグゴールの代わりに移動式のゴールを使い、GKが入る。
- 4人チームのボールタッチ数を制限する。

トレーニングフォーム6	2対3（一緒に守る！）II	バリエーション

トレーニングフォーム6

15ｍのターゲットラインを2本マークする。4人のディフェンダー（レギュラー）が2組のペアとなる。各ペアはそれぞれラインの前に入る。残りのプレーヤーは3人ずつで各ラインを攻撃。守備のペアは連続で2回プレーする。まずラインの片方のサイドを2対3で守り、すぐに反対側へ。両サイドを行ったらもう片方のラインで同じことを開始する。アタッカーは3対2からラインをドリブルで通過しようとする。

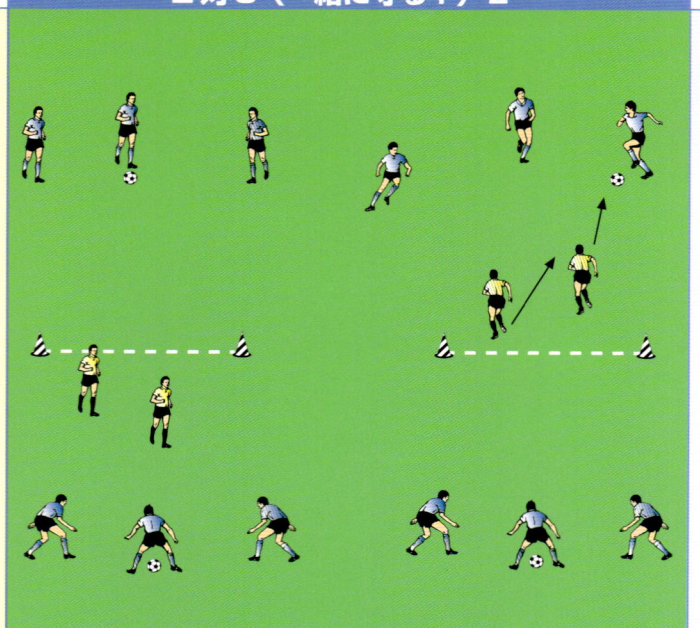

バリエーション
- ラインの長さはレベルに応じて変える。
- アタッカーは10ｍ間隔で置いた2つのミニゴールを攻撃する。

グループ戦術：ボールを中心とした守備

トレーニングフォーム7 — 3対4（一緒に守る！）Ⅲ

6m幅のターゲットラインを2本マークする。3人のディフェンダーがラインの片方のサイドに入る。交替のプレーヤーが待機する。残りのプレーヤーは4人ずつで攻撃。両ラインに均等に分かれる。4人のアタッカーは両ラインをドリブルで通過しようとする。ディフェンダーはそれを守る。1回やったら逆サイドで同じことを続けて行う。2回やったら2〜3人のディフェンダーが交替。

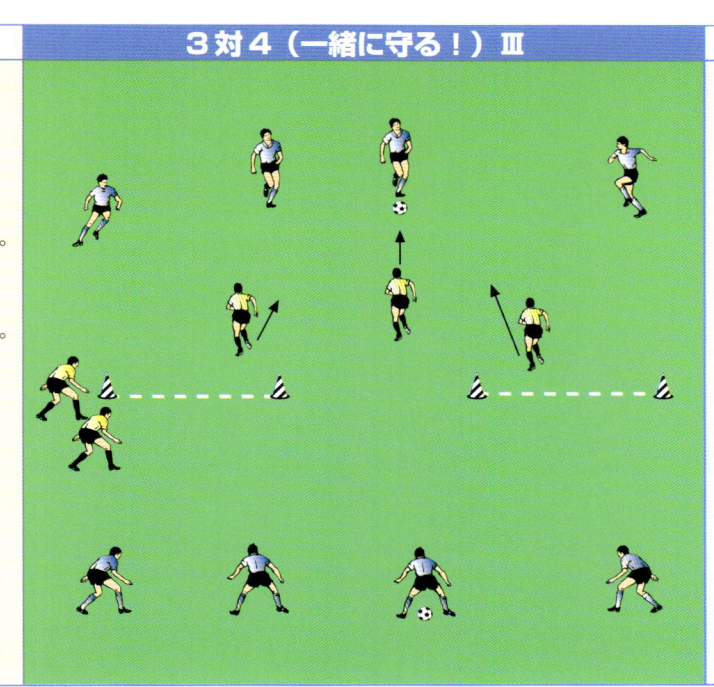

バリエーション
- ラインの長さはレベルに応じて変える。
- アタッカーは10m間隔で置いた3つのミニゴールを攻撃する。

トレーニングフォーム8 — 3対4（一緒に守る！）Ⅳ

30×40mのフィールドの両ゴールラインにミニゴール（2m幅）を3個ずつ作る。4人2グループ。Aの4人のアタッカーはBの3人のディフェンダー（1人はゴールラインの後方で待機）に対して3つのゴールをドリブルで通過しようとする。攻撃が終わったら（ゴールあるいはBがボールを奪って4人目のプレーヤーにバックパス）、すぐに役割を交替する。今度はBが4対3で攻撃する。

バリエーション
- ゴールの大きさはレベルに応じて変える。
- 同じ方法でミニゴールを2個にしてプレー。
- 片方のグループが3つのミニゴールを守る。もう片方のグループはゴールラインのドリブル通過を防ぐ。

Chapter5：トレーニング実践　技術／戦術

トレーニングフォーム9	1対2のヘルプⅠ	バリエーション
ゴール前約35mの距離にラインを引き、コーンで3つに分ける。ラインの各ゾーンの20m前にアタッカーがボールを持って入る。Aはラインの自分のゾーンをドリブルで通過しようとする。通過したら妨害を受けずにシュート。ディフェンダー1と2は協力してAの突破を防ぐ。今度はBがスタートし2と3が守る。次にCがスタートし、3と4が守る。以下同様。		● 3人のアタッカーはまずパスをかわし、突然攻撃を開始し自分に近いゾーンをドリブルで通過しようとする。ディフェンダーは移動して、1番近いプレーヤーがプレッシャーをかけ、相互にヘルプし合う。

トレーニングフォーム10	1対2のヘルプⅡ	バリエーション
2つのミニゴール（3m幅）とカウンターライン（15m）の間で1＋1対2。アタッカーは2人のディフェンダーに対しシュートを狙う。プレッシャーをかけられたら味方にパスを返してよい。パスを受けたらそのプレーヤーが出て1対2で攻撃。ディフェンダーはボールを奪ったらカウンターアタック（＝ドリブルでカウンターラインを通過）。		● 時々2人でミニゴールを攻撃して2対2となる。 ● 同じ方法で1＋2対3。

グループ戦術：ボールを中心とした守備

トレーニングフォーム 11

4バックライン：サイドへの移動

4人2グループとなり、それぞれ決まったフォーメーション配置。グループAはペナルティーエリアの15m前で4バックラインを形成する。Bは3トップと1人のパッサーで開始。パッサーから3トップの1人にパスを入れてスタート。攻撃側はコンビネーションプレーからシュートを狙う。4人のディフェンダーはサイドに移動してスペースを狭め、ボール近くで1対1を作ってボールを奪ったらパッサーにパス。オフサイド有り。

バリエーション

● 同じ方法で、4バックラインは状況に応じて後退し、ラインをくずす。ディフェンダーがボールを奪ったら、できるだけ早く正確に反対のペナルティーライン上のゴールへキック（＝トップへ入れる）。その後すぐにまた全員が守備の配置に戻る。

トレーニングフォーム 12

前・後方への移動

トレーニングフォーム11と同様。ただし、今度はパッサーが前のラインに入ってプレーする。バックラインは状況に応じてサイド、後方へ移動し、相手がバックパスをしたら前方へ押し上げる。その際に互いのつながりと連携をくずさないようにする。

バリエーション

● チームA（攻撃）：2トップ、サイドに2MF、オフェンシブMF1人、ディフェンシブMF1人。
チームB：4バックラインとGK。GKからチームAのディフェンシブMFへのパスから開始。4バックラインが上がってフリーのゲーム。Bはボールを奪ったらできるだけ早く相手ゴールをロングボールで狙う。

Chapter5：トレーニング実践　技術／戦術

チーム戦術：確実なプレーの組み立て

［ウイングプレーの重要性］

　自陣ハーフからたくさんパスをつないでゆっくり確実にプレーを組み立てようとすると、相手が自陣ハーフまで引いてゴール前を固めてしまうことがしばしばあります。

　コンパクトな守備に対しては、ゴールチャンスは、変化に富んだ確実な辛抱強いコンビネーションプレーで生み出さなくてはなりません。自陣ハーフに引いてペナルティーエリア前を固める相手に対して、アウトサイドを使った変化に富んだウイングプレーからのクロスやプルバックが有効になります。

　ワンツーや第３の動きといったコンビネーションを使った中央からの攻撃も、しばしば有効となります。しかしながら、これには、個人の高い能力と、確実で素早いコンビネーションプレーが必要とされます。

　アウトサイドを使ったプレーには、以下の利点があります。

● アウトサイドのスペースではそれほどタイトなマークにはならないので、突破の可能性が生まれやすい。
● ウイングを使った個人プレーあるいはコンビネーションで、相手ディフェンスを中央から引きずり出し、ゴール間のスペースを空けることができる。
● ゴール前の味方へのパス、バックパス、その他のパスは、相手の厚みのある守備に対しゴールチャンスを生み出す有効な手段となる。中央の味方は、徹底的にこれをフィニッシュに結びつけなくてはならない。

［ウイングプレーの要素］

　アウトサイドを使ったバリエーション豊かなプレーには、特に以下の要素があります。
● 個人アクションとしてのドリブル
● アウトサイドを使った、クリエイティブでバリエーション豊かなコンビネーションプレーを強調
● コンビネーションのフォーム：バリエーション豊かなワンツー、ボールの受け渡し、オーバーラップ

基本形

ゴール前へのパス
● チームが片方のサイドを使って攻撃していて、相手のディフェンスラインとゴールの間に広いスペースができていたら、ゴール前、ディフェンスラインの背後に強いパスまたはクロスを出します。
● 入ってくるボールに味方がスタートします。オフェンスはこの動きに関してディフェンスよりも優位です。
● 中央のアタッカーは、このボールに対して飛び込み、リスクを冒してフィニッシュします。

プレーの組み立てからの攻撃

チーム戦術：確実なプレーの組み立て

● 状況に応じてゴール前に味方に、カーブをかけたボール、あるいは速いボールのクロスまたはパス

［攻撃のその他の要素］

厚いディフェンスに対し、コントロールして確実に攻撃を組み立てるには、さらに以下の要素があります。
● 確実な変化に富んだ正確なパスプレー。横パス、バックパス、ダイアゴナルパス、縦パス
● 味方はフィールド上に、幅や厚みを持たせて様々なポジションにパスを受けに動く
● サイドからサイドへのプレーの展開
● 相手から高いプレッシャーをかけられてもボールをしっかりとキープ
● 狙いをもったシュート
● 頻繁にリズムを変える－素早い「テンポプレー」と、テンポをゆるめた組み立てを、意識して入れ替える

［攻撃トレーニングの基本原則］

● 長期的に設定されたトレーニングプロセスの中で、プレーヤーはまず個人戦術、グループ戦術の攻撃の可能性を幅広く身につけなくてはなりません。重要なのは、この個々の攻撃要素を、次々と重点的に長期間をかけてトレーニングすることです。
● さらなるステップで、個人戦術・グループ戦術の攻撃要素を、チームの攻撃コンセプトにおける各プレーヤーとプレーヤーグループの特別な役割に合わせていきます。

図13. トレーニング目標

全般
● 確実なプレーの組み立てから、中央を使った素早く確実なコンビネーション
● ウイングを使った変化に富んだプレー。個人アクションと正確なコンビネーションプレーを使う。
● ゴール前へ、正確なクロス、プルバック、その他のパス

プレーの組み立てからの攻撃

基本形

ゴール前へのクロス
● ウイングの攻撃の第1の目的は、相手のゴールライン付近までボールを持ち込み、そこからゴール前に正確で強いクロスを入れることです。
● 特にゴールからそれるカーブのかかったボール、あるいは特定の攻撃エリアへのカーブのボールの場合、GKにとっては難しいボールとなります。このようなカーブボールは相手を離れてアタッカーへと入ります。
● このようなカーブボールだと、アタッカーにとっては正確に強くゴール方向へヘディングしやすいボールとなります。

Chapter5：トレーニング実践　技術／戦術

2ゾーンゲーム

オーガナイズ／基本の進行

通常のフィールドを2つの大きさの異なったゾーンに分ける。ゾーンAはハーフラインの10m手前まで。ゴールを置きGKが入る。このエリアで3対3を行う。ゾーンB（残り）では、6対6＋ニュートラルプレーヤー。ゾーンBの6人グループとゾーンAの3人グループがそれぞれ味方としてプレーする。プレーはゾーンBから開始。そのグループがニュートラルプレーヤーも交えてボールをキープする。タイミングよくボールを攻撃ゾーンAの味方に展開し、そこで3対3からゴールを狙う。

プレー時間：15分間

トレーニングの重点
- 確実なパスプレーからゴール前での攻撃の準備。
- トップへ正確なパス。

オーガナイズのアドバイス
- 専門のポジションを考慮してグループ分けをする。

修正
- 味方の足もとやスペースへの確実なパス回しを心がける。
- プレーを展開してプレッシャーの状況から脱する。

バリエーション

第1段階
- ゾーンBにニュートラルプレーヤーを2人入れ、ボールキープをやりやすくする。
- ニュートラルプレーヤーは1タッチのみ（または2タッチまで）。
- ゾーンBで4対4または5対5＋2ニュートラルプレーヤー。
- コーチがニュートラルプレーヤーとなってもよい。

第2段階
- ゾーンBでのプレーの組み立ては2タッチまで。
- ゾーンBでパスが10本つながったらポイント獲得。ポイントとゴール数を加算する。
- ゾーンBではフリーでプレー。ただしニュートラルプレーヤー無し。
- 攻撃ゾーンAのパスを入れたら1人が上がってシュートをうちに行ってよい。

第3段階
- ゾーンBでのプレーの組み立ては1タッチのみ。
- バックパスからの1タッチでのシュートのみカウント。
- ゾーンBでは6対6。ゾーンAでは3対3＋リベロ。
- 2/3コートでプレー。各ゾーンを1/3小さくする。
- 攻撃ゾーンAにパスを入れたらプレーヤー全員が上がってよい。

チーム戦術：確実なプレーの組み立て

2ゴール使って6対6＋3ニュートラル

オーガナイズ／基本の進行

フィールドのハーフで2チームが6対6を行う。通常のゴールを2個使い、GKが入る。ボールを保持したチームには、3人のニュートラルプレーヤーが味方としてプレーする。ボール保持者は2タッチまで。3人のニュートラルプレーヤーは1タッチでプレーし、シュートをうってはいけない。

プレー時間：10分間

トレーニングの重点
- スペースを広く使った確実なコンビネーションプレーでゴールチャンスを生み出す。
- ゴールチャンスを生かして決める。

オーガナイズのアドバイス
- 移動式ゴールをトレーニング開始前に用意しておく。トレーニング時間の節約。
- 1回毎にアクティブレストとしてモチベーションを高めるようなシュート練習を入れる。

修 正
- フィールド全体を使ってコンビネーションプレーをする。

バリエーション

第1段階	第2段階	第3段階
● 両チームともフリーでプレー。3人のニュートラルプレーヤーは2タッチまで。 ● フィールドを広げる。広くなるほどボールコントロールとコンビネーションプレーがやりやすくなる。	● ニュートラルプレーヤーを2人にする。 ● ゴールがカウントされるのは‥ 　＊1タッチのシュート 　＊チーム内でパスを10本つないだ場合	● ゴールがカウントされるのは‥ 　＊ワンツーからのシュート 　＊クロスからのヘディングシュートまたはボレーシュート 　＊ニュートラルプレーヤー3人（またはチームのプレーヤー全員）にパスが回った場合 ● フィールドを小さくする。

Chapter5：トレーニング実践　技術／戦術

３ゾーンゲーム

オーガナイズ／基本の進行
通常のフィールドで、９人２チームで、以下の方法で３ゾーンゲームを行う。 中央の50ｍのゾーンで５対５。両ゴール前（ＧＫ有り）のゾーンでは２対２。ミドルゾーンでボールを持ったチームは攻撃ゾーンにパスを入れ、２対２からシュートを狙う。 プレー時間：５分間

バリエーション

	第１段階	第２段階	第３段階
トレーニングの重点 ● 後方からの確実な組み立てからミドルゾーンを通してトップへ。 ● トップはボールを受ける。 **オーガナイズのアドバイス** ● 各フィールドをはっきりとマークする。 ● ポジションを考慮してグループ分けをする。 **修　正** ● ボール保持者に対し、幅と厚みをもってパスコースを作る。 ● 確実に入れられるようであればトップに入れる。	● ミドルゾーンにニュートラルプレーヤーが１人入り、攻撃側のチームの味方となる。 ● 両ゴール前のゾーンにニュートラルプレーヤーが１人入り、攻撃側のチームの味方となる。 ● パスを出したらミドルゾーンのプレーヤーが１人（またはパスを出したプレーヤー）が攻撃ゾーンに上がる（ゴール前で３対２となる）。 ● コーチがニュートラルプレーヤーになってもよい。	● ミドルゾーンでのプレーの組み立ては２タッチまで。 ● ２人のトップは必ず単独で持ち込んでシュート。 ● ２トップは必ず１回コンビネーションプレーを入れてからシュート。	● ミドルゾーンでのプレーの組み立ては２タッチまで。 ● ゴール前のゾーンにリベロを入れる。 ● ミドルゾーンではパスを必ず５本つないでからゴール前に出す。 ● 2/3コートで行う。各ゾーンを小さくする。

チーム戦術：確実なプレーの組み立て

クロスゾーンを使って7対7

オーガナイズ／基本の進行
2/3コート、あるいはレベルが高い場合には、ハーフコートで2チームが7対7を行う。ゴールを2個使い、GKが入る。フィールドの各コーナーに12×12mのクロスゾーンをマークする。
アタッカーはクロスゾーンに入ったら妨害を受けずに、ゴール前にクロスを上げることができる。
クロスからの1タッチのシュートのみ（頭または足）カウント。

トレーニングの重点
- ゴール前への正確なクロス。
- クロスに合わせる。
- 素早いプレーの展開。

オーガナイズのアドバイス
- クロスゾーンをはっきりとマークする。

修正
- クロスは正確に強いボールで入れる。
- ゴールからそれていくようなカーブのボールで味方あるいは特定のエリアを狙う。
- クロスが上がったらゴール前に思い切って走り込んで合わせる。

バリエーション

第1段階	第2段階	第3段階
● 攻撃側のチームは両方のゴールを攻撃してよい。ただし、ボールを奪ったらまず2/3コートのハーフラインを越えてから攻撃を開始する。 ● フィールドを大きくする。 ● 中央からのゴールも認めるが、クロスからのゴールは2ポイントとする。 ● ニュートラルプレーヤーを入れる。	● プレーヤーが全員ハーフラインを越えて上がった場合のゴールのみカウント。 ● ペナルティーエリアがない方に攻撃するチームAはフリーで攻撃。反対のチームBはペナルティーエリアのサイドラインをドリブルかパスで越えてペナルティーエリアに入ってからシュート。	● 攻撃側はクロスゾーンの間は1タッチでプレー。 ● フィールドを小さくする。

Chapter5：トレーニング実践　技術／戦術

ウイングゴールを通過して攻撃

オーガナイズ／基本の進行

フィールドのハーフで6対6を行う。ゴールを2個置き、GKが入る。サイドに、ゴールラインから15mの距離に5m幅のウイングゴールを作る。両チームともこのゴールを通って攻撃を組み立てる。ウイングゴールをドリブルまたはパスで通ってからのゴールのみカウント。

プレー時間：10分間

トレーニングの重点
- 個人でのサイドの突破
- アウトサイドを使ったコンビネーションプレー
- クロスに合わせる
- 状況に応じてプレーの展開

オーガナイズのアドバイス
- ボール、コーン、ビブスはトレーニングのはじめに用意しておく。
- 1回毎に「クロスとシュート」の重点の練習を入れる。

修　正
- サイドチェンジから、ウイングを使った突破の準備をする。

バリエーション

第1段階
- ニュートラルプレーヤーが入り、ボールを保持したチームの味方としてプレーする。
- ウイングゴールを広げる。
- 中央からの攻撃とゴールも認めるが、ウイングゴールを通過してからのゴールは2ポイントとする。

第2段階
- クロスのボールを指定：
  1. ディフェンスの頭上を越えてファーポストへ
  2. ペナルティーポイントめがけてバックパス
  3. ニアポストへ速いボール
- ウイングゴール通過までは2タッチ。その後はフリー。
- ニュートラルのGK。ゴールが決まったらそのチームが引き続きボールを保持。反対方向に攻撃する。

第3段階
- ウイングゴール通過までは1タッチ。その後は2（3）タッチまで。
- ウイングゴールの代わりにゴール前25mのフィールドの中央に25mの「タブーライン」をマークする。ここはボールなしで通過しても構わないが、ドリブルやパスを通してはいけない。

チーム戦術：確実なプレーの組み立て

ミドルゾーンで3タッチまでで7対7

オーガナイズ／基本の進行

2/3コートで7対7。ゴールを2個使い、GKが入る。両サイドラインに10～15m幅のゾーンをマークする。この中ではフリーにプレーできる。ミドルゾーンでは3タッチまで。つまり攻撃側のチームがアウトサイドを使うように強調している。アウトサイドゾーンからのボールを1タッチでシュートしたら2ポイント。

プレー時間：12分間

トレーニングの重点
- 中央での確実なコンビネーションプレーから、状況に応じてウイングへ展開する。
- ゴール前への正確なクロス。
- クロスに合わせる。
- 素早い展開

オーガナイズのアドバイス
- クロスゾーンははっきりとマークする。

修正
- クロスは正確に強く。
- 様々なボールを入れる。
- ゴール前に思い切って走り込んで、クロスに合わせる。

バリエーション

第1段階	第2段階	第3段階
● ニュートラルプレーヤーを入れる。 ● アウトサイドゾーンを広げる。 ● 両チームともミドルゾーンのみでフリーにプレー。各チームは自分のウイングプレーヤーを2名置く。ウイングプレーヤーはそのゾーンの中のみ。ミドルゾーンからのパスを受け、妨害なしでゴール前の味方にクロスを上げる。	● ミドルゾーンは2タッチまで。 ● 8対7でプレー。7人のチームはフィールド全体でフリーにプレー。8人のチームはアウトサイドゾーンではフリー、ミドルゾーンでは2タッチまで。 ● アウトサイドゾーンに2人のウイングプレーヤーを置く。ウイングプレーヤーは妨害は受けないが、2タッチまででクロスを上げる。	● ミドルゾーンでは1タッチでプレー。 ● フィールドを小さくする。 ● 入れるボールを指定： 1. ディフェンスの頭上を越えてファーポストへ 2. ペナルティーポイントめがけてプルバック 3. ニアポストへ速いボール ● アウトサイドゾーンからのゴールは2ポイント。

Chapter5：トレーニング実践　技術／戦術

トレーニングフォーム1

ウイングでの3対1からクロス

ハーフラインの15m前に15×15mのゾーンをマークし、その中で4人のプレーヤーがプレーする（3対1）。3組目の4人グループはゴール前で待機。交替で以下の攻撃を行う。

アタッカーはゾーンのゴールラインをドリブルで通過してゴールラインに向かい、妨害を受けずにゴール前に味方にクロスをあげる。ゴール前では3対1からクロスに合わせる。

バリエーション

- ウイングおよびゴール前で2対2となる。
- ウイングで3対2（2対1）、ゴール前で3対2（2対1）となる。
- パッサーが1人ずつゾーンの後方に入り、そこからアタッカーにパスを出してプレーを開始する。
- ゾーン内3対2、ゴール前1対1。トップのプレーヤーがゴール前でマークをはずしてボールを受けようとするのに対して縦パスを入れ、そこからフリーに4対3でゴールまで。

トレーニングフォーム2

ウイングでのコンビネーションプレー

3人組に分かれ、ハーフコートの対角に均等に分かれる。

3人でポジションを入れ替わりながらなめらかなフリーのコンビネーションプレーでゴールライン方向へ進む。コンビネーションプレーからゴール前にクロスを入れ、残りの2人がゴール前でそれにヘディングで合わせる。次に反対のサイドから。

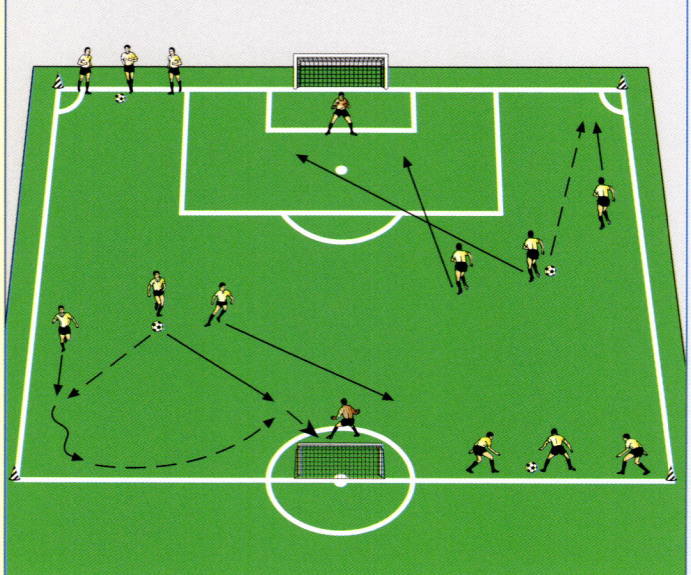

バリエーション

- 1人がゴールラインからグラウンダーでプルバックを入れ、それに1タッチで合わせてシュート。
- ウイングでのコンビネーションプレーは2タッチまで。
- ウイングへは1タッチの正確なパスでクロスの準備。
- 同じ方法で、フィールド全体を使って行う。

チーム戦術：確実なプレーの組み立て

トレーニングフォーム3　ミニゴールを使って4対3　バリエーション

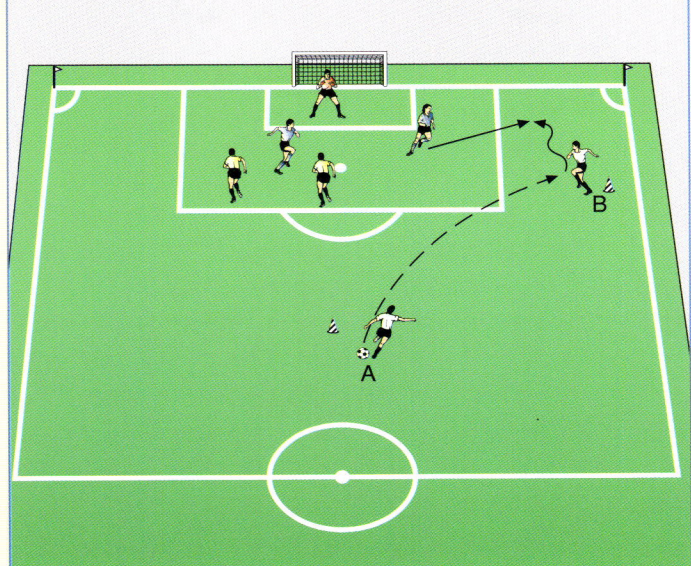

ゴール前約35mの地点にパッサーAがボールを持って立つ。ペナルティーエリア内では2対2となる。
AはBに浮き球を出す。Bはこのパスをサイドで受けて、すぐにゴール前にクロスを上げる。ボールが出た瞬間2人のディフェンダーの1人がペナルティーエリアから出て、クロスを妨害しに行く。

- ボールをBの前に出す。
- ディフェンダーはBがファーストタッチをしたらスタートし、妨害しに行く。
- ゴール前にもう1人入れる。
- Aはパスを出した後フォローする。
- 様々な球質のボールを入れる。

トレーニングフォーム4　2ゴールを使って3対2＋3対2　バリエーション

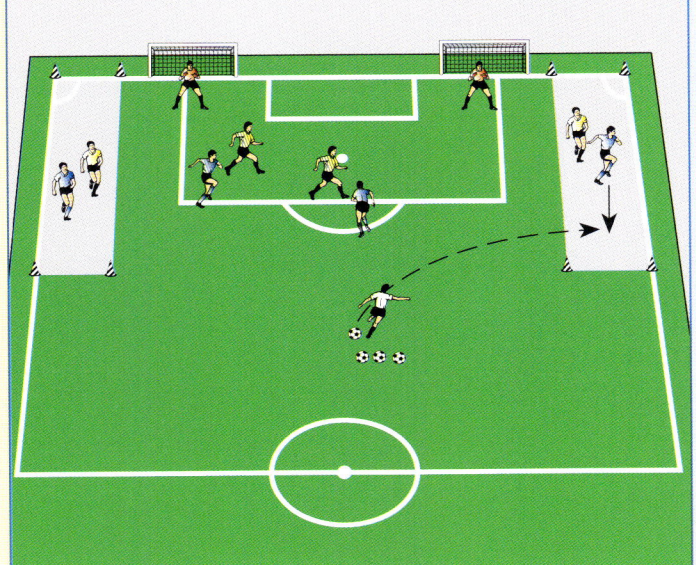

ゴールラインとペナルティーエリアのサイドラインの交点にそれぞれゴールを置き、GKが入る。両ゴール前の攻撃エリアをミドルゾーンと両ウイングゾーンに分ける。
両ゴール前で4対4。プレーヤーはゾーンに分かれる。ミドルゾーンでは2対2。両アウトサイドゾーンでは1対1となる。パッサーがハーフラインのサークルから左右交互にウイングにパスを出す。ウイングは相手のマークをはずしてこれを受ける。そこからフリーの4対4。

- パッサーがパスを出したら攻撃に参加する。ただしパッサーを3～4人決めておく。
- 守備側のチームはボールを奪ったら2カ所のカウンターラインをめがけてカウンターアタック。
- ウイングで1対1。ゴール前で3対3。

Chapter5：トレーニング実践　技術／戦術

チーム戦術：カウンタープレー

［カウンタープレーの重要性］

　カウンタープレーは、まだ体制が整わずプレッシャーのかけられない相手ディフェンスに対し、素早く攻撃をしかけるプレーです。攻撃ハーフのフリーのプレースペースを使って、ゴールを目指した素早い目的を持ったプレーでゴールチャンスを作るゴールを奪おうというものです。その際には、全プレーヤーの攻撃アクションが、互いに最適に合っていなくてはなりません。

　カウンタープレーの条件は、以下の通りです。
● カウンターを狙うチームは、自陣ハーフに引き、相手の攻撃スペースを狭めます。こうすることで、相手の攻撃を厚くするようにしむけます。それによって、相手のディフェンダーも上がってきて攻撃に参加します。その背後をついて素早くカウンターアタックをしかけようという狙いです。
● 相手ＤＦが攻撃に参加し、ＤＦ全体がハーフラインまで押し上げてきて、フィールド上に相手が集中します。
● 例えば後半で、相手にリードされている場合に、負けているチームは多くの場合、ＤＦのフォーメーションをくずし、リベロあるいは他のＤＦを攻撃に上げます。それによって相手のＤＦは薄くなり、それをカウンターのために活用することができるようになります。
● カウンターのチャンスを狙うチームは、ゴール前での相手ＦＫの際には、大きくヘディングの強いＤＦがいれば、最前線のトップへボールを出すことができます。こうしてボールを奪った後には、カウンターの絶好のチャンスができます。
● もしも片方のチームが１人（あるいはそれ以上）少ない人数でプレーしなくてはならない場合、通常相手は攻撃を厚くし、それに対して後方に引くことになります。相手の守備がゆるむ場合が多く、そのため素早いカウンターアタックのためのフリーのスペースができやすくなります。

基本形
かたいディフェンスからの素早い切り換え
● ボールを奪ったらすぐに、十分な人数のプレーヤーが全速力で積極的に前方へ上がります。
● 状況に応じてＤＦやディフェンシブＭＦも上がります。全てのフリーランを互いにうまく合わせ、広いスペースを使ってカウンターを展開することが重要です。
● さらに、上がったＤＦプレーヤーの背後のカバーも忘れてはなりません。
● １本目の確実なパスでカウンターを開始します。

カウンター攻撃の要素

ボールを奪取

チーム戦術：カウンタープレー

［カウンタープレーの要素］

カウンターを成功させるためには、以下の攻撃手段が必要です。

1. 素早いコンビネーションプレーとランウィズザボールによるカウンターアタック
2. コンビネーションプレーでスペースに攻め込むためには、長いダイアゴナルパスや縦パスを、味方のフリーランの前に出します。
3. せっかくのカウンターのチャンスを軽率に失ったりしないためには、確実なコンビネーションプレーをしなくてはなりません。その際、パスを味方の進む方向の背後に出してしまったりしてスピードを落とすようなことのないよう注意が必要です。
4. カウンターアタックを開始したら、十分な人数の味方がまとまって全速力で参加し、素早い攻撃からシュートまで持っていけるようにします。状況に応じて、有利な位置にいるプレーヤーが（たとえＤＦであっても）カウンターに参加し上がっていきます。
5. フリーランの際には、アタッカー同士がランニングのコースを、全力で走りながらも相互に合わせる必要があります。トップ同士の動きを合わせることも重要です。
6. カウンターアタックでは、できるだけ常にゴールへのダイレクトプレーを目指し、カウンターを必ずシュートで終わらせるようにします。最後まで頑張り通す力、リスクに対する準備、そして自信をもってプレーするようにします。
7. 全速力で上がりながらも、オフサイドには注意が必要です。フリーランの際に、不用意にオフサイドにかからないようにしなくてはなりません。そのためには最大の集中力が必要とされます。

図13．トレーニング目標

全　般

- 守備陣全体でまとまってコンパクトに動く
- カウンターの状況を素早く察知する
- 状況に応じたフリーラン。ＤＦが押し上げる
- 素早い、狙いを持った攻撃の組み立て

基本形

トップのフリーランを相互に合わせる

- 多くのカウンターの状況では、中盤はランウィズザボールで素早く切り抜けます。
- ＤＦ（例：リベロ）が最終ラインからボールを持って上がるような状況では、トップのポジションチェンジあるいはＭＦのオーバーラップで、素早くボールを受けるようにします。
- その後は、何としてでもシュートまで持っていきます。

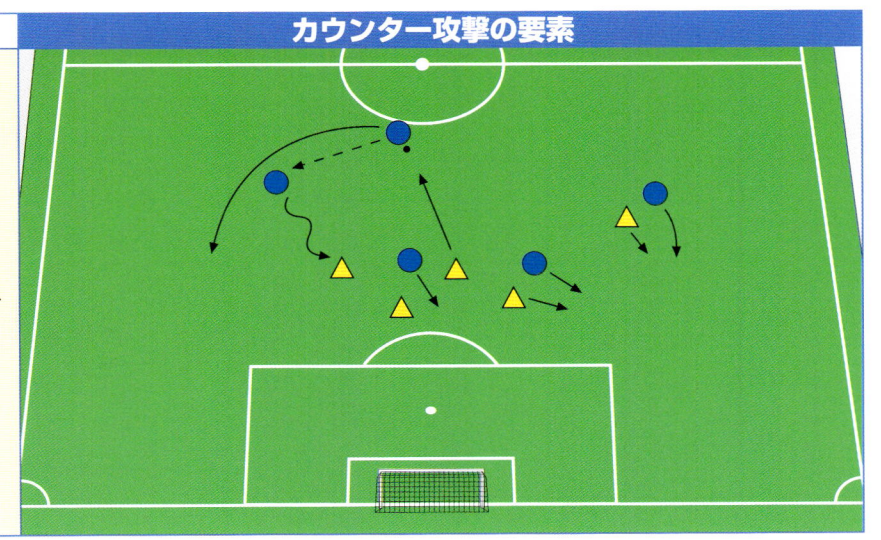

カウンター攻撃の要素

Chapter5：トレーニング実践　技術／戦術

6対6からカウンターゴールへ

オーガナイズ／基本の進行

ハーフライン上、両サイドラインから10mの距離に2m幅のミニゴールを置く。通常のゴールにGKが入って6対6を行う。ディフェンスがボールを奪ったら、ハーフライン上のミニゴールへカウンター。

プレー時間：10分間

トレーニングの重点
- 攻撃への素早い切り換え。
- 狙いをもったカウンターアタック。

オーガナイズのアドバイス
- 専門のポジションを考慮してチーム分けをする。

修　正
- 守備は後方に引いて、コンパクトに守る。
- カウンターアタックの際には、もしも片方のゴール前に相手が入っていたら、ダイアゴナルパスでプレーを展開する。

バリエーション

第1段階
- もう1人入って攻撃側をサポートする。
- カウンターゴールをもう1個ハーフライン上に作る。
- シュートがあったら入っても外れても攻撃側がそのままボールを保持し、次の攻撃を開始する（ハーフラインから）。
- コーチがニュートラルプレーヤーとなってもよい。

第2段階
- 7対7。
- 5（6）対6（7）。
- シュートがあったら、攻撃側にコーナーキックを与える。ディフェンダーはボールをインターセプトして素早くカウンターをしかける。GKがボールを取ったら、適切なスローイングをしてカウンターアタックの開始。

第3段階
- コーチの合図で様々な地点から攻撃側のフリーキック。浮き球のボールをペナルティーエリアに入れる。ディフェンダーはボールを奪ったらミニゴールへカウンター。
- ディフェンダーはボールを奪ったら10秒以内にカウンターアタック。時間をオーバーしたら相手ボール。

チーム戦術：カウンタープレー

コンビネーションプレーからカウンターへの切り換え

オーガナイズ／基本の進行

フィールドのハーフで2チームが6対6のボールキープを行う。コーチの合図でボールを保持したチームは、反対のハーフのゴール（GK有り）へ素早い攻撃をスタート。この速攻からのゴールは2ポイント。守備側のチームはボールを奪ったら同様にシュートを狙う。このゴールは1ポイント。シュートの後、全員が元のハーフに戻って6対6のボールキープを開始する。

トレーニングの重点
・コンビネーションプレーからカウンターへの素早い切り換え。
・コンビネーションの確実性とスピードを結びつける。

オーガナイズのアドバイス
・予備のボールを用意しておく。
・速攻を4～6回やったら5分間休憩。

修正
・カウンターの合図があったら素早く縦に深く走り、パスが受けられるようにする。その際オフサイドに注意。

バリエーション

第1段階
- ニュートラルプレーヤーが入り、攻撃側の味方としてプレー。
- ゴールへの攻撃にはオフサイド無し。

第2段階
- ボールキープの際は3タッチまで。ゴールへの攻撃はフリー。
- もう1人「ニュートラルなリベロ」となってゴール前に入る。このプレーヤーをかわして攻撃しなくてはならない。
- 7対5。5人はボールキープもゴールへの攻撃もフリー。7人のチームは3タッチまで。

第3段階
- ボールキープは2タッチまで。
- 攻撃は15秒以内。それ以上は相手ボール。
- フィールドを小さくし、ボールキープを難しくする。

Chapter5：トレーニング実践　技術／戦術

ミニゴールへのゲームからノーマルゴールへの切り換え

オーガナイズ／基本の進行

ハーフラインを挟んで40m幅のゾーンをマークし、その中で2チームが2つのフラッグのミニゴールを使って7対7を行う。ノーマルゴール1と2にはGKが入る。コーチが「1」または「2」とコールしたら、そのときボールを保持していたチームが全速力でコールされたゴールを攻撃する。相手がボールを奪い返したら、同様にそのゴールに攻撃する。シュート後はミドルゾーンに戻って再び7対7を開始。

トレーニングの重点
- 確実な組み立てからカウンターへの素早い切り換え。
- コンビネーションの確実性とスピードを結びつける。

オーガナイズのアドバイス
- フラッグゴールのところに予備のボールを用意しておく。
- 4〜6回やったら5分間休憩をとる。

修　正
- カウンターの合図があったら素早く縦に走って、深い位置でボールが受けられるようにする。ただし、あわてずによいパスを出すこと。

バリエーション

第1段階
- ミドルゾーンにニュートラルプレーヤーが1人入り、攻撃側のチームの味方となる。
- 6対6。
- フィールドあるいはフラッグゴールを広げる。
- コーチがニュートラルプレーヤーになってもよい。

第2段階
- 8対8。
- ミニゴールへのゲームは3タッチまで。
- カウンターに対し守備をするチームがボールを奪い返したら反対のハーフへカウンター。

第3段階
- チームAはミドルゾーン内でボールキープのみ。Bは素早くボールを奪って遠い方のゴールへカウンター。3回やったら攻守を交代する。どのグループがより多く得点したか。
- GKが守るゴールの代わりに両側のゾーンに3つのミニゴールを作り、素早い攻撃からそのミニゴールをパスまたはドリブルで通過。

チーム戦術：カウンタープレー

スペースにミニゴールを置いてのゲームからＧＫの守るゴールへのカウンター

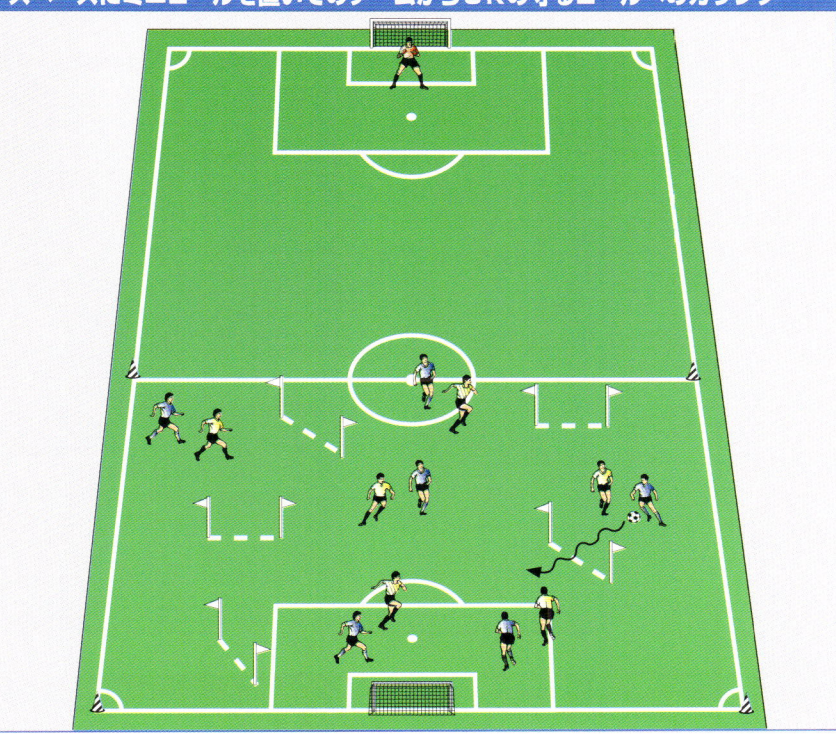

オーガナイズ／基本の進行

フィールドのハーフで２チームが６対６を行う。スペースには２ｍ幅のゴールを５個ランダムに置く。

これらのミニゴールをドリブルで通過したら得点。コーチが合図を出したらそのときにボールを保持していたチームが素早く反対のハーフのＧＫの守るゴールへカウンター。もう片方のチームが守る。シュート：１ポイント、ゴール：２ポイント。その後再びミニゴールへプレーする。

トレーニングの重点

ミニゴールへの確実なコンビネーションプレーから、素早く切り換えてスピードを上げてプレー。

オーガナイズのアドバイス

● 負荷が適切になるよう注意する。遅くとも５回カウンターをやったら長めのアクティブレストをとる。
● フラッグゴールの設置・片づけはプレーヤーにやらせる。

修 正

● カウンターアタックの際、状況に応じて自分で持ち込むかスペースを広く使ってコンビネーションプレーを使う。

バリエーション

第１段階

● ニュートラルプレーヤーが１人入り、攻撃側のチームの味方となる。
● ハーフラインの向こう側に１人ポストプレーヤーが入る。

第２段階

● フラッグゴールへのプレーは３タッチまで。カウンターの際はフリー。
● カウンターの際に、もう１人のプレーヤー（ニュートラルのディフェンダー）をかわさなくてはならない。

第３段階

● カウンターからのフィニッシュは１５秒以内。それ以上は相手ボール。
● フィールドを小さくし、ゴールも狭める。
● 片方のチームが一定時間ミニゴールにのみプレー。もう片方のチームがボールを奪ったらＧＫの守るゴールへカウンター。課題を交替する。最終的にどちらのチームの方がポイントが多かったか。

Chapter5：トレーニング実践　技術／戦術

トレーニングフォーム1	カウンターからトップへ　Ⅰ	バリエーション
4人2チームが、ペナルティーラインからハーフラインの間でゴールを2個使って（GK有り）ゲーム。ゴール1への4対3から開始。守備側のチームBの4人目のプレーヤーは反対のハーフに残り、カウンターアタックのパスを受ける。味方はすぐにそれをフォローして、同様に4対3を行う。チームAから1人が反対のハーフに残る。ポストプレーヤーはシュートをしてはいけない。	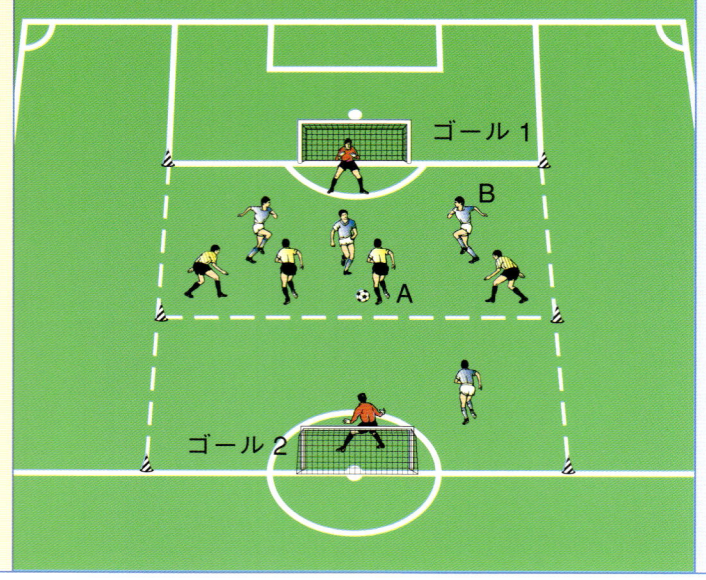 ゴール1／ゴール2	● 同じ方法で、フィールドを広げて、5対4＋1カウンタープレーヤーでプレーする。 ● カウンタープレーヤーから上がってくる味方に落としてシュート。

トレーニングフォーム2	カウンターからトップへ　Ⅱ	バリエーション
ハーフラインの後方に、30×40mのフィールドをマークする。2チームがその中で4対4を行う。反対のペナルティーエリアでアタッカーとディフェンダーが待機。チームAはできるだけ長くボールをキープする。Bはボールを奪ったら、ペナルティーエリアの味方にパスを入れて、GKの守るゴールにカウンター。縦パスを入れたら攻撃側のチームはフォローし、シュートを狙う。ディフェンダーはそれを妨害する。		● ハーフラインのフィールドで5対5。 ● ゴール前で2対2（2対3）。 ● チームAはフィールドのゴールラインをドリブル通過（＝1ポイント）。それに成功したら引き続きボールを保持。Bはボールを奪ったらゴールへカウンター。

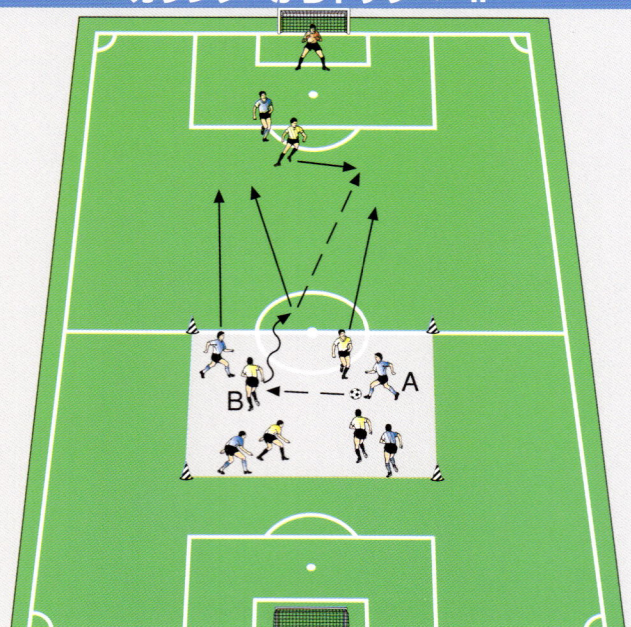

チーム戦術：カウンタープレー

トレーニングフォーム１	４対４からトップへ	バリエーション
通常のフィールドでゴールにGKが入る。２グループが、両ハーフにプレーヤーを振り分けてプレー。片方のハーフではチームAの４人攻撃、チームBの６人が守備。反対のハーフではBの２人が攻撃、Aの２人が守備。Bがボールを奪ったらトップにロングパスを入れてカウンター。トップはダイアゴナルにフリーランニングをしてパスを受ける。ロングパスを入れたら両チームとも反対のハーフへスタート。		● 各ハーフで４対５（４対４）と２対２（２対３）。ゴール前の攻撃スペースを小さくする（例：ペナルティーエリアのサイドラインを延長）。

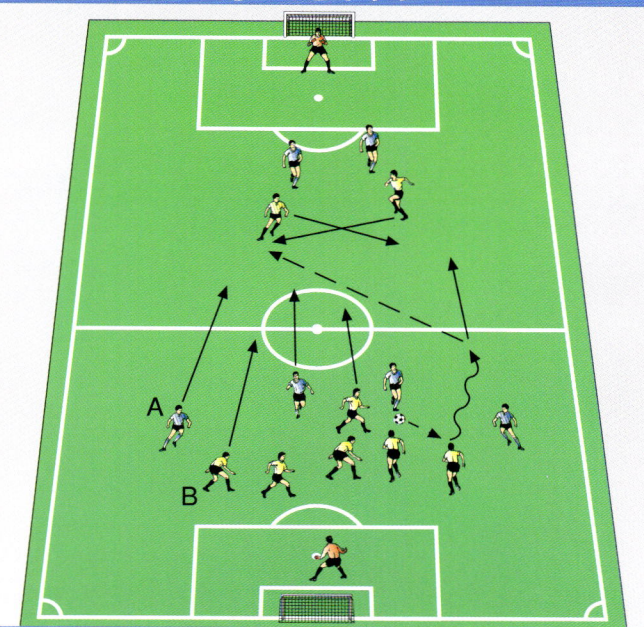

トレーニングフォーム２	ターゲットゾーンへカウンター	バリエーション
20×30mのフィールドを２つ、15m離して並べて作る。片方のフィールドでは４対４。チームAはできるだけ長くボールをキープする。チームBはボールを奪ったらもう片方のフィールドへカウンターアタック。そこでボールをキープする（再び４対４となる）。カウンターが成功して反対のフィールドへ運んだら１ポイント。３〜５回やったら５分間の休憩を入れる。		● フィールドを広げて５対５。 ● ボールタッチ数を制限。 ● ゴールラインの後ろにニュートラルのポストが入り、そこに入れてからフィールドを移る。このプレーヤーはパスを入れたチームの味方としてプレー。

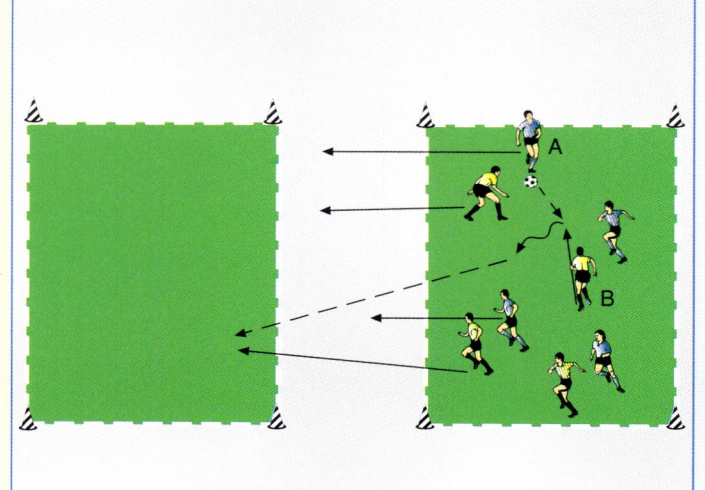

Chapter5：トレーニング実践　技術／戦術

グループ戦術：ボールを中心とした守備

どんなシステムであれ、ボールをスクリーンして身体を入れて、相手にさわられないようにすることが重要です。

[システムと守備のフォーム]

90年代の終わりには、かつてないほど、メディアがサッカーの戦術について積極的に採り上げ、論じるようになりました。とりわけ、ドイツ代表チームが国際試合で期待はずれの試合をした後には、必ずと言っていいほど、ドイツのプレースタイルが時代遅れであると話題となっていました。それは、「伝統的な」といわれる3-5-2システムから、表向き「現代的な」4-4-2の4バックシステムへの変更を猛烈に要求するものでした。

この戦術についてのディスカッションは、しばしば現実に即さない方向に向かいます。「4バック」というキャッチフレーズにとらわれ、あるいはそれが相手のシステムにもよるものであるにもかかわらず、そのような議論をするのは的はずれです。トップレベルのサッカーにおけるトレンドは、システムによるものではないのです。

プレーシステムは、単に一つのチームの基本配置を固定的にとらえているにすぎません。この記述が表しているのは、各ポジショングループ（DF、MF、FW）にそれぞれ何人ずつのプレーヤーが配置されているかということだけです。チームの戦術上の基本的方向付けについて、あるいは各プレーヤーが攻撃および守備で具体的にどのように動くのかといったことについては、何も表されていません。もっと言えば、チームの守備のフォームについての情報も、各プレーヤー、ポジショングループ、チーム全体の守備のアクションのクオリティーについての情報も、何も表してはいないのです。

それよりも、システムに関係のない、各プレーヤーの役割分担、そしてそのプレーヤーの行動こそが、クオリティーおよび成功あるいは失敗の可能性について、何かを表現するのです。

3-5-2システムでも4-4-2システムでも、どちらにしてもゾーンディフェンスでプレーすることもできます。また、両方とも、ラインディフェンスでプレーすることもできます。それらは全てプレーヤーの役割分担によるのです。

以下、私たちはまず、効果的でかつ魅力的な守備の組織の基本的な特徴を明らかにしていきます。そして次のステップとして、実際のプレーシステムを基にして、現代的な守備の基本方針が、様々な基本フォーメ

グループ戦術：ボールを中心とした守備

4-4-2システムでのボールを中心とした守備

ーションの中でどのように適用されうるのかということを、具体的に説明していこうと思います。

［現代的な守備の基本的特徴］

●ボールを中心とした守備

● 全てのチームにとって、ボールと相手を中心とした守備が、戦術上の基本的方向付けのスタンダードとなります。これによってのみ、チームは体制をコンパクトに保ち、相手のプレーフィールドを、幅・厚みとも狭めることができます。

● このプレースタイルについての個人戦術、グループ戦術的な基礎についてはすでに説明しました（P.152「グループ戦術：ボールを中心とした守備」の項参照）。特定の相手プレーヤーのみを受け持つプレーヤーはいません。そのつど自分の守備エリアにいる相手、入ってくる相手にアタックをしなくてはなりません。ディフェンスプレーヤーの守備ゾーンは互いにオーバーラップしています。プレーヤーはそれぞれのポジショングループ内で、常にボール保持者の方向に移動しなくてはなりません。すなわち、互いにサポートし合えるようにしなくてはなりません。

● 守備においては、全プレーヤーが（MFもFWも）、一つの統一された基準を守らなくてはなりません。ボールと相手を中心にした守備においては、ゾーンの中で相手をカバーし、アタックします。入れ替わる相手プレーヤーに対し、徹底した1対1、あるいは2対1（2人のディフェンスで1人のアタッカーに同時に当たりに行く）でアタックします。

ボールから離れた位置にいるプレーヤーは、ボール保持者の方向に移動します。ただし、その際、ロングパスやサイドチェンジに対応できるよう、ゾーンの幅と厚みをケアします。

3-5-2システムでのボールを中心とした守備

Chapter5：トレーニング実践　技術／戦術

図15.
プレッシングのフォーム

1　自ゴール前でのプレッシング

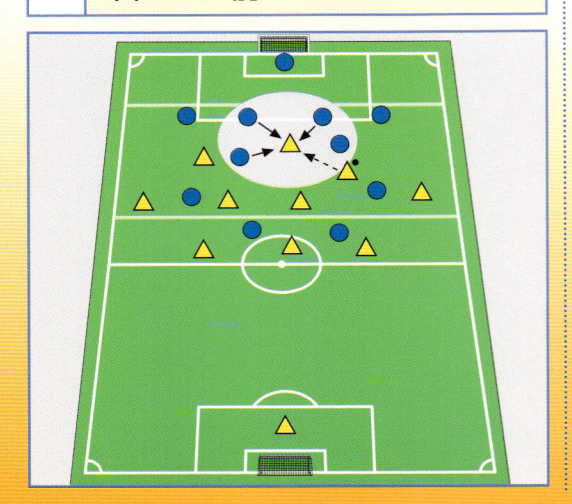

2　中盤でのプレッシング

● ボール保持者に当たるときには、各プレーヤーはボールを奪おうとしなくてはなりません。つまりボール保持者に積極的にアタックをしかけなくてはなりません。全員が心がけるべきことは「積極的に守り、イニシアチブをとること。常に相手のミスを誘いボールを失うようにし向けること」です。

● プレッシングのフォーム

　プレッシングは守備の１つの種類です。相手のプレースペースを狭め、突破あるいはパス出しを困難に、あるいは不可能にさせようというものです。それによって、ディフェンスがボールを奪うチャンスが高まります。

　プレーヤーは、プレッシングに入るのに有利な状況を察知し、瞬時にアクティブに行動することを学ばなくてはなりません。

　私たちは、基本的にプレッシングを３つに分類しています。

1．自ゴール前でのプレッシング

　この守備戦術の場合は、チーム全体が自陣ハーフに引きます。相手に対し、厚みのある、しっかり体制を整えた守備で臨み、ボール保持者には数的優位を作って対応します。自チームの攻撃は、素早いカウンター狙いとなります。

2．中盤でのプレッシング

　このバリエーションでは、チームが中盤で一つのまとまりを形成します（ハーフライン前15mから相手ハーフの半分くらいまで）。ハーフライン辺りでボールを奪うことを狙います。相手のプレーの組み立てがその中盤ゾーンに入ってきたら、パスを受けたプレーヤーにすぐに２～３人でアタックします。味方は全員ボールの方向へ移動し、ボールの近くのスペースを

グループ戦術：ボールを中心とした守備

3　前線でのプレッシング

	目的	特徴
1	● 守備的に守ることによって相手の攻撃を困難にする ● 相手の背後にできた大きなスペースを使う	● 自ゴール前でコンパクトな守備 ● ボールを奪ったら素早くダイレクトにカウンターアタック
2	● 中盤のゾーンでボールを奪う ● ボールを奪ったら素早く攻撃に切り換える	● 中盤ゾーンでまとまった守備隊形を形成 ● 状況に応じて必ずボールサイドに移動
3	● ハーフラインの向こうで早期にボールを奪う ● 相手チームに常に「プレッシャー」をかけ続ける	● チーム全体が相手ハーフまで押し上げる ● 相手の攻撃の組み立てにすぐにアタックをしかける（フォアチェッキング）

埋めます。リベロは中盤に上がります。

　この押し上げによって、相手に大きなプレッシャーをかけます。チームとしてこのプレッシングをしっかりと身につけたら、このチーム戦術の方向付けをさらに洗練し、パーフェクトにしていきます。キープレーヤー（リベロ、ディフェンシブＭＦ）が、適切な状況でフォアチェック開始の合図を出します。相手の横パスやバックパスに対しては、全プレーヤーが徹底して攻撃エリアに上がり、アグレッシブにボールを奪おうとします。

　これに成功したら、チームは攻撃に切り換え、相手の体制がまだ整わないうちに、できるだけ早く相手ディフェンスの背後にボールを出そうとします。

3．前線でのプレッシング（フォアチェッキング）

　これは、攻撃的なプレッシングのフォームです。相手に対し、ペナルティーエリアからプレッシャーをかけ、プレーの組み立てを妨害します。そのためには、チーム全体が、相手ハーフ深くまで上がらなくてはなりません。積極的な守備を相手のペナルティーエリアから開始するのです。相手ハーフに上がることで、自チームの守備に部分的に薄いところができるので、相手からカウンターアタックを受けるリスクはあります。

　さらに、このバリエーションは、体力的に非常にきついものです。常にプレッシャーをかけ続けるために、相当な運動量を要求され、しかし回復のための時間はほとんどありません。

　したがって、試合時間全体を通して徹底的にフォアチェックをかけ続けるというのは、現実的ではありません。そのため、特定の状況あるいは時間帯でのみ使うようにすべきです。例えば、試合開始時、ハーフタイムあけ直後、自チームのＣＫまたはスローインの後、相手のバックパス、または負けている状態で試合終了が近づいているとき等です。

Chapter5：トレーニング実践　技術／戦術

大きなスペースがあれば、ロナウドのようなトップレベルのアタッカーは、ゴールを脅かします。

［固定的なディフェンスフォーメーションではなくフレキシブルに守る］

今日では、守備は、基本的にコンパクトな守備の陣形を維持し、素早くボールを奪って効果的に攻撃に移ることのできる有利な状況を作ることを目標として追求します。その際、プレーシステムは2次的なものにすぎません。

プレーヤーのポジションを決め、ポジショングループ内での役割分担をする際には、コーチは以下の問いへの答えを見つけなくてはなりません。
1. 自分はどのようなビジョン、どのようなプレー理解を実現しようとするのだろうか。リベロを使うのだろうか、使わないのだろうか。
2. うちのプレーヤーは、どのような役割を果たすことができるのだろうか。彼らはどのような能力と知識を持っているのだろうか。
3. ゲームコンセプトから、どのような個人戦術、グループ戦術、チーム戦術上の重点を導き出すことができるのだろうか。
4. うちのプレーヤーは、自分のゲーム理解と合っているのだろうか。長期的に、魅力的でかつ勝利にもつながるサッカーが可能だろうか。一時的に要求過剰にならないだろうか。どのようにしたら、チームにこのゲーム理解を徐々に浸透させることができるのだろうか。

各ポジショングループ内でのポジション選びと役割分担に関して、できるだけ大きな柔軟性をもつことは、コーチとしての一つの目標とすべきことです。

●実際のプレースタイルと守備の基本フォーメーション

ワールドカップ1998フランス大会は、攻撃面においても守備面においても、変化に富んだフレキシブルなプレースタイルと基本フォーメーションの一つのトレンドをもたらしました。

とりわけ、DFのフォーメーションに関しては、以下のことが認識されました。固定的な4バックのフォーメーション（2人がアウトサイド、2人がセンター、前後左右に一つのラインで同じ高さで動く）を使っているチームは、ほとんどありませんでした。いまや主流ではなくなり、実際、ごく部分的に適用されたのみでした。

この「クラシック」でコンパクトな4バックは、ほとんどが純粋なディフェンス志向でした。明らかに攻撃的な方向付けのゲーム理解でサイドバックがフレキシブルに攻撃に参加するようになり、このような伝統的なディフェンスフォーメーションは、時代遅れと見なされるようになりました。

ワールドカップフランス大会では、多くのチームが多様な基本フォーメーションを使っていました。これらは、特にリベロの機能、主なポジションと役割によって区別されていました。多くのチームは、ディフェンスラインの後ろに1人のリベロを置いてプレーしていました。いくつかのチームは、ディフェンスラインと同じ高さにリベロを置いていました。また他のチー

グループ戦術：ボールを中心とした守備

ムでは2、3、4人のディフェンスの前に1人フリーのプレーヤーを置いてプレーしていました。さらに1人のリベロをディフェンスラインの後ろに置き、もう1人その前のセンターにフリーのプレーヤー（フォアリベロ）置いていたチームもありました。

「4バック」をめぐるディスカッションでリベロについて考えるとき、必ずインターナショナルサッカーの視点からこのトレンドを考慮しなくてはなりません。どうやら、リベロのポジションの移動とそれに伴う役割には変化があるようです。

しかし、確実なことは、「プレーシステム」は根本的に2次的なものであるということです。重要なのは、ある特定の基本配置内での役割分担です。それは、プレーヤーの能力にしたがった、そして自分自身のサッカーのビジョンにしたがった、魅力的でかつ勝利にも結びつくサッカーのための路線を決めるために重要なものです。

守備における役割分担は、まず第一に、リベロを置くか置かないかによって決まります。今日では、ボールを中心とした守備でプレーするということは当然のことです。

各プレーヤーは、その際、ポジショングループ内で自分の守備エリアを持ち、その中に入ってくる相手、あるいは近くでプレーする相手にアタックします。アタッカーにはできるだけ頻繁に、ディフェンダーの数的優位を作って挑みます。というのは、担当のゾーンは互いにオーバーラップしていて、ディフェンスは常にボール保持者の方向に移動し、それによって相手の攻撃プレーを困難にするのです。

リベロのプレーには、様々な役割分担があります。最終的にリベロは、様々な具体的な状況で、ディフェンスラインに対してどの高さで（前、後ろ、あるいは同じ高さ）プレーするのかを決定します。それぞれのケースで、リベロは、ディフェンスがボール保持者に効果的にアタックできるようヘルプします。同時にリベロは、どのポジションでプレーしようと、ディフェンスの「リーダー」であるべきです。

リベロを置かない場合には、1つのラインでプレーします。3バックでも4バックでも同様です。

プレー理解、プレーヤーのポジションの決定、各ポジショングループ内での役割分担に関して、今日では、以前よりも、本質的により大きなフレキシビリティーが要求されます。今日では、個人技術・戦術の高い能力を持ち、あらゆる状況でフレキシブルに対応できるようなプレーヤーは「金」に値します。

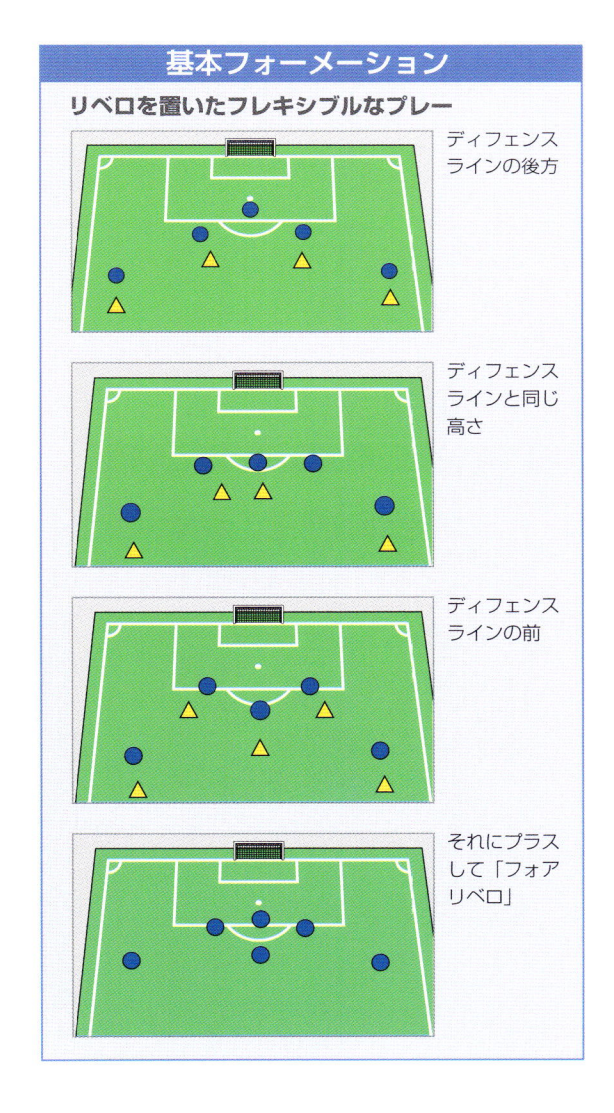

基本フォーメーション

リベロを置いたフレキシブルなプレー

ディフェンスラインの後方

ディフェンスラインと同じ高さ

ディフェンスラインの前

それにプラスして「フォアリベロ」

Chapter5：トレーニング実践　技術／戦術

図16.

チームでの現代的な守備

原則

チーム全体

①積極的に守備をする。相手の攻撃に反応するだけではなく、各状況でプレーヤーは集中してボールを獲得しようとしなくてはならない。

②互いのコミュニケーションをとる。そうしてこそフレキシブルな守備のまとまりの中で秩序のとれた、互いに調和のとれたディフェンスが可能になる。とりわけマークの受け渡しの際にはコミュニケーションが不可欠である。

③ボールに向かう。ディフェンスチームはボール保持者の周辺で数的優位を作り、それによってアグレッシブにアタックする。

④常にチームをコンパクトに保つ。そのためには、各ポジショングループが互いにあまり離れないようにする。相手が相手ハーフでボールを保持しているときには、そこから守備の行動を開始する。

プレーの例

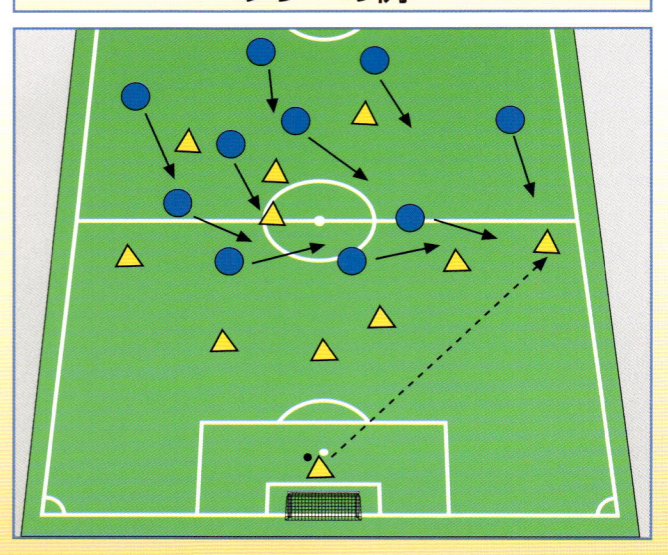

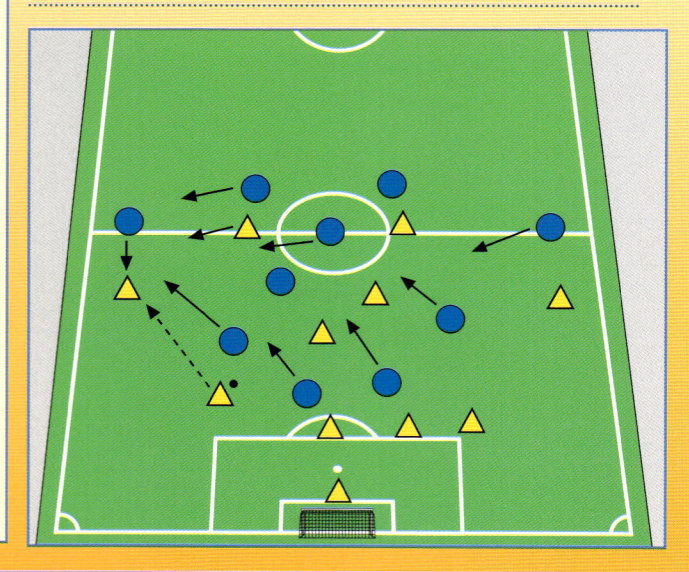

グループ戦術：ボールを中心とした守備

ペナルティーエリア前の4対4

オーガナイズ／基本の進行

ペナルティーエリアに40×15mのフィールドを作り、チームが4対4を行う。ゴールから遠い方のゴールラインには2m幅のフラッグゴールを2個置く。チームAはボールサイドへのまとまった守備でチームBにプレッシャーをかけ、ペナルティーエリア内に入らせないように守る。
Bのプレーヤーはドリブルでペナルティーエリア内に入ることができたら、妨害を受けずにゴール（GK有り）にシュートする。ラインは必ずドリブルで通過すること。
その後、Bはカウンターゴールから再び攻撃を開始。チームAは、ボールを奪ったらフラッグゴールへカウンターアタック。

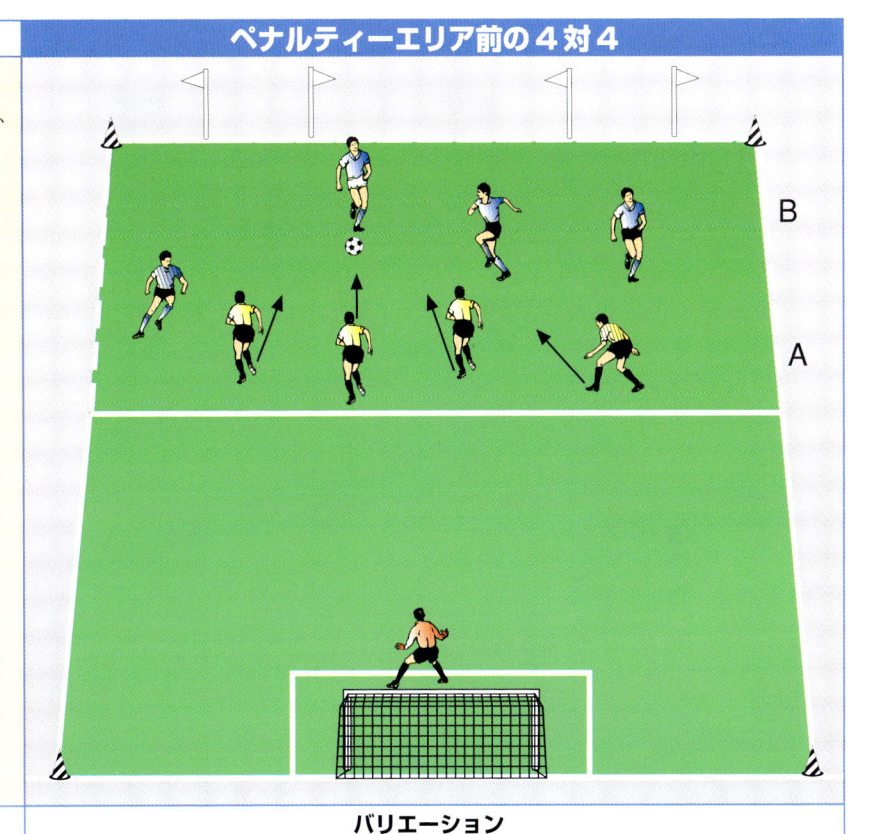

トレーニングの重点
- ボールへの移動。
- 連携して守る。

オーガナイズのアドバイス
- チームBは5人になってもよい。毎回1人ずつ休み。

修正
- ボールへまとまって移動。
- ボール保持者には徹底してアタック。絶対にシュートをうたせない。
- 相手がポジションを入れ替わったら効果的に受け渡す。

バリエーション

第1段階
- アタッカーはペナルティーエリアのライン上にランダムに置いた3つのミニゴール（2m幅）をドリブルで通過してペナルティーエリアに入る（守備をしやすくする）

第2段階
- アタッカーのドリブル通過後、ディフェンダーが1人ペナルティーエリアに入ってシュートを妨害する。ボールを奪い返したらカウンターアタック。
- アタッカーがドリブル通過したら、全員がペナルティーエリアに入ることができる。ペナルティーエリア内でさらに4対4を続ける。
- 後方にポストが1人入ってアタッカーをサポートする（5対4）。

第3段階
- 5対4（守備を難しくする）。
- 守備ラインをペナルティーエリアいっぱいに延長する。
- ゴールの代わりに、ペナルティーラインから縦に3つのゾーンをマークする。アタッカーはこのゾーン内の味方にパスをつながなくてはならない（＝1ポイント）。他のプレーヤーはゾーンにこのパスが通ってからスタート。

Chapter5：トレーニング実践　技術／戦術

攻撃ライン越え5対5

オーガナイズ／基本の進行

ゴール前30mの距離に「攻撃ライン」をマークする。ゴールにはGKが入る。このラインとハーフラインの間で5対5を行う。

チームAはまずハーフラインから攻撃をしかけ、攻撃ラインをドリブルで通過する。通過したら妨害を受けずにゴールにシュートできる。その後、次の攻撃を開始する。

チームBは、ボールを奪ったらハーフラインをドリブルで通過する。

トレーニングの重点
- ボールへの移動。
- 連携して守る。

オーガナイズのアドバイス
- 攻撃ラインははっきりとマークする。

修　正
- ボールへまとまって移動する。
- 何としても相手の突破を防ぎ、コンパクトに保つ。
- ボール保持者に積極的にアタックする。残りのプレーヤーは状況をよく見てスペースを埋め、ゴールへのドリブルコースや縦パスのコースをふさぐ。

バリエーション

第1段階
- 攻撃側のチームにニュートラルプレーヤーが味方となってプレー（5対5＋1）。
- 同じ方法で4対4で行う。
- 突破に成功したらアタッカーはGKもかわす。
- 攻撃ラインに4つのミニゴール（2m幅）を10m間隔で置く。アタッカーはこのゴールをドリブルで通過しなくてはならない。

第2段階
- Bがカウンターでハーフラインを通過したら、すぐに攻守と攻撃方向を交替する。
- Aが攻撃ラインをドリブルで通過したら、ディフェンダーと1対1からシュートまで。
- 攻撃ラインをドリブルで通過したら、Bのプレーヤーが全員入って守備をする。
- 攻撃ラインを短くして（40、30、20m）、4対4。

第3段階
- ゴール前にもう1人ディフェンダーを置き、攻撃ラインをドリブル突破したら、そのディフェンダーをかわしてシュート。このリベロがボールを奪ったらすぐにカウンター。
- ゴール前にディフェンダー2人。
- 同じ方法で、3対4（4対5）で攻撃側の数的不利で行う。

グループ戦術：ボールを中心とした守備

オーガナイズ／基本の進行

通常のフィールドをやや縮め、ペナルティーエリア上にゴールを置く。両ゴールにGKが入る。

2グループで6対6を行う。両チームとも基本フォーメーションは「4バックと2トップ」とする。両チームとも、できるだけ素早くゴールを狙う。サイドのディフェンダーは攻撃に参加し、センターバックは攻撃の組み立てにのみ参加。シュートあるいはボールを奪われたら、すぐに4バックは戻る。

攻撃側はシュート前にパスを5本つながなくてはならない。その間にディフェンダーは4人でラインを形成して守る時間を得る。

2ゴールに4＋2対2＋4

トレーニングの重点
- ラインでの守備

オーガナイズのアドバイス
- フィールドははっきりとマークし、プレーヤーがスペースを認識しやすいようにする。

修正
- サイドに来たアタッカーに対しては、できるだけ外側にプレッシャーをかける。
- 中央のトップに対しては、巧みなラインディフェンスで対抗する。
- 声を掛け合って互いにヘルプし合う。

バリエーション

第1段階	第2段階	第3段階
● フィールドを小さくし、両チームとも「4バック＋1トップ」でプレーする。 ● ゴールを使う代わりにゴールライン上に3つのミニゴール（2m幅）を並べる。	● 両チームとも「4バック＋3トップ」でプレーする。 ● フィールドの縦を約65mに縮める。 ● トップはハーフラインまでしか戻れない。	● ボールを奪ったらすぐに相手ゴールに攻撃。ディフェンダーは巧みなポジショニングでプレーの組み立てを妨害し、味方が戻って基本フォーメーションを形成する時間をかせぐ。

Chapter5：トレーニング実践　技術／戦術

8対8

オーガナイズ／基本の進行

通常のフィールドで8対8。チームBにはGKが入る。チームAは後方のスペースにパッサー1人、MF5人＋2トップ。
守備側のチームBは、4人2グループに分かれ、ハーフラインから15mのライン上に10m間隔で置いた3つのフラッグゴール（2m幅）の前で動く。
Aが続けて8～10回攻撃する。ゴールへのシュートはミニゴールをドリブルで通過してから。Bはボールを奪ったら後方のパッサーにパス（1「ゴール」）。

トレーニングの重点
- ボールサイドへまとまって移動し、プレースペースを狭める。
- 守備のラインの中で密接に連携して動き、互いにカバーし合う。

オーガナイズのアドバイス
- フィールドのセッティング（移動式ゴール、ラインのマーキング）はトレーニング開始前にすませておく。

修　正
- アタッカーにできるだけ外に向けてプレッシャーをかける。
- MFとDFで密接に連携して動く。

バリエーション

第1段階	第2段階	第3段階
● ミニゴールをドリブルで通過したら、妨害を受けずにゴールにシュートできる。	● 攻撃5回毎にゴールからミニゴールまでの距離を変え、守備のプレーヤーに様々な状況を与える（様々なプレッシングゾーンの導入）。 ● ミニゴール無し。ディフェンダーはライン（ゴールから35m）全体のドリブル通過を守らなくてはならない。	● チームAは後方のパッサー1人、MF4人、トップ3人で攻撃する。 ● チームBは4バックライン＋2（3）MFでプレーする。

グループ戦術：ボールを中心とした守備

プレッシング：2対2＋4対4

オーガナイズ／基本の進行

ペナルティーエリアの幅×縦75mのフィールドで、8人2グループがゴールを2個使ってプレーする。プレーヤーは3つのゾーンに分かれる。中央のゾーンでは4対4。両側のゾーンでは2対2。ミドルゾーンの4対4からスタート。ボールを保持したチームは攻撃ゾーンの味方へパスを入れようとする。ミドルゾーンから1人が攻撃ゾーンへ入る（3対2）。3人のアタッカーが攻撃ゾーンでボールを失ったら、すぐに3対2でボールを奪い返しシュートまで持ち込もうとする。2人のディフェンダーがドリブルでミドルゾーンへ逃げることができたら、次の4対4を開始。もう片方の攻撃ゾーンへ攻撃する。

トレーニングの重点
- 前線での徹底的なプレッシングでボールを素早く奪い返す。
- アグレッシブな1対1。

オーガナイズのアドバイス
・各ゾーンをはっきりとマークする。

修正
- ボールを奪われたら相手のボール保持者にできるだけ早く2人でアタックをかけ、奪い返すチャンスを高める。
- プレッシングでボールを奪い返したら落ち着いてシュート。

バリエーション

第1段階	第2段階	第3段階
● シュートがあったらアタッカーはミドルゾーンに戻り、4対4の状況を作る。そうしてから次のチームが反対のゴールを攻撃する。	● 全員が自分のゾーンを守り、攻撃ゾーンの2人のアタッカーだけで2対2で徹底的にボールにアタックしてボールを奪い返そうとする。 ● 3トップは攻撃ゾーンでボールを奪い返したら攻撃ゾーンで2タッチまでプレー。	● 3トップは攻撃ゾーンでボールを奪い返したら、そこから5タッチ以内でシュート。 ● フィールドを大きくして10対10。ミドルゾーンは4対4。両側のゾーンは3対3。

Chapter5：トレーニング実践　技術／戦術

プレッシング：6対4、ゴールとカウンターライン

オーガナイズ／基本の進行

ゴール前45mの距離に20mのカウンターラインを2本マークする。

2グループで4対6。4人チームのAは大ゴールを守り、フリータッチでカウンターラインを攻撃する（カウンターラインをドリブルで通過したらゴールに相当）。

6人グループBは、徹底的なプレッシングでボールを奪い、素早くゴールへ攻撃する。3タッチまで。

プレー時間：7分間

トレーニングの重点
- 前線での徹底的なプレッシングでボールを素早く奪い返す。
- アグレッシブな1対1。

オーガナイズのアドバイス
- 課題の交替と適度な休憩。

修正
- ボールを奪われたら相手のボール保持者に1番近いプレーヤーがすぐにプレッシャーをかける。
- その他のプレーヤーは全員がボールの方向に移動し、ボール保持者に2人でアタックをしかけられるようにする。

バリエーション

第1段階	第2段階	第3段階
● 6人チームの大ゴールへの攻撃はボールタッチ数に制限無し。 ● 4人チームはドリブルでカウンターラインを通過したら、さらに妨害を受けずにゴールへロングシュート。ラインから約20m後方にゴールを置き、GKが守る。	● 6人チームは2タッチまででプレー。 ● 同じ方法で6対5で行う。 ● 5対5でフリーにコンビネーションプレー。チームBは同数であるが、プレー状況に応じてできるだけ頻繁に前線でのプレッシングをかける。	● フィールドのハーフで両サイドラインのところにミニゴールを1つずつ、ハーフラインに3つ置く。6対4のゲーム。4人グループは大ゴールを守り、フリーにカウンターゴールへカウンター。6人グループは大ゴールを攻撃する。ペナルティーエリアの外では1タッチでプレーしなくてはならない。ペナルティーエリア内では3タッチまで。

グループ戦術：ボールを中心とした守備

ゾーン前のスペースで7対7

オーガナイズ／基本の進行

フィールドのハーフで2チームが7対7。通常のゴールを2個使い、GKが入る。フィールドを3つのゾーンに分ける。
自分の攻撃ゾーンではアタッカーはフリーでプレー。ディフェンスは2タッチまででプレーしなくてはならない。ミドルゾーンでは全員が2タッチまで。
シュートは攻撃側が全員ミドルゾーンより前に入ってから。

トレーニングの重点
- チームでコンパクトなディフェンス。
- ボールを奪われたら素早く切り換えて相手の攻撃の組み立てを妨害する。

オーガナイズのアドバイス
- フィールドとゾーンははっきりとマークする。

修正
- 攻撃ゾーンでボールを奪われたらすぐに相手のボール保持者にプレッシャーをかける。
- ボールを奪ったらできるだけ前に押し上げる。

バリエーション

第1段階
- 同じ方法で、全てのゾーンでフリーにプレー。
- ニュートラルプレーヤーが入って攻撃側のチームの味方としてプレーする。

第2段階
- ボールがサイドから出たらスローインではなく、ボール保持側のチームのGKのスローイングからプレーを再開するようにし、プレーを後方から組み立てる状況を作る。
- シュートは1タッチのみとする。

第3段階
- シュートはバックパスからの1タッチシュートのみとする。
- オフサイド有り。守備ゾーンとハーフゾーンの間をオフサイドラインとする。

Chapter5：トレーニング実践　技術／戦術

ミニゴール2個ずつでゲーム

オーガナイズ／基本の進行
ハーフラインのエリアに35mのゾーンをマークし、それをさらに3つのゾーンに分ける（10、15、10m）。このフィールドのゴールラインに2m幅のミニゴールを2個ずつ置く。両ゴールライン間で6対6。
チームはチーム戦術上以下の構成とする。
- チームA：バック2人、MF4人
- チームB：トップ2人、MF4人

トレーニングの重点
- 中盤でコンパクトになる。
- 攻守の切り換えを素早く。
- MFとDFの連携。
- 状況に応じてトップのマークの受け渡し。

オーガナイズのアドバイス
- ラインをミニコーンでマークしてもよい。

修正
- ボールへまとまって移動する。
- アタッカーがポジションをチェンジしたら適切に受け渡す。

バリエーション

第1段階
- ゴールとフィールドを広げる。
- ニュートラルプレーヤー（コーチ等）が1人入り、攻撃側のチームの味方としてプレーする。

第2段階
- 相手ゴールへのシュートは10mゾーンの前からのみカウント。
- アタッカーは2タッチまで。
- 7対7（MF5人）。

第3段階
- 相手ゴールへのシュートは10mゾーンの前からの1タッチシュートのみカウント。
- アタッカーは1タッチのみでプレー。

グループ戦術：ボールを中心とした守備

オーガナイズ／基本の進行

フィールドに縦70mのゾーンを作り、それをさらに3つのゾーンに分ける（30、10、30m）。
2チームで8対8。2ゴール使い、GKが入る。
両チームとも、DF2人、MF4人、トップ2人とする。
シュートの瞬間に味方全員が自ゴール前の30mゾーンから上がっていたらカウント。

守備ゾーンから上がる

トレーニングの重点
- チームをコンパクトに。
- ボールを中心とした守備。

オーガナイズのアドバイス
- ゾーンははっきりとマークする。

修正
- 常に味方の意図を感じ取る。
- ボールを奪ったらできるだけ前方に押し上げ、守備ゾーンから上がる。

バリエーション

第1段階	第2段階	第3段階
● フィールドの縦を80mに広げる。 ● ニュートラルプレーヤー（コーチ等）が1人入り、攻撃側のチームの味方としてプレーする。	● MFのプレーヤーは2タッチまで。その他のプレーヤーはタッチ数に制限無し。 ● ゴールは1タッチシュートのみとする。	● ゴールはバックパスからの1タッチシュートのみカウント。 ● オフサイド有り。 ● 同じ方法で9対9で行う。MFを1人ずつ追加。

Chapter5：トレーニング実践　技術／戦術

リベロのプレーの習得

オーガナイズ／基本の進行
フィールドに縦50mのミドルゾーンを作り、その中で2チームが6対6を行う。さらに各チームもう1人ずつがディフェンダーとしてペナルティーエリアのライン上の2つのミニゴールの前に入る。ボールを保持したチームは、ミドルゾーンから攻撃ゾーンの味方にパスを入れる。その際、走り込むプレーヤーへの縦パスまたはロングパスのみとする。守備側のチームはそのゾーンを1人（リベロ）で守る。ボールを奪ったら後方から味方MFへパス。

トレーニングの重点
- MFではコンパクトに保つ。
- ディフェンダー（リベロ）のプレー：
  1. 状況を予測してパスをインターセプトする。
  2. 味方の後方をカバーする。

オーガナイズのアドバイス
- 通常のフィールドの中にプレースペースをマークし、ディフェンダー（リベロ）がポジショニングの目安を得られるようにする。

修　正
- ディフェンダー（リベロ）はボールサイドに移動し、前方の味方にコーチングする。

バリエーション

第1段階	第2段階	第3段階
● 攻撃ゾーンへはドリブルイン。 ● 縦パスを入れたらアタッカーがもう1人入り、攻撃ゾーン内で2対1とする。 ● ミドルゾーンで5対5。 ● ニュートラルプレーヤー（コーチ等）が1人入り、攻撃側のチームの味方としてプレーする。	● ミドルゾーンでのコンビネーションプレーは2タッチまで。 ● ミドルゾーンで7対7。	● ミドルゾーンでは1タッチのみ。 ● 攻撃ラインはワンツーで突破しなくてはならない。

グループ戦術：ボールを中心とした守備

プレッシング：2ゴールを使って8対6

オーガナイズ／基本の進行

2ゴールを使って8対6。チームA（8人）のゴールはペナルティエリアのライン上に置く。ハーフラインのところに30mのゾーン（「プレッシングゾーン」）をマークする。チームAはMF5人、リベロ、2トップの基本フォーメーションで攻撃する。

チームB（6人）は、プレッシングゾーンでAに対しまとまってアタックし、ボールを奪ったらキープし、ゾーンの相手ゴール側のゴールラインをドリブルで通過してシュートをうとうとする。その際、プレッシングゾーンを越えたらAはBをアタックすることはできない。

トレーニングの重点
- プレッシングゾーンでまとまってアタック。
- プレッシングのスタートの合図を決める。

オーガナイズのアドバイス
- フィールドのセッティングはトレーニング開始前にすませておき、トレーニング時間を節約する。

修正
- 適切なプレッシングの状況を感じ取る。
- ボールから離れたサイドもボール方向へ移動する。

バリエーション

第1段階	第2段階	第3段階
● チームAだけがGK有りのゴールに攻撃。チームBはプレッシングゾーンのゴールラインのドリブル突破のみ。	● 同じ方法で、8対7で行う。 ● 8人チームは2タッチまででプレー。 ● 状況に応じて、チームAはボールを失ったらすぐにプレッシングゾーンの前からアタックをかける。	● 同じ方法で、8対7で行う。 ● バックパスからの1タッチシュートのみカウント。

Chapter5：トレーニング実践　技術／戦術

5対5＋2対2

オーガナイズ／基本の進行
3/4フィールドを3ゾーンに区切って（20、30、20m）2チームが7対7を行う。ミドルゾーンでは5対5、ゴール前の攻撃ゾーンでは2対2とする。反対のゴール前の攻撃ゾーンはあけておく。プレーヤーは自分のゾーンを離れてはならない。 AのMFプレーヤーは攻撃ゾーンの味方トップへパス。そこで2対2からゴールを狙う。Bがボールを奪ったら、ミドルゾーンの相手ゴール側のゴールラインをドリブルで通過し、妨害を受けずにゴールにシュートをうつ。

バリエーション

トレーニングの重点	第1段階	第2段階	第3段階
●MFではまとまって動く。 ●パスコースを予測する。 ●相手のトップのマークを適切に受け渡す。 **オーガナイズのアドバイス** ●マーキングの用具、ビブス、移動式ゴール等はあらかじめ準備しておく。 **修　正** ●アタッカーがポジションをチェンジしてきたら適切に受け渡す。 ●ボール保持者に積極的にアタックをしかけ、トップへの正確な縦パスを防ぐ。	●トップへパスを入れたらMFが1人攻撃ゾーンに入り、3対2からゴールを狙う。 ●ミドルゾーンにもう1人ニュートラルプレーヤーが入って攻撃側の味方としてプレーする。	●パスを受けたトップは、1人で持ち込んでシュート。 ●2トップは攻撃ゾーンでパスを受けたら5タッチ以内でシュート。	●MFがトップからの落としでロングシュートを決めたら2ポイント。 ●2トップ間のワンツーパスからのゴールは2ポイント。 ●チームBはゴール前にもう1人リベロを置く。

グループ戦術：ボールを中心とした守備

2ゴールに9対10

オーガナイズ／基本の進行

チームA（10人）：3DF、5MF、2FW。
チームB（9人）：2DF、5MF、2FW。

チームAは、ディフェンスラインをできるだけハーフラインの方向へ押し上げ、そこで積極的に守備をする。
場合によってはオフサイド有り。

バリエーション

第1段階	第2段階	第3段階
● チームAだけがGK有りのゴールに攻撃。チームBはハーフラインの約30m後方にマークしたラインのドリブル突破のみ。	● 10人のチームは3タッチまで。 ● 同じ方法で、10対11で行う。	● 味方の落としからの1タッチシュートのみカウントとする。 ● 攻撃エリアでボールを奪って5タッチ以内でゴールを決めたら2ポイント。

トレーニングの重点
● 相手に早期にアタックをかける。
● 相手の攻撃になったら素早く守備に切り換え、体制を整える。

オーガナイズのアドバイス
● 役割の交替と適切な休憩をとるよう注意。

修　正
● 相手のプレーの組み立てを徹底的に妨害する。
● まとまって押し上げ、ボール保持者にできるだけ2人でアタックをしかける。

Chapter5：トレーニング実践　技術／戦術

トレーニングフォーム1	3対4＋カウンターアタック	バリエーション
ゴール前30mの距離に40mのラインをマークする。ゴールにはGKが入る。グループAの4人のアタッカーはグループBの3人のディフェンダーに対してラインを攻撃する。Aがラインをドリブルで通過したら（＝「ゴール」）1人で持ち込んでGKに対しシュート。3人のディフェンダーがボールを奪ったら反対のハーフの2トップにパス。2トップはそこで2対2からゴールを狙う。		● ライン前で4対4。 ● もう片方のハーフで3対3。 ● ラインをドリブル通過したら、ペナルティーエリアの外からロングシュートをうつ。

トレーニングフォーム2	4対5＋カウンターアタック	バリエーション
ゴールラインの30m前に3ゴールをマークする（中央を大きく）。さらにハーフラインのところに25m間隔で2つのゴールをマークする。3ゴールへの5対4からスタート。5人のアタッカーは3ゴールの1つをドリブルで通過する。ディフェンダーがボールを奪ったら、ハーフラインのゴールの1つにボールを通し、2トップにパスする。そこで2対2からゴールを狙う。		● ライン前で4対3。 ● もう片方のハーフで3対3。

グループ戦術：ボールを中心とした守備

| トレーニングフォーム3 | 5対6＋ゴール／カウンターライン | バリエーション |

トレーニングフォーム3

ゴールにGKが入る。ハーフラインの少し後方にカウンターラインを2本マークする。

攻撃チームA：6人（その中から1人が後方でパッサーとなる）。守備チームB：4バック＋ディフェンシブMF。Aは6対5でゴールを攻撃する。ドリブルまたは味方に正確なパスをつないでペナルティーエリアに入ったら「ゴール」。続いてGKに対して追加のゴールを狙う。Bは5対6からハーフラインの後方の両ゴールにカウンター。

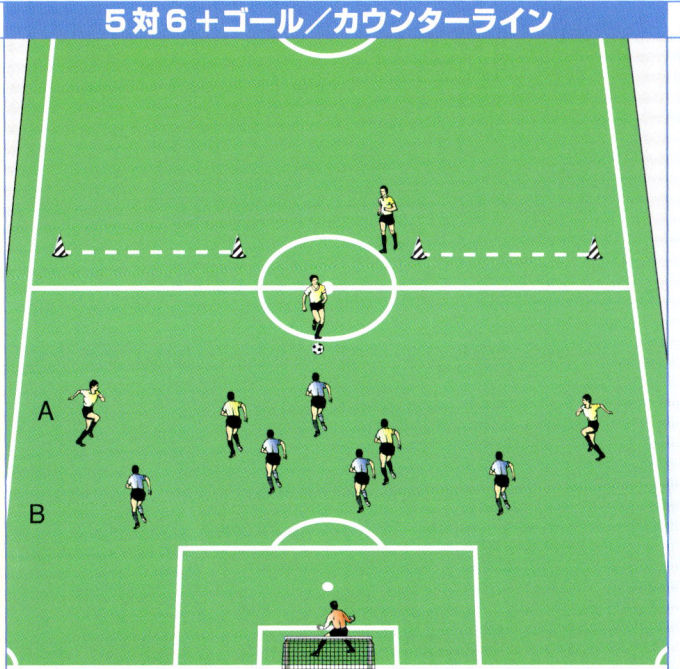

バリエーション

● Bはカウンターゴールへの逆襲の代わりにボールキープもあり。10本つないだら「ゴール」。

トレーニングフォーム4 　2＋2MF対3　**バリエーション**

ペナルティーエリアの前に20×20mのゾーンを3つマークし、3人ずつアタッカーが入る。ディフェンスは4DFと2MFでフィールドの幅全体を守る。

アタッカーは各フィールドでディフェンスの後方のラインをドリブル通過しようとする。それに成功したらアタッカーは隣のフィールドにパスし、隣のフィールドでも同様にプレーする。ディフェンダーはボールを中心に動き、各フィールドで2DFと1MF以上で3人のアタッカーを守るようにする。

● アタッカーはドリブルでラインを通過したら、ペナルティーエリアの外からゴールへシュートする。
● DFとMFはボールを奪ったら反対のゴールラインへカウンター。

216 SOCCER
FOR YOUTH

Chapter6
第6章

コンディショントレーニングの実践

Chapter6：コンディショントレーニングの実践

コンディショントレーニングのための基本インフォメーション

[様々なカテゴリーでのコンディショントレーニング]

● サッカーにおいて、「コンディション」とは、パフォーマンスを決定づけるあらゆる身体能力の総体を指します。構成する要素としては、持久力、筋力、スピード、コーディネーション等があります。個々の要素がよりよくトレーニングされているほど、最適なパフォーマンスのためのよりよい前提ができているということになります。

現代的な、サッカーに即したコンディショントレーニングは、サッカーのゲームに明らかに向けられたものでなくてはなりません。ここでもまた、サッカーのゲーム形式がトレーニングの主体となります。コーチは、1対1から10対10のトレーニングゲームの中で、ゲームの課題と負荷をコントロールすることで、そのつど目的とする特定のコンディション要素をトレーニングします。

特にジュニア、そしてまた、アマチュア・シニアの低〜中レベルのサッカーにおいてはコンディション面は、まず第一にゲーム形式を使ってトレーニングすべきです。

● したがって、年齢やレベルが下のカテゴリーでは、サッカーのゲーム形式（ルール設定、チームの人数、フィールドの大きさ、プレー時間を様々に変える）をトレーニングの中心とします。こうすることで、コンディショントレーニングと技術・戦術トレーニングは、互いに理想的に結びつけることができます。

● まず第一に、毎日のトレーニングの際に、コンディションの各部分要素を様々な形で向上させることが重要になります。しかし、サッカープレーヤーのコンディションの特徴から、個々の要素をボールなしのトレーニングフォームで独立させてトレーニングしようとする場合には、コーチは必ず注意しなくてはなりません。その課題はゲームに即しているでしょうか？ モチベーションを高めるようなものでしょうか？

● また、持久力、スピード、筋力、柔軟性を向上させるために、ボールなしのトレーニングを行う場合もまた、最終的にそれが実際のゲームでの要求に合っているかどうか、検討してみなくてはなりません。

[実践編の構成]

● 以下、サッカーのコンディション要素を向上させるためのトレーニングの提案を紹介していきますが、それらは首尾一貫して、サッカーの専門的なゲーム形式・練習形式となっています。

● 意図した効果を得るためには、いくつか特定の原則にしたがっていきます。

● また、ほとんどのトレーニングフォームを、いくつかの段階分けで整理しています（P.73の「実践編：難度の段階分け」参照）。それによって、トレーニング課題とカテゴリーの基本的な関係がわかりやすいようになっています。

● ただし、ほとんどのトレーニングフォームの要求は、単純なバリエーションをつけることによって、レベルや年齢に合うように、難度を上げたり下げたりすることができます。

ランニングやジャンプとテクニック課題を結びつけることによって、魅力的で、サッカーに即したコーディネーショントレーニングとなります。B・Aユース等ではまさに効果的です。

コンディショントレーニングのための基本インフォメーション

図1.
サッカーのゲームによってコンディションを向上させる

ゲーム形式を使ったコンディショントレーニング

補 足

持久力	スピード	筋力／柔軟性	コーディネーション
● やる気の出るようなランニングトレーニング ● ランニングの追加課題としてサーキット ● テクニックの追加課題としてサーキット ● ゲームとランニングのコンビネーション	● ランニング ● パワー向上のためのトレーニング ● ダッシュ・スプリントトレーニング ● サッカーの専門的なスピードトレーニング	● 柔軟性トレーニング（個人） ● 柔軟性トレーニング（2人組） ● 筋力トレーニング（個人） ● 筋力トレーニング（2人組）	以下の項目の向上のためのトレーニング ● ランニングコーディネーション ● ジャンプコーディネーション ● ボール扱い ● テクニック練習＋コーディネーション

Chapter6：コンディショントレーニングの実践

持久力のトレーニング

［サッカーにおける持久力］

　サッカーは、現在もそしてこれからも、ランニングのゲームです。1960年代に世界のトップクラスのサッカー選手を対象に様々な研究が行われました。1試合当たりのランニング距離が4000m以上という結果が出ており、他の種目と比較して上位にランク付けされていました。今日では、アマチュアのトップレベルでも1試合当たり10kmを超えます。トッププレーヤーでは、1試合で14kmにおよぶこともあります。

　また、サッカーのゲームでは、様々な、そして不規則なランニングとプレーの活動が要求されます。各プレーヤーは、常に動き続けなくてはならず、プレーを高い集中力で追い続けなくてはなりません。そして常に準備をし、ボールを持ちつつアクティブに行動しなくてはなりません。プレーヤーは、90分間プレーに参加し続け、ポジションを移し、深い位置から上がり、フリーのスペースに走り込み、あるいは相手がカウンターをしかけてきたら、徹底的に後を追わなくてはなりません。そのためには高い持久力が必要となります。疲労してしまうとアクションの強度が下がったり中断したりしてしまうので、それをできるだけ先に延ばすことができなくてはなりません。

　サッカープレーヤーのランニング負荷は非常に多様なものであるといえます。確かに大部分はジョギングですが、その合間に最高スピードのアクションを繰り返し発揮しなくてはなりません。場合によっては、技術・戦術の高い要求と結びつけて実行しなくてはなりません（シュート、突破、相手へのアタック）。

　サッカープレーヤーの持久的なパフォーマンスは、陸上競技の中・長距離選手のそれとは大きく異なります。それでもやはり、いくらかの基本的なランニング能力（基礎持久力）は必要です。というのは、まず、この基礎持久力が、サッカーで要求されるランニング負荷（専門的持久力）に対し、負荷への最適な対応と回復を可能にするからです。まず優れた基礎持久力を持つことによって、質・量ともに高いレベルのコンディショントレーニングを行うことが可能になるのです。

［基礎持久力の意味］

　今日のトップレベルのサッカーでは、プレーのテンポが非常に高くなっていますが、これは、優れた基礎持久力がベースにあってはじめて可能になるものです。

● 持久力のトレーニングを十分に積んだサッカー選手は、より規則的に、より高い強度で、より長く、プレーにからみ続けることができます。ゲーム終了間際になっても、そのパフォーマンスを高いレベルに保つことができます。自分が持てるパフォーマンスのポテンシャルを、余すところなく発揮することができます。

● 持久力のトレーニングを十分に積んだサッカー選手は、高い強度のアクションの後でも、短時間で回復することができます。トレーニングや試合の後も、早く回復することができます。これは、とりわけ負荷の間隔が短い時期にはいっそう重要になります。

● 持久力のトレーニングを十分に積んだサッカー選手は、ケガをあまりしません。常にフレッシュな状態にあることで、ゲーム終了間際になっても、危険なプレーをタイミング良く機敏に回避することができます。

● 持久力のトレーニングを十分に積んだサッカー選手は、メンタル面も安定しています。敗北やストレスにも、よりよく対処することができます。モチベーションが低下しても、すぐにまたそれを克服することができます。

ボールを使えば、持久力トレーニングも面白味のあるものになります。

持久力のトレーニング

図2. 持久力のトレーニング

```
        基礎持久力 ── サッカーにおける持久力 ── 専門的持久力
                            │
   ┌────────────┬───────────┴──────────┬────────────┐
様々なランニング    持久サーキット        ゲーム形式      ゲームとランニング
グトレーニング                                        のコンビネーション
```

様々なランニングトレーニング
- クロスカントリー
- オリエンテーリング走
- 長距離走 場合によってはバリエーションをつけて
  ・ランニングの種類
  ・ランニングのコース
  ・ランニングのスピード

持久サーキット
- 様々なフォームと課題でランニング（場合によっては負荷強度を変えて）
- 単純なテクニック課題を入れてランニング（場合によっては負荷強度を変えて）

ゲーム形式
- ゴールを使って（GK有り）ゲーム形式（1対1から8対8まで）。時間を調節して。
- フリーのスペースでゲーム形式（重点：コンビネーションプレーとボールキープ）
- ミニゴールを使ったゲーム（1対1から8対8）。時間を調節して。

ゲームとランニングのコンビネーション
- 2グループで：A対Bのゲーム。その後A対Bは持久走。
- 3グループで：A対Bのゲーム。その間Cは持久走（その後交替）
- 4グループで：A対Bのゲーム。その間CとDは持久走（その後交替）

- カテゴリーが低いほど、持久力を個別にとりだしてトレーニングする時間は短くなる。
- 持久力トレーニングは面白いものであるべきである。単なるランニングはしない。
- 持久力トレーニングは、負荷構造に関して、常に強度ではなく量を強調して構成する。
- プレーヤーが自宅で自己管理のもと、自主的に走るようなモチベーションを与える。

Chapter6：コンディショントレーニングの実践

- 持久力トレーニングを十分に積んだサッカー選手は「頭」も負荷に強くなります。試合終了間際になっても戦術的にディシプリンがとれていて、最終段階に向けてあわただしい状況になってきても冷静に対処することができます。最後の瞬間まで頭がはっきりしていて、高い負荷がかかっていても、勝敗を決しうるようなプレー状況を適切に解決することができます。

［専門的持久力の意味］

基礎持久力が優れていることは、サッカーにおいてよいパフォーマンスを発揮するためのベースです。しかし、それだけではサッカーのゲームでの要求を満たすためには十分ではありません。

基礎持久力と並んで、サッカープレーヤーは、専門的持久力、常に強度が入れ替わるサッカーでの専門的な負荷を考慮に入れる必要があります。

専門的持久力によってプレーヤーは、以下の要求に対応します。
- ゲームに典型的な、高い強度のランニング負荷と運動経過（爆発的ダッシュ、ジャンプ、方向転換、ランウィズザボール、力強いシュートやヘディング）を、時間的に短い間隔で、高いクオリティーと最大のテンポで実行することができます。
- 試合全体を通してテンポを自在に変えることができます。

［方法上の原則］

サッカープレーヤーの専門的持久力は、様々な面で基礎持久力と関係しています。基礎持久力があると、負荷を最適に処理し最適に回復することができるようになります。まずこのベースがあってはじめて安定したサッカーの専門的な持久力が可能となるのです。

このように両者の間には相互作用がありますが、やはり両方とも、それぞれ特別なトレーニング方法と内容とで向上させていかなくてはなりません。

それとは別に、サッカープレーヤーの持久力トレーニングのためには、いくつかの原則があります。

- 確かに持久力はゲームパフォーマンスを決定する要素ではありますが、しかしそれは、サッカープレーヤーへの膨大な要求の中の一つの要素にすぎません。また「長距離ランナー」は、よいサッカー選手とはほど遠いものです。持久力トレーニングばかりがあまりに多すぎると、特に低～中レベルのアマチュアでは、必然的に、技術・戦術的学習等のより重要な内容がなおざりにされる結果となります。
- 基本的に、1週間にできるトレーニングの回数が少ないほど、それだけ持久力トレーニングのためにかけることのできる時間は少なくなります。
- 低～中のアマチュアクラスにおいては、トレーニングは大体週2～3回までです。この場合、持久力は、技術・戦術トレーニングフォームの中で、一緒に合わせてトレーニングすべきです。様々なやる気の出るようなウォーミングアップのプログラムも、持久力の向上に効果的です。また、トレーニングの最後のクーリングダウンのジョギングも、同様に持久力の刺激となります。
- トレーニング頻度がより高い場合には、持久力向上のための特別なトレーニングフォームを加えることができます。しかし、くだらない単なる周回ランニングは、絶対に避けるべきです。持久サーキット、持久ゲーム形式、ランニングとゲームのコンビネーション等の方が、はるかに面白みがあり、モチベーションを高め、効果的なトレーニングとなり得ます。
- 高いレベルのカテゴリーで、持久力トレーニングを独立してシステマティックに行っていく場合には、「規則性」の法則を考慮すべきです。持久力トレーニングをプレシーズンに極端に強調して進めても、その後のシーズン開始後に急に中断してしまったら効果はあまりありません。安定したトレーニング効果を獲得するためには、試合期にも継続的に計画に組み入れていくべきです。
- 持久力トレーニングのためには、ゲーム形式で、場合によっては補充としていくらか持久サーキットをボール有りで行うようにします。ユースの競技志向のサッカーになってはじめて、持久走やボール無しの持久サーキットを取り入れるようにします。

持久力のトレーニング

図3.

様々なカテゴリーでの持久力トレーニング

第1段階

持久力トレーニングの意味
- アマチュアの下のクラスでは、持久力が優れていることは、特にケガの予防に重要です。持久力のトレーニングを十分に積んだプレーヤーはケガをしにくいのです。トレーニングがたりないプレーヤーは、試合終了間際になってくるとケガの危険性が高まります。
- 余暇にスポーツ活動を行うことで、フィットネスが高まり、それは最終的にサッカーのパフォーマンスにも良い影響を与えます。

したがって
- トレーニング時間が限られる場合、持久力トレーニングは、技術・戦術的内容の負担になりすぎることのないように計画します。
- 持久力は、技術・戦術のゲーム形式や練習形式で、一緒に合わせてトレーニングするようにします。
- ボールを使った面白みのあるウォーミングアップのプログラムも、同様に持久力を向上させます。
- 基礎持久力を高めるための純粋なランニングは、各自でトレーニングするようにすべきです。
- 試合をしているだけでも持久力は高まります。

第2段階

持久力トレーニングの意味
- サッカーの専門的持久力が最適に高まっていれば、プレーヤーは、試合時間全体を通して、高いテンポで、正確性を落とすことなく動き続けることができます。
- さらに、プレーの中で一時的に負荷が最大となっても（爆発的なダッシュ、ランウィズザボール等）よりよく対応し、またゲームやトレーニングの後も素早く回復することができます。

したがって
- 専門的（常にサッカーに即した、面白みのある）トレーニングフォームで、コンディショントレーニングの不足を補います。
- ここでもまた、プレーヤーが追加の持久走を各自でやるようモチベーションを持たせます。しかしこれには、プレーヤーに分別や理解力があり、責任感が強く協力的であることが必要です。
- トレーニングの最後に規則的に持久走を入れることも、持久力の刺激となります。

第3段階

持久力トレーニングの意味
- 基礎持久力は、免疫システムとも関係しています。そしてそれがさらに回復能力とも相互に影響しあっています。
- レベルが高くなると試合やトレーニングでの負荷が極度に高まり、持続的にストレスがかかり続けるため、安定した基礎持久力を持つことが、素早い回復のための重要な前提となります。

したがって
- 持久力を安定させるための特別なトレーニングフォームを、シーズン全体を通して規則的に組み込んでいくようあらかじめ計画を立てます。
- 持久力トレーニングを効果的に進めるためには、ランニングのレベルが同じになるようにグループを作ったり、あるいは各個人に適したプログラムを与えるようにします。
- 試合やトレーニングの後のダウンのジョギングも、持久力の向上のために効果的です。
- 持久力トレーニングが効果的に進んでいるかどうか、定期的に検討します。

Chapter6：コンディショントレーニングの実践

図4.

スタンダードなゲーム形式の負荷

6対6

基本ゲーム
6対6
・1ゴール（GK有り）とカウンターラインで
・2ゴール（GK有り）を使って
・各2（3）のミニゴールを使って
・両ポスト間で
・ライン越え

負荷の目安
● 6分から最高7分で2～3回
● 毎回、間に5分間の（積極的）回復をとる

トレーニング目標
● 素早い、確実なゲームの組み立て
● スペースを広くとったコンビネーションプレー
● ウイングプレー、ゴールラインプレー
● ボールサイドへの移動
● 素早い切り換え。プレーのスピード
● 互いのコーチング、連携

5対5

基本ゲーム
5対5
・1ゴール（GK有り）とカウンターラインで
・2ゴール（GK有り）を使って
・各2（3）のミニゴールを使って
・両ポスト間で
・ライン越え

負荷の目安
● 4分から最高5分で3～4回
● 毎回、間に3分間の（積極的）回復をとる

トレーニング目標
● グループ戦術を柔軟に駆使したコンビネーションプレー（例：ワンツー）
● スペースを広くとったコンビネーションプレー
● ボールサイドへの移動
● 素早い切り換え。プレーのスピード
● 意志の強さと集中力の習得

4対4

基本ゲーム
4対4
・1ゴール（GK有り）で
・1ミニゴールで
・2ゴール（GK有り）を使って
・2（3）個のミニゴールを使って
・各2（3）のミニゴールを使って
・ライン越え

負荷の目安
● 2分から3分で3～4回
● 毎回、間に3分間の（積極的）回復をとる

トレーニング目標
● グループ戦術を柔軟に駆使したコンビネーションプレー（例：ワンツー）
● ボールサイドへの移動
● 1対1での頑張り
● 素早い切り換え。プレーのスピード
● 意志の強さと集中力の習得

持久力のトレーニング

3対3

基本ゲーム
3対3
・1ゴール（GK有り）で
・1ミニゴールで
・2ゴール（GK有り）を使って
・2（3）個のミニゴールを使って
・ライン越え

負荷の目安
- 1分から最高90秒で3〜4回
- 毎回、間に5分間の（積極的）回復をとる

トレーニング目標
- グループ戦術を柔軟に駆使したコンビネーションプレー（例：ワンツー）
- ボールサイドへの移動
- 1対1での頑張り
- 素早い切り換え。プレーのスピード
- 意志の強さと集中力の習得

2対2

基本ゲーム
2対2
・1ゴール（GK有り）とカウンターラインで
・2ゴール（GK有り）を使って
・各2（3）のミニゴールを使って
・両ポスト間で
・ライン越え

負荷の目安
- 30秒から最高1分で5〜6回
- 毎回、間に3〜4分間の（積極的）回復をとる

トレーニング目標
- 短い、強度の高い負荷によって、素早いエネルギー準備
- 極度に高い集中力を要求
- 1対1の行動と、頑張り通す力を身につける
- 素早い切り換え。プレーのスピード
- 意志の強さと集中力の習得
- グループ戦術を柔軟に駆使したコンビネーションプレー（例：ワンツー）

1対1

基本ゲーム
1対1
・1ゴール（GK有り）とカウンターラインで
・2ゴール（GK有り）を使って
・各2（3）のミニゴールを使って
・両ポスト間で
・ライン越え

負荷の目安
- 最高15秒で6〜8回
- 1対1が長くなりすぎたら（15秒を超えたら）必ず中断する。

トレーニング目標
- 短い、強度の高い負荷によって、素早いエネルギー準備
- 1対1の習得
- 行動スピードの向上
- プレーのスピード、集中力、頑張り通す力を身につける

Chapter6：コンディショントレーニングの実践

持久力トレーニングのためのゲーム形式

ゲーム形式は、特に低い年代では、トレーニングの中心とすべきものです。コンディション面も、それに適したゲーム形式で向上させるべきです。コンディションは、技術・戦術ゲーム形式で、一緒にトレーニングされます。

しかしその際に、サッカーの専門的な能力を最適に向上させるためには、あらゆるゲーム形式で、負荷を常に調節しなくてはなりません（前のページのプレー時間と休憩時間の目安を参照してください）。さらに、サッカーに即した持久力トレーニングのためには、比較的広めのスペースでランニングを要求するゲーム形式が適しています。

持久力ゲーム1

中央にゴール

フィールドの中央にミニゴールを置き、GKが入る。7対7。両グループは両ペナルティーエリア間でプレーし、コンビネーションプレーからシュートを狙う。シュートは両サイドから狙うことができる。ただしフラッグの高さまでとする。守備側のチームはボールを奪ったら、まずフィールドのコーナーにマークしたターゲットライン（約15m）をドリブルで通過してから、次の攻撃を開始する。ゴールが決まったら、あるいはGKがボールを受けたら、攻撃側のチームがそのままボールを保持。ただし同様に、まずラインをドリブルで通過してから次の攻撃を開始する。

プレー時間：
6～7分、2～3回。間に5分間のアクティブレスト

バリエーション

- GKをおかなくてもよい。その場合はゴールを小さくする。ゴールを通過したらボールを失う。あるいは1ポイントマイナス。
- ハーフラインに可動式のノーマルゴールを2つ背中合わせに置き、それぞれにGKが入る。アタッカーは両方のゴールを狙うことができる。
- 片方のチームはターゲットラインにプレーし、ドリブル通過を狙う（＝1ポイント）。もう片方のチームはゴールを攻撃する。

持久力トレーニングのためのゲーム形式

その他の持久力ゲーム例

ミニゴールを通してパス
ハーフコートで6対6。フィールド内に3m幅のゴールを5個ランダムに置く。アタッカーはゴールの1つにパスを通してからシュート。

ターゲットゾーンにパス
ハーフコートで6対6。両ゴールラインのところにターゲットゾーンを2つマークする。両チームはターゲットゾーンからターゲットゾーンへプレーする。アタッカーは、相手ターゲットゾーンに走り込む味方にパスを通す（＝「ゴール」）。

4ゴールにシュート
ハーフコートで6対6。5m幅のフラッグゴールを四角形に作り、GKが2人入る。アタッカーは4ゴールの1つにシュートを狙う。シュートはフラッグの高さまで。GKは各ゴールを守る。

持久力ゲーム2

ボレーゴールゲーム
2チームがハーフコートで7対7（6対6）。2ゴール使用（GK無し）。ハーフラインをマークする。

両チームはシュートを狙う（どちらのゴールとも可）。ただしシュートはヘディングまたはボレーシュートのみとする。

ゴール後、あるいはボールを失った後は、まず必ずハーフラインを越えてから両ゴールのどちらかに次の攻撃を開始する。

プレー時間：
6～7分、2～3回。間に5分間のアクティブレスト

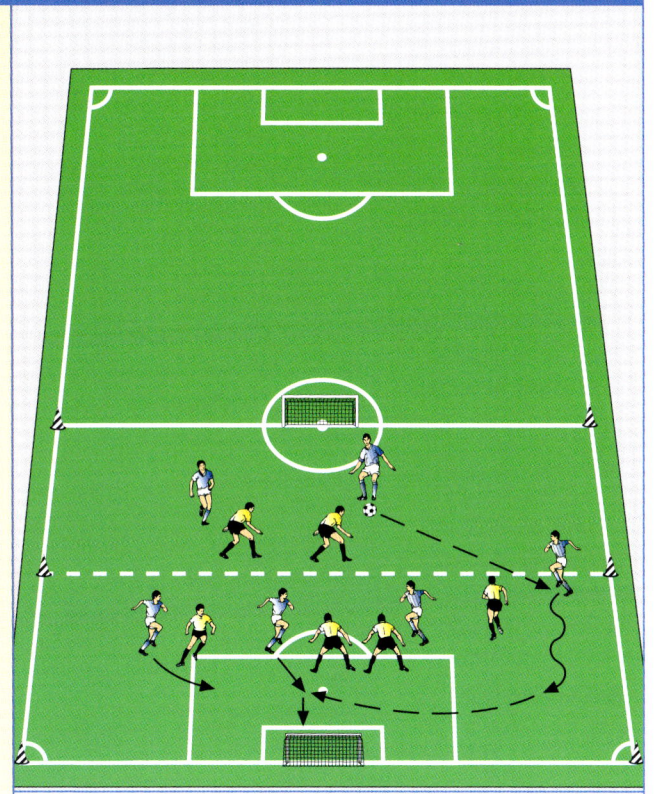

バリエーション

- コーチ（あるいは追加のプレーヤー1人）がニュートラルプレーヤーとして攻撃側のチームをサポートする。
- 2人のニュートラルプレーヤーが攻撃側をサポートする。
- レベルの高いチームの場合には、フィールドを小さくする。
- 攻撃側のチームのプレーヤーは3タッチまででプレーする。
- 同じ方法で、ペナルティーエリア×2のフィールドで5対5。

Chapter6：コンディショントレーニングの実践

ゲームとランニングのコンビネーション

純粋なランニングとサッカーのゲームを組み合わせるオーガナイズのフォームで、モチベーションを高めながら持久力を効果的にトレーニングすることができます。

ゲーム形式では、段階として、ランニングのテンポはかなり高くなります。それに続くランニングで、プレーヤーは回復を図り、同時に持久力を向上させます。

このトレーニングオーガナイズのもう一つの利点は、実行がフレキシブルに調整可能であるということです。トレーニング場、人数、グラウンド面がどうであれ、コーチは簡単に、適当なランニングとゲームのコンビネーションをオーガナイズすることができます。

コンビネーション1

オーガナイズ
均等に4チームに分ける。片方のハーフでチームAとBが2ゴール（GK有り）を使ってゲーム。反対側でCとDが持久力を高めるランニング。ランニング課題（例：5周）が終わったら、あるいは一定時間がたったら（例：10分）課題を交替する。

グループA／B
5対5のフリーゲーム。目標は、確実なコンビネーションプレーからシュート。

グループC／D
- 第1区間：ゆっくりしたジョギング
- 第2区間：コーンを横にずらしたスラロームコースでサイドステップ
- 第3区間：ランニングをしながら間に3回、ひねりを入れる。
- 第4区間：1回毎に、スキップと軽いバウンディング

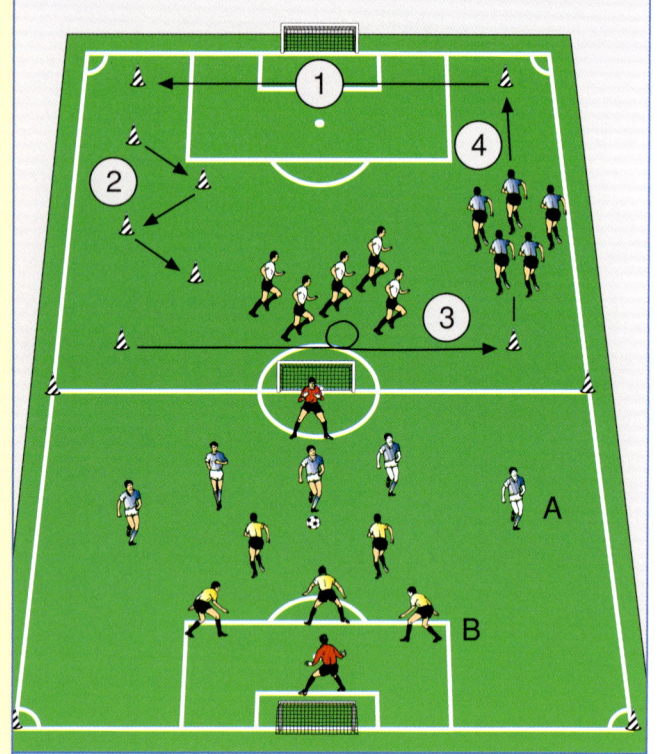

バリエーション

グループA／B
2ゴールを使って5対5。コンビネーションプレーは2タッチまで。

グループC／D（各自ボール1個）
- 第1区間：バリエーションをつけながらドリブル
- 第2区間：狭いスラロームコースをドリブルで通過
- 第3区間：3種類のフェイントを使ってドリブル
- 第4区間：ボールリフティングをしながら前進

ゲームとランニングのコンビネーション

コンビネーション3
- グループA／B：ハーフコートでフリーに5対5のボールキープ
- グループC／D：ボールを使って持久サーキット（5周）

コンビネーション4
- グループA／B：ゴールを横に2個ずつ並べ、それに対し5対5
- グループC／D：ボールなしで持久サーキット（5周）

コンビネーション5
- グループA／B：5対5で相手ゴールラインをドリブル通過
- グループC／D：スタジアムを使ってランニング

コンビネーション6
- 7人2チームで、ペナルティーエリアのサイドラインにミニゴールを各3個ずつ置く。片方のチームから2人のプレーヤーがフィールドを3周し、その間7対5の状況となる。7人のチームはその一時的な数的優位を生かし、できるだけ多くのシュートを狙う。走り終えたら次はもう片方のチームから2人。今度は数的不利でプレーしなくてはならない。

コンビネーション2

オーガナイズ
7～10人2チーム。フィールドの大きさはチームの人数に合わせる（60×50m～70×60m）。トレーニングの効率を落とさないよう、ゴールには予備のボールを用意しておく。

方法
GKありの両ゴールにフリーのゲーム。両チームから同時に2人のプレーヤーが、フィールドの周囲を4（5、6）周持久走。

課題：
- ランニングでスラロームコースを通過
- ハードルを跳び越す
- ある区間、指定したランニングフォーム

ランニングが終わったら、プレーが中断したときに同じチームの2人と交替する。全員が走り終えるまでにどのチームがより多くシュートを決めるか。

バリエーション

ゲーム形式の変更
- 両ゴールに交互に7対5でゲーム。片方のチームから2人のプレーヤーがフィールドの周囲を走り、7対5となる。走り終えたら次はもう片方のチームから2人。
課題：素早く攻撃して一時的な数的優位の状況を生かす。
- 両チームともボールタッチ数を制限してプレー

ランニング課題の変更（ボールを使用）
- バリエーション豊かにドリブル
- 様々なスラロームコースをドリブル
- フェイントを使ってドリブル
- 交互にドリブルとリフティング

Chapter6：コンディショントレーニングの実践

ボールを使った持久サーキット

ボールを使った持久サーキットコースには、持久力トレーニングを楽しく進めることができるという利点があります。
一方では、プレーヤーは、魅力的な課題によってトレーニング負荷に対する気持ちがまぎれます。またもう一方で、同時に技術能力も向上します。ボールを使った持久サーキットコースは、インターバルトレーニングの形でもオーガナイズすることができます。例えばランニングの合間に体操の課題（ボール有り／無し）を入れて4×3周等です。

サーキット1

方法

プレーヤーは各自ボールを1個ずつ持って、フィールドのコーナーの「ウエイティングエリア」で動きながら待つ。ドリブルで順番に出て、コース内の各区間で、様々なテクニック課題を行う。

- 第1区間：ドリブルでコーンのスラロームを通過
- 第2区間：コーチにパスして、ハードルを3つ跳び越え、リターンパスを受けてドリブル再開
- 第3区間：10mの距離からミニゴールにボールを通し、ボールを自分で追う
- 第4区間：40mスピードを上げてドリブル
- 第5区間：GKにライナーを蹴り、リターンパスを受けてドリブルで「ウエイティングエリア」に戻る。エリア内でドリブルをしながら、次のスタートを待つ。

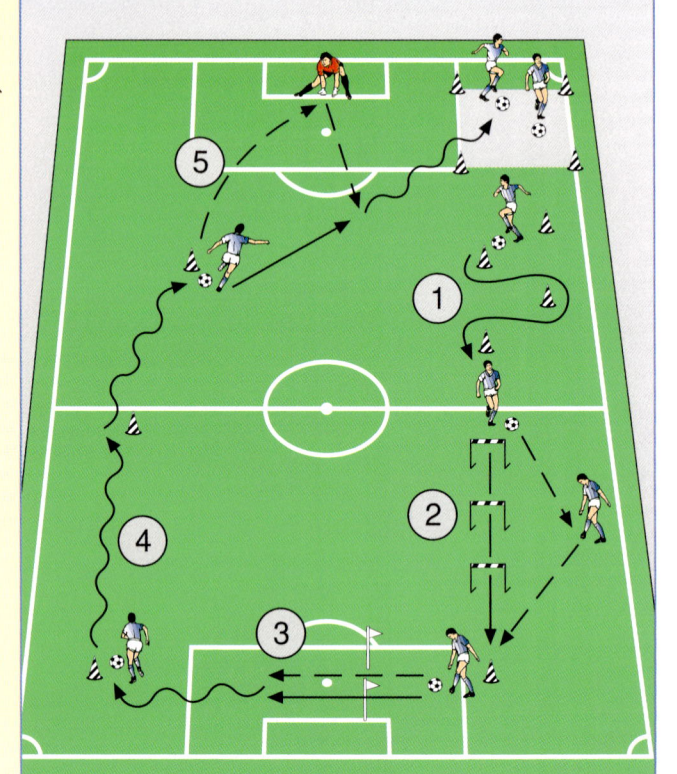

バリエーション

- 第1区間：スラロームのコースを、ボールを素早く細かいタッチでドリブル
- 第2区間：コーチにパス。ハードルを両足ジャンプで越え、リターンパスを受けてドリブル再開。
- 第3区間：2本のフラッグを8の字ドリブル
- 第4区間：ドリブル＋課題。例：フェイント
- 第5区間：ゴールのGKへプレースキック。ウエイティングエリア内でドリブルをしながら、次のスタートを待つ。

ボールを使った持久サーキット

その他のステーション例
- コーチとカベパス
- まっすぐのスラロームコースをドリブルで通過
- 特定のコースを指定された方法でドリブル。右のみ、左のみ、アウトサイドのみ等
- フラッグの前でフェイントをしてドリブル（シザース、シュートフェイント等）
- 素早く前進しながらボールリフティング
- 相手が投げたボールを、様々な動きを入れながらボレーで返す（バックステップ、サイドステップ、ターン）
- スキップをしながらボールを高く投げ上げ、キャッチ。
- バックランニングをしながらボールを投げ上げ、頭越しに受ける
- ボールを体の後ろに持ち、踵に当てる。
- 走りながらボールを腰の周りを回す。
- 走りながらボールを高く投げ上げ、キャッチ。

サーキット2

方法
プレーヤーはペアを作り、ボールを1個ずつ持って、フィールドの各コーナーに散らばる。コーナー毎に別の課題を行いつつ、フィールド全体を回る。1周毎にペアの中で役割を交替する。

- 第1コーナー：3〜4m間隔で、パートナーの前にパスを出す（1タッチ）
- 第2コーナー：3〜4m間隔で、Aは前進、Bは後退する。AはBにパスを出し、Bは1タッチで返す。
- 第3コーナー：3〜4m間隔。少しボールをコントロールして（1タッチのみ）、パートナーの前にパスを出す。
- 第4コーナー：Aは前進、Bは後退。AがBにボールを高めに投げ、Bは下がりながらヘディングで返す。

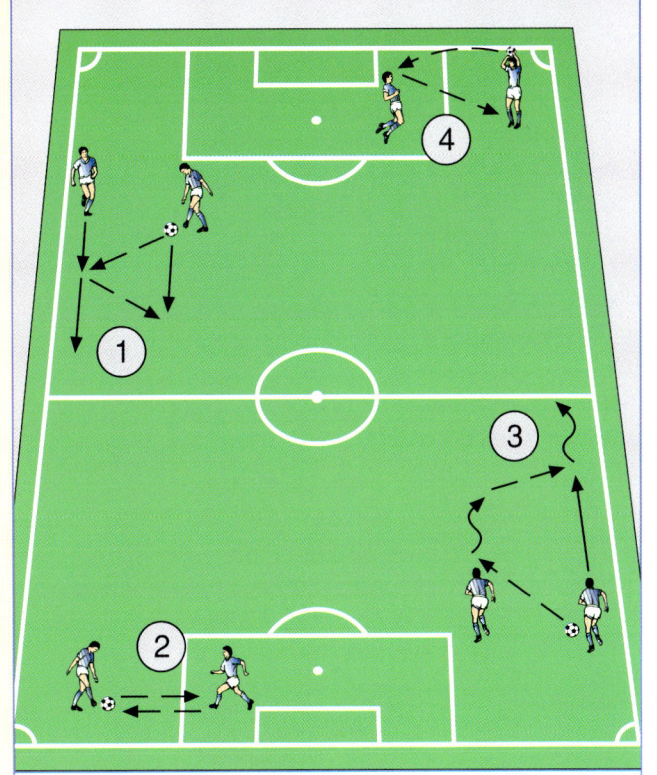

バリエーション

- 第1コーナー：ポジションを頻繁に変えながら、フリーでコンビネーション
- 第2コーナー：AはBにライナーを投げる。Bはボレーで返す。
- 第3コーナー：2タッチまででコンビネーションプレー。2人ともポジションを頻繁に変えながら。
- 第4コーナー：AはBにライナーを投げる。Bは左のもも（または胸）で受け、右のインステップでAにライナーを返す。

Chapter6：コンディショントレーニングの実践

ボールを使わない持久サーキット

持久サーキットは、変化に富んだ持久トレーニングを組むための、実用的でフレキシブルに取り入れることができるオーガナイズのフォームです。原則は単純なものです。プレーヤーは次々と、様々なランニングや課題でコースをこなしていきます。ここに挙げたのは中程度の強度のものですが、トレーニング状態や目標に応じて、より強度の高いコースを作ることも可能です。サーキットコースは、特にインターバルトレーニングの形でオーガナイズすることもできます。例えば、間の休憩に体操を入れて3周4セット等です。

サーキット1

方法

プレーヤーは4グループに分かれ、フィールドの各コーナーに分かれる。前面で同時にフィールドのコースを回って課題を行う。

- 第1区間：ランニングから片足ジャンプでヘディングジャンプ5回（左右交互）。
- 第2区間：3〜5mダッシュ。2〜3回。
- 第3区間：コーンのスラロームをジグザグ走。細かいサイドステップで動く。
- 第4区間：20mのコースをマークし、様々なランニングで2往復。
  1. 右足の踵を蹴り上げて走る
  2. バックランニング
  3. 左足の踵を蹴り上げて走る
  4. バックランニング
- 第5区間：約60m軽く加速走。
- 第6区間：1周毎に交互に、腕を回しながらバウンディングとサイドギャロップ。

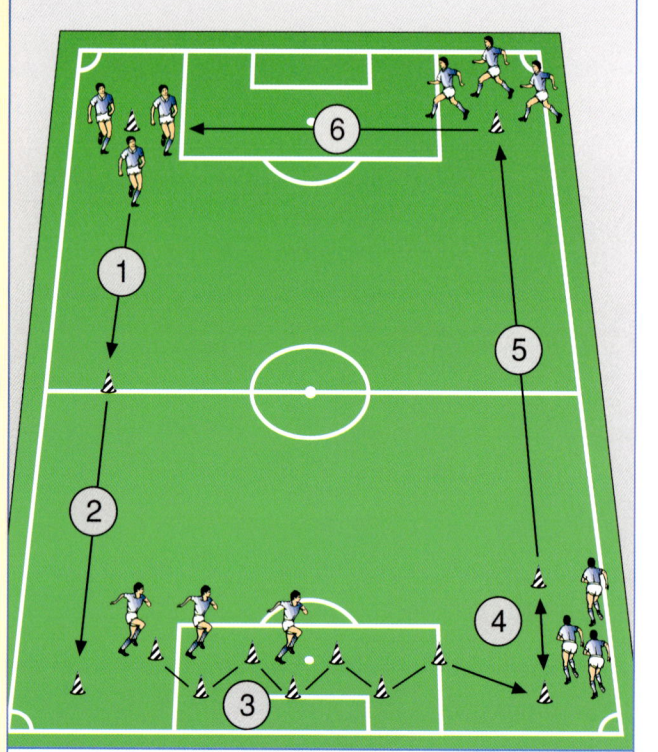

バリエーション

- 第1区間：ランニングからもも上げジャンプ5回。
- 第2区間：ヘディングジャンプから短いダッシュ2回。
- 第3区間：コーンのスラロームをランニング
- 第4区間：20mのコースをマークし、様々なランニングで2往復。
  1. スキップ
  2. 軽いバックランニング
  3. スキップ
  4. 軽いバックランニング
- 第5区間：軽い加速走
- 第6区間：1周毎に交互に、腕を回しながら軽いジョギングで前進／バック。

ボールを使わない持久サーキット

その他のステーション例
- 障害物を使って様々なジャンプ
- ゴールラインをサイドステップで進み、ゴールのクロスバーにジャンプでタッチ5回。
- 特定のコースを指定された方法でドリブル。右のみ、左のみ、アウトサイドのみ等
- スラロームのコースをランニング
- 観客席の階段をランニング
- 棒を狭い間隔で置いて、両足または片足ジャンプ
- コーンを並べて置いて、両足または片足ジャンプ
- コーンを越えてバウンディング
- 短い距離を素早い爆発的なダッシュ

サーキット2

方法

サーキット1と同じオーガナイズ

- 第1区間：コーンのコースをジグザグ走。コーンからコーンの間を交互に前進とバックで走る。
- 第2区間：横にずらして置いたハードルのコーンをランニングから飛び越す。
- 第3区間：6〜8個のボールをペナルティーエリア内にランダムに置く。プレーヤーは間を素早く動いてソールでタッチする。
- 第4区間：1周毎に交互にスキップと踵蹴り上げ。
- 第5区間：約60m加速走。

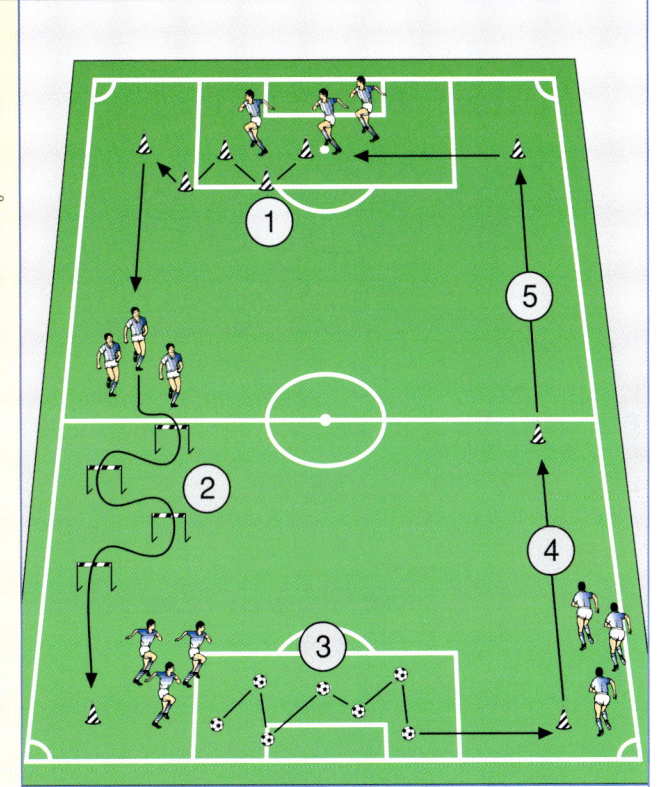

バリエーション

- 第1区間：コーンのコースを軽い足さばきでスラローム走
- 第2区間：横にずらして置いたハードルのコーンをもも上げジャンプで跳び越す。
- 第3区間：6〜8個のボールをペナルティーエリア内にランダムに置く。プレーヤーは各ボールに軽く腰を下ろす。
- 第4区間：1周毎に交互にバウンディングとサイドギャロップ
- 第5区間：約60m軽く加速走。

Chapter6：コンディショントレーニングの実践

持久走

特に上のプレークラスでトレーニング回数も多い場合、持久力の向上のための特別なトレーニングフォームは必ず組み込まなくてはなりません。まずしっかりとした基礎持久力があってはじめて、トレーニングや試合でのランニング負荷に確実に最適に対応することができるようになるからです。

ランニングの基礎能力を向上させるためには、プレーヤーは、長時間（計30～40分）を適度なテンポで（ユースの場合心拍140～160／分）で走るようにします。ただし、単調な周回走はしないようにしましょう。ランニングのコース、フォーム、テンポを変えることで、魅力的なバリエーションを作るように工夫しましょう。

様々なランニングフォーム

フィールドでのランニング
基本的アドバイス

基礎持久の向上のための持久走にポジティブな効果があることは、一般に認められています。しかしその一方で、これらは単調な「サッカーと関係のない」周回走と考えられがちです。ランニングのコースにちょっとしたバリエーションをつけるだけで、面白みのある持久力向上のプログラムをオーガナイズすることができます。

第1段階
- ランニングプログラムはときどき与えるのみとする。
- ランニングコースの各ポイントに、テクニック練習を組み入れる。

第2段階
- ランニングコースばかりでなく、ランニングフォームにもバリエーションをつける
- 各コースをドリブルで進む。

第3段階
- ランニングプログラムを定期的にトレーニングに組み込む。
- 特に回復の目的で。

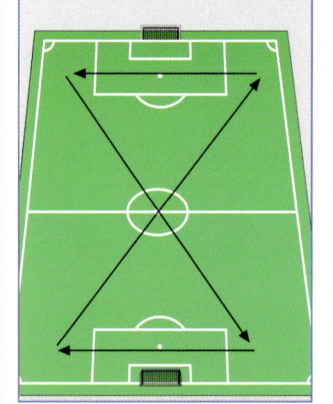

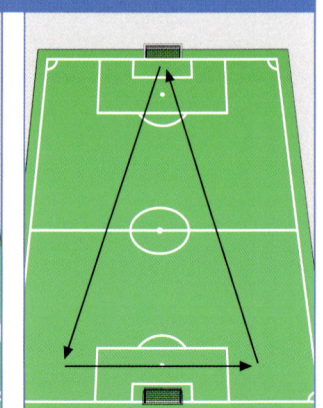

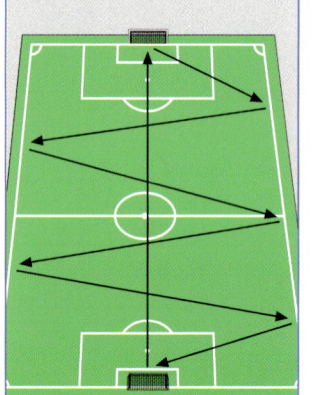

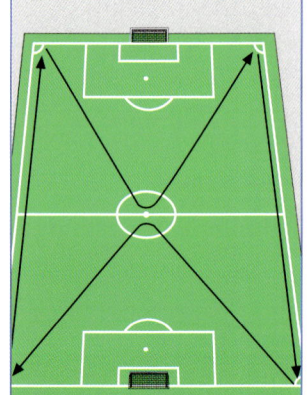

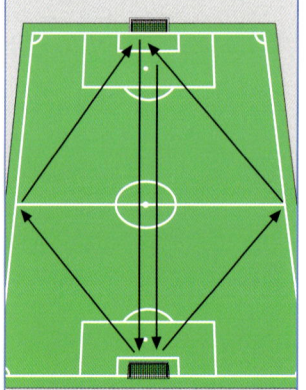

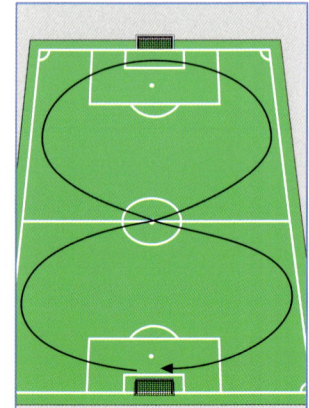

持久走

トレーニングフォーム1	四角ランニング	バリエーション
プレーヤーは一辺約50mの正方形上を、ペースにバリエーションをつけて走る。一辺はペースを上げ、次の辺はゆっくりとジョギング。	上辺：ジョギング、右辺：ペースを上げる、下辺：ジョギング、左辺：ペースを上げる	● 回復のためのジョギングを、様々な軽いランニングフォームで。バウンディング、サイドステップ、バックキック等。 ● 1つの辺で軽い課題を加える。例、スラロームを走り抜ける等。
第2/3段階		

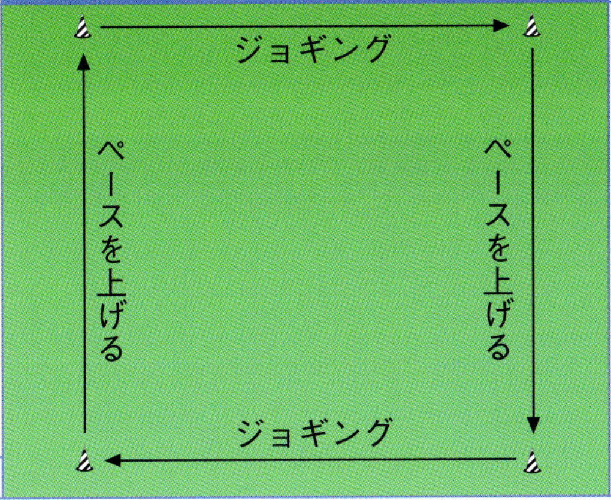

トレーニングフォーム2	三角ランニング	バリエーション
プレーヤーは正三角形上を、テンポを1対2の割合で変えて走る。一辺はペースを上げ、残りの2辺は軽くジョギング。	左辺：ペースを上げる、右辺：ジョギング、底辺：ジョギング	● 回復のためのジョギングを、様々な軽いランニングフォームで。バウンディング、サイドステップ、バックキック等。 ● ペースは負荷のバリエーションを1対1で。
第2/3段階		

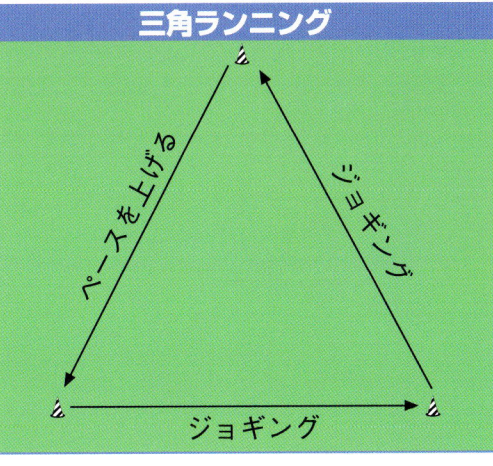

トレーニングフォーム3	ピラミッドランニング	バリエーション
プレーヤーはあらかじめ定めた「負荷コース」を、中くらいのペースで走る。その後2倍の距離をジョギング。シリーズ毎の負荷コースの距離は、6×100、5×200、4×300、3×400、1×500mとする。	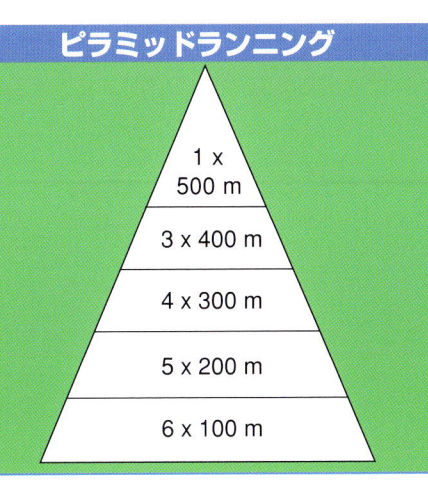 1 x 500 m 3 x 400 m 4 x 300 m 5 x 200 m 6 x 100 m	● プレーヤーは各コースを1回走り、次いで回復のペースで2倍の距離を走る。そして次の距離のコースを続ける。 ●「回復コース」を様々な軽いランニングフォームで。
第3段階		

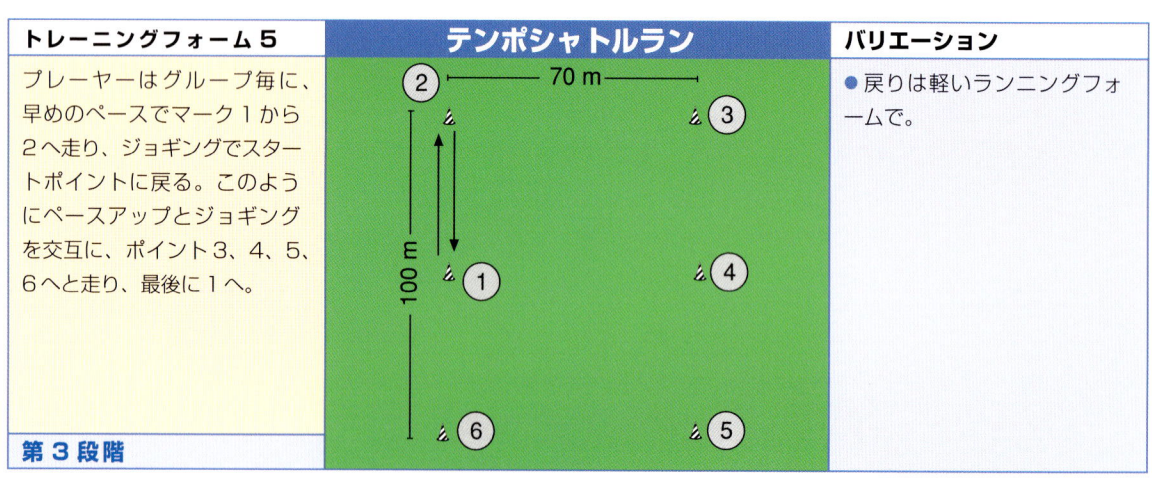

Chapter6：コンディショントレーニングの実践

トレーニングフォーム4	段階ランニング	バリエーション
プレーヤーは早めのペースで、100、200、300、400、500、600、700、800mのコースを走る。負荷の間には各2倍の距離のジョギング。 **第3段階**	(図：100, 200, 300, 400, etc. 500 の段階的な棒グラフ。ジョギングで休憩)	● 800、700、600、500、400、300、200、100mの順で走る。休憩は前と同じ。 ● ジョギングの代わりに軽いランニングフォーム。バウンディング、サイドステップ等。

トレーニングフォーム5	テンポシャトルラン	バリエーション
プレーヤーはグループ毎に、早めのペースでマーク1から2へ走り、ジョギングでスタートポイントに戻る。このようにペースアップとジョギングを交互に、ポイント3、4、5、6へと走り、最後に1へ。 **第3段階**	(図：70m×100mのコート、6つのマーク配置)	● 戻りは軽いランニングフォームで。

トレーニングフォーム6	ペアランニング（ダイアゴナル）	バリエーション
ペアでハーフラインからスタートし、最初のコーナーまでジョギング。次にAはスピードを上げ、フィールドの辺に沿って対角まで走る。その間、Bはゆっくりと、直接対角へジョギング。スタートポイントまでジョギングで戻り、役割を交替する。 **第3段階**	(図：サッカーフィールド、B●▲A)	● Bのダイアゴナルのコースにいくらか障害を作る（ハードル、スラローム等）。

持久走

ファルトレク	ファルトレク1	ファルトレク2
基本的アドバイス 「ファルトレク」では、様々なランニングの距離、フォーム、ペース、追加課題（例：連続ジャンプ）を組み合わせ、ランニングプログラムに組み込みます。このランニングプログラムの負荷の構造は、目標によって、大きく異なります（例：回復のため、スピード向上のため、専門的持久力向上のため）。	● スタート（5〜8分）：体操をしながら軽いジョギング ● 有酸素性の持久走（10分間） ● 体操：柔軟体操、身体をほぐす（10分間） ● 軽いジョギングから3〜5回約20〜40mテンポを上げる（間は約300mジョギング）。 ● 約20mダッシュ、5本。間に300mジョギング。 ● 5分間ゆっくりとジョギング ● 約30mバウンディング5本。間に300mジョギング ● 10分間ゆっくりと持久走	● ゆっくりとしたペースで1000mジョギング ● 軽くペースを変えながら1500mランニング（500mジョギング、500mペースを上げる、500mジョギング）。息が上がらないように。 ● 体操（10分間） ● 500mゆっくりとしたランニング。1000mペースを上げて持久ランニング。500mゆっくりとしたランニング。 ● 体操（10分間） ● 500mゆっくりとしたランニング。1000mペースを上げて持久ランニング。500mゆっくりとしたランニング。 ● ダウンのジョギング（10分間）
第1段階 ● プレーヤーが各自で自主的に持久力トレーニングを行うよう、モチベーションを高めさせる。 ● 自主トレとして行うよう、ランニングプログラム（例：ファルトレク）を与える。		
	ファルトレク3	**ファルトレク4**
第2段階 ● トレーニングの中で「ファルトレク」と専門的持久力を高めるためのゲーム形式を組み合わせる。 ● この段階でも自主ランニングを要求する。	● ゆっくりとしたペースでジョギング（10分間） ● 体操（5分間） ● 軽いバウンディング、サイドステップ、バックランニングを入れながらジョギング（5分間） ● 60〜80m加速走3〜5本。間に200mのジョギング。 ● 2分間ゆっくりとジョギング ● ファンクション体操（5分間） ● テンポを上げながらコーディネーションランニング（ジャンプ、もも上げ等を入れながらランニング）60m×3本。間に200mジョギング ● ダウンのジョギング（10分間）	● ゆっくりとしたペースでジョギング（10分間） ● 体操（5分間） ● 速めのランニング（5分間） ● 軽いランニングフォーム（3分間） ● 60m加速走2本。間に200mのジョギング。 ● 最大ジャンプ（8回）でバウンディングとジョギング。 ● スタンディングからの両足もも上げジャンプ5回とジョギング。 ● 軽い助走から片足ジャンプ（左右6回ずつ）とジョギング。 ● 速めのランニング（5分間） ● ダウンのジョギング（8分間）
第3段階 ● 低い負荷の種目と軽いランニング課題の「ファルトレク」を、面白みのある回復プログラムとして組み込む。 ● 実戦のような負荷・リズム変換のファルトレクで、専門的持久力の安定化を目標としてトレーニングを規則的に組み込む。		

Chapter6：コンディショントレーニングの実践

スピードのトレーニング

［サッカーにおけるスピード］

　今日のサッカーにおいて、スピードは、傑出したパフォーマンスのために非常に重要な要素です。

　サッカー選手のスピードの本質をなすものは、厳密に言うと何なのでしょうか？　ゲームで実際に起こることに目を向けてみると、「スピードのある」プレーヤーというのは、単に速く走れるだけではありません。サッカーにおいて要求されるスピードというのは、もっとはるかに広範におよぶものです。ランウィズザボールからのシュート、フルスピードのランニングからのタックル、フェイントから急にテンポを変える、あるいはプレッシャーのかかった状態から短いダッシュで相手を引き離してボールを受ける等がその例となります。あらゆるプレーアクションで、スピードがそのアクションの成功と失敗の分かれ目となることがしばしばあります。

　サッカー選手のスピードには、ダッシュや基本スピードばかりではなく、素早いボールさばき（行動スピード）、素早いストップから次のスプリント（非循環性運動のスピード）、状況の素早い把握（例：予測のスピード）等も含まれます。したがって、これら全ての要素を効果的に高めていくようなトレーニングを考えていかなくてはなりません。

［スピードの基礎］

　サッカーで専門的に要求されるスピードは、非常に複雑なものです。ダッシュのスピードがいくら速くても、いくらスプリント力があっても、例えば状況の把握が遅すぎたり、判断を誤ったり、あるいは最大スピードで正確なテクニックを使うことができなかったら、チャンスの多くを逃すことになります。

　スピードについて、サッカーとの関連で考える場合、常に認知（思考）と運動（コーディネーションおよびコンディション面）の要素が関与します。

●コーディネーションとコンディションの要素

● 20～30ｍのスプリントのタイムがいくら速くても、そのプレーヤーが急なストップやターンからの短いダッシュをテンポを落とさずになめらかに行うことができないことが多々あります。その原因は、たいていの場合はコーディネーション不足です。これらのサッカーのゲームに必要な特徴は、サッカーの典型的なフォームを用いたトレーニングによってのみ最適に高めることができるのです。

● ダッシュ、スプリントのスピードのために重要なベースとなるのは、コーディネーションの基礎と並んで、パワーのレベルです。したがって、スピードトレーニングの中で、パワーを規則的に向上させていくことも重要となります。

●認知の要素

　狭いスペースでのプレーアクションのスピードがますます高まってきています。プレーヤーは、常にほんのわずかな時間の中で、新たなプレー状況に合わせ、自分を方向付け、素早く状況に応じて反応しなくてはなりません。

　したがって、コーチは適切なトレーニングフォームで、サッカーの基本的な認知能力も向上させていくようにしなくてはなりません。

ダッシュのスピードは、サッカーの専門的スピードの中の一つの要素です。とりわけ1対1においては大きなアドバンテージとなります。

スピードのトレーニング

図5. スピードの分類とそれぞれのトレーニング方法

サッカーにおけるスピード

運動に関わる要素 ─ 認識に関わる要素

アクションスピード／ダッシュのスピード
- ボールへのダッシュから素早く正確な動作（シュート、1対1等）
- 様々な体勢からスタートしてダッシュ
- 様々な合図でスタート
- ダッシュとターン
- ダッシュ＋課題

行動のスピード／プレーのスピード
- 狭いスペースでのゲームで、常に新たなプレー状況に対応
- ゲーム形式で攻守の瞬間的な切り換えのトレーニング
- ゲーム形式で、個人戦術・グループ戦術の要素を素早く変化をつけてフレキシブルに発揮

ランニングコーディネーション
- ランニングの基礎：速く走るためのランニングの技術的な基礎要素
- コーンやフラッグを使ったランニング練習
- ランニングに短いダッシュを組み合わせる
- ランニング＋シュート
- ランニング＋テクニック課題

パワー
- アマチュア：パワートレーニングでスピードの向上
1. 様々なジャンプのコンビネーション
2. 障害やパートナーを使ってジャンプ練習
- トップレベル：最大筋力トレーニング、筋肥大トレーニングでスピードの向上

- スピードやパワーの要素は、レベルに関係なくトレーニングに取り入れるべきである。
- ユースカテゴリーでは、複合的なゲーム形式を中心として、その中にスピードの要求を組み入れる。
- スピードトレーニングは多面的に組み立てる（トレーニング方法、内容、手段にバリエーション）。
- スピードトレーニングが、実際のゲームでの要求に適合しているかどうか、常に検討する。

Chapter6：コンディショントレーニングの実践

- プレーヤーはプレー状況を最短時間で把握し、変化を瞬時に察知しなくてはなりません。
- プレーヤーは、プレーを「読み」、プレーの展開を先回りすることができなくてはなりません。
- プレーヤーは一瞬のうちに変化に対応し、決断を下さなくてはなりません。

　パフォーマンスレベルの高いプレーヤーは、これらの能力を持ち合わせています。状況を一目で認識することができ、プレーの全体を決して見失うことがありません。そのようなプレーヤーは、味方や相手の意図を前もって認識し（予測）、自分のプレーを、瞬時にそれに合わせることができます。そのため、そのような「プレーのインテリジェンス」のあるプレーヤーは、多くの状況でボールに対し、決定的な一歩が速くなるのです。

　スピードが要求されるプレー状況の典型的な解決方法を見ると、サッカーにおけるスピードの認知の要素も複合的であることが明らかです。このことからも、現代的なスピードトレーニングの方法と内容が重要となります。

［スピードトレーニングの方法について］

- サッカーで要求されるスピードのあらゆる面を、トレーニングフォームの中でバランスよく加減してミックスすることによってこそ、はじめてスピードを複合的に向上させることができます。
- サッカーのプレーヤーは、様々な運動のクオリティーと、そしてさらにそればかりでなく「認知」のクオリティーをも発達させなくてはなりません。スピードのこのような解釈が、スピードトレーニングにおいても生きてくるようにしなくてはなりません。現代的なサッカーの専門的スピードトレーニングは、この両方の要素を区別しつつ複合的に向上させていくものでなくてはなりません。
- しかし同時に、ユースカテゴリーで、トレーニング回数が少ない場合、スピードの個々の要素を独立させて取り出してトレーニングすることにはあまり意味がありません（例：ランニングコーディネーション、ダッシュのスピード）。

　それでもサッカーの専門的スピードの部分要素を取り出して個別にトレーニングしようとする場合、コーチは絶対に、そのスピードの課題がゲームに即していてモチベーションを高めるようなものであるかどうかに注意しなくてはなりません。ユースカテゴリーでは、特にスピードトレーニングは、特定のスピードの要求を特別な課題で強調した複合的なゲーム形式と練習形式を中心にして進めていくべきです。

- スピードを向上させるためのトレーニングを、個別に行う場合でも複合的に行う場合でも、トレーニングフォーム全てにおいて、それらが実際のゲームでの要求に合っているかどうか、必ず検討しなくてはなりません。単純な課題を追加したり、方法上の補足をすることで、多くの「伝統的な」スプリントトレーニングやゲーム形式は、様々なスピードの要素をゲームに即して向上させるために、新たなトレーニング刺激を設定するように発展させることができます。このようにすることで、コーディネーションを要求する魅力的なスピードトレーニングを組むことができます。
- 最後に、スピードトレーニングをプランニングし、組んでいく際に、必ず考えなくてはならないことを、いくつか挙げておきます。

1. スピードトレーニングの前には、プレーヤーは適切なウォーミングアップを入念に行わなくてはなりません。
2. スピードトレーニングは、プレーヤーのモチベーションが高く、また完全に回復していないと十分な効果を得ることができません。
3. 休憩の入れ方と長さによって、プレーヤーの最適な回復が保証されます。短いが強度の高い負荷の後には、毎回1～2分間の休憩を入れます。
4. スピードトレーニングの要求と内容を、カテゴリーに合わせるようにします。課題はできるだけサッカーに即して組むようにします。

スピードのトレーニング

図6.

様々なカテゴリーでのスピードトレーニング

第1段階

スピードトレーニングの意味
- サッカーにおけるスピードは、プレーヤーが1つのプレー課題を、技術・戦術的な手段をいかに素早く正確に適用して解決していくかということで評価されます。
- ユースカテゴリーでは、トレーニング時間が少ない場合、ゲーム形式を多用することによって、サッカーの専門的な能力と共にスピードも向上させるようにします。

したがって
- トレーニング時間が限られる場合、専門的なスピードトレーニング（例：独立したダッシュのトレーニング）を技術・戦術、ゲーム的な内容を犠牲にしてまで入れるようなことは避けるべきです。
- スピードは、技術・戦術のゲーム形式／練習形式に、スピードを強調した課題を加えることで、一緒に高めていくようにします。
- この複合的なスピードの要求を、各トレーニングに入れていくようにすべきです。
- 専門的な個別のスピードトレーニングを時々取り入れる場合、それは常にサッカーに関係のあるものにすべきです。

第2段階

スピードトレーニングの意味
- この段階でも、プレーヤーのスピードは、特にそのプレーヤーがプレー状況をテンポが高くても時間や相手のプレッシャーがかかっていても、いかに正確なボール扱いで解決していくかで評価されます。
- しかしそれでも、基本スピードやダッシュのスピードは、スピードのコンディション面のベースとして重要なものです。

したがって
- 専門的（ただし、常にサッカーに即したモチベーションを高めるような）トレーニングフォームを、ゲームに組み込んだスピードトレーニングの補足として用います。
- いわゆる「伝統的な」ダッシュに、コーディネーションや技術・戦術課題を加え、特にサッカーに関連させたトレーニングを組んでいきます。
- 行動スピードを向上させるためのゲーム形式／練習形式の中で、要求（例：相手のプレッシャー）をシステマティックに高めていきます。

第3段階

スピードトレーニングの意味
- サッカープレーヤーの複合的なスピードは、上のカテゴリーでは（十分なトレーニング時間がとれる場合）、独立したトレーニングによって個々の要素を最適に高めていきます（例：ランニングのコーディネーション、ダッシュのスピード等）。
- 個々のスピードの要素に欠陥があると、トップのサッカーでは、最終的に補償することはほぼ不可能です。

したがって
- 専門的な、常にスピードの向上を念頭に置いた筋力トレーニングを、サッカーの専門的スピードパフォーマンスのためのベースとして、規則的に取り入れるようにしなくてはなりません。
- 試合の翌日には、スピードトレーニングは行わないようにします。
- 1日に2回トレーニングを行う場合には、2回目のトレーニングでは、強度の高いスピードトレーニングは行わないようにします。
- 技術・戦術の課題は全て、素早く、しかも正確に行うよう注意します。

Chapter6：コンディショントレーニングの実践

動作のスピードのトレーニング

伝統的なモデルにしたがったスプリント・ダッシュ練習も、ちょっと手を加えることで、モチベーションを高めるようなゲームに近い形に変えることができます。

このようなトレーニングフォームとしては、まず第一に、プレーヤーは、ゲームタイプの視覚的なスタートの合図（例：相手のダッシュ、ボールの動き）に反応します。第二に、ボールへのダッシュに、ゲームと同じように次の1つのアクションを、ダイナミックに、それでも正確性を持って（例：コースを狙ったシュート）つなげるようにします。

このようにゲームに近づけたスピードトレーニングは、効果的であると同時に魅力的なものです。とりわけ下のカテゴリーでは、このような種類のスピードトレーニングを、規則的に入れていくよう考慮すべきです。

基本的なトレーニングフォーム

ボールへのダッシュからフィニッシュ

基本的アドバイス

- コースの長さがゲームでの典型的なダッシュの距離になるようにします。10～20mの距離の短いダッシュを要求します。
- スピードトレーニングの前には、プレーヤーは入念に十分なウォーミングアップをしなくてはなりません。そのためには、特にテクニック練習を与えるようにします。
- また、負荷を適切に加減することが重要です。強度の高いアクションの間には、毎回最低60秒間以上の休憩を入れるようにします。
- プレーヤー1人につき4～5回のアクションを行ったら、長めのアクティブレストをとります。単純な、それでいて面白みのある練習を間に入れます。
- スピード面が主体であったとしても、課題は、ほとんどのプレーヤーがテクニックをしっかりと実行できるようなものでなくてはなりません。

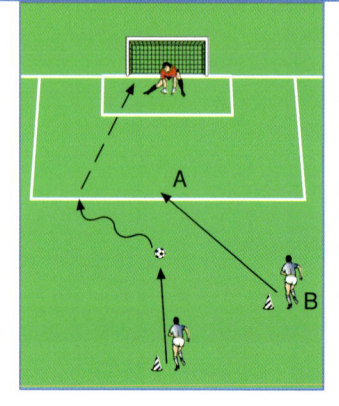

ダッシュからシュート

ゴール前20mの距離にボールを1個置く。ゴールにはGKが入る。AとBが別のポジションからスタートする。Aがスタートしたのを合図にBがスタート。先にボールにさわった方がシュート。もう1人はシュートを妨害する。

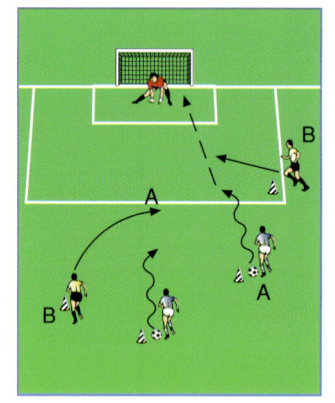

「ドリブラー」を妨害

A（ボールを持つ）とBは別のポジションからゴールに向かって走る。ゴールにはGKが入る。Aの1つ目のボールタッチをスタートの合図とする。Aはゴールを決めようとし、Bは全速力でそれを追い、シュートを阻止してボールを奪おうとする。その後役割を交替。

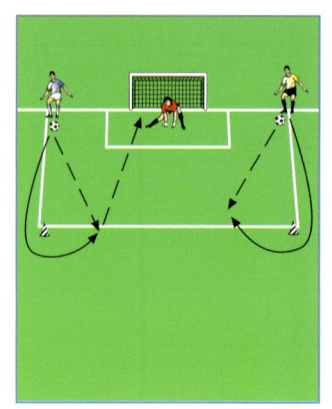

競走からシュート

2人のプレーヤーがコーチの合図でボールをゴールラインからゴール前に出し、自分はそれぞれペナルティーエリアのライン上のマーカーを回って走る。ボールに先にさわった方がゴールへシュートをうつ。もう1人はもう1回マーカーをドリブルで回ってからシュート。

動作のスピードのトレーニング

トレーニングフォーム1 — コーチの出すボールにダッシュ

コーチが2人のプレーヤーの間に立ち、ゴール方向にパスを出す。先にボールをさわった方がシュートをうつ。

第2段階

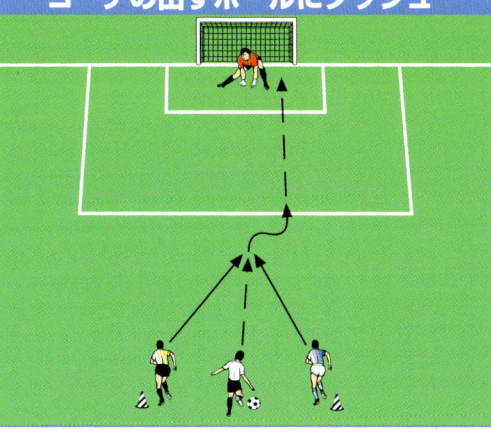

バリエーション
- プレーヤーは様々な体勢からスタート（例：うつぶせ、あおむけ、膝立ち、長座等）。
- コーチはボールバウンドさせる。プレーヤーはまずボールをコントロールしなくてはならない。

トレーニングフォーム2 — ボールへターンダッシュ

ボールをゴール前に置いておく。ゴールにはGKが入る。2人のプレーヤーがまずボールへターンダッシュ。Aがスタートしたのを合図にBもスタート。BはAのシュートを妨害する。
役割を交替。

第2段階

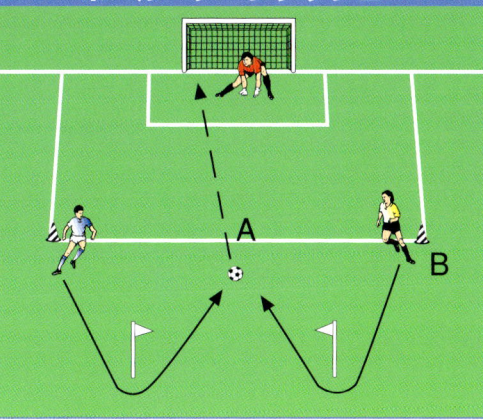

バリエーション
- プレーヤーは様々な体勢からスタート（例：うつぶせ、あおむけ、膝立ち、長座等）。
- 2人ともシュートをうってよい。
- プレーヤーがボールへ向かうコースに障害（例：ハードル、スラロームコース）。

トレーニングフォーム3 — 方向転換でスタート

2人のプレーヤーはボールから離れる方向にそろってバックランニング。突然Aがボールの方向にダッシュしたら、ボールへの1対1からシュートまで。ゴールにはGKが入る。

第1/2段階

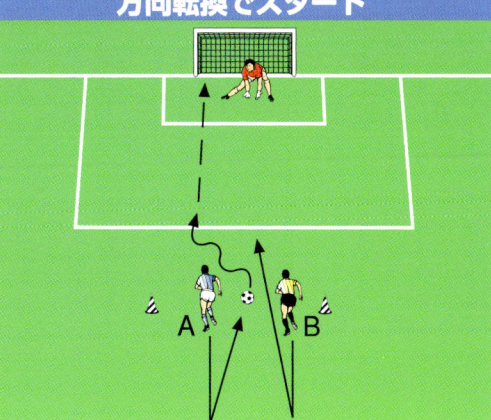

バリエーション
- Aはバックランニングの際に様々な動作（ヘディングジャンプ等）。Bはすぐにそれを真似る。
- 同じ方法でフラッグのミニゴールで。

Chapter6：コンディショントレーニングの実践

トレーニングフォーム4	方向転換でスタート	バリエーション
AはボールをペナルティーエリアのLine上に置き、ゆっくりとしたペースでBの方向に3mジョギング。Aのターンを合図に2人はボールを取りに行く。ボールに先にさわった方が、シュートをうつ。もう1人はそれを妨害する。 第1/2段階		●ボールとBの間にラインを引く。Aがそのラインを越えたらBが先にスタート。 ●Aはまずゆっくりとしたペースでボールからバックランニングで離れる。突然Aが切り換えて前方のボールへダッシュしたら、Bもスタートし、Aがシュートをうつのを妨害する。

トレーニングフォーム5	ナンバーコール	バリエーション
プレーヤーは2グループに分かれ、それぞれ通し番号をつけ、ゴールの左右に分かれる。ゴールにはGKが入る。コーチが1つナンバーをコールし、同時にボールをゴール前に出す。両グループからコールされたナンバーのプレーヤーが出て、ボールに向かう。ボールに先にさわった方がシュート。もう1人がディフェンス。 第2/3段階		●プレーヤーは様々な体勢からスタート（例：うつぶせ、あおむけ、膝立ち、長座等）。 ●コーチはゴール前に高いボールを出す。 ●チーム競争：10回やってどちらのチームの方がゴールが多かったか。

トレーニングフォーム6	リフティングが合図	バリエーション
ゴールから30mの距離にスタートラインを引き、プレーヤーはペアになってその後ろに並ぶ。ゴールにはGKが入る。ペナルティーエリアの前で1人のプレーヤー（またはコーチ）がリフティング。ボールが地面に触れたらそれを合図に2人がスタート。ボールに先にさわった方がシュート。もう1人がディフェンス。 第1段階		●ペナルティーエリアのラインで2人が1つのボールでリフティング ●ペナルティーエリアのラインで2人が各自ボールを1個ずつ使ってリフティング。先にボールが落ちた方を合図にスタート。 ●様々な体勢からボールにスタート。

動作のスピードのトレーニング

トレーニングフォーム 7 ｜「トンネル」からスタート ｜ バリエーション

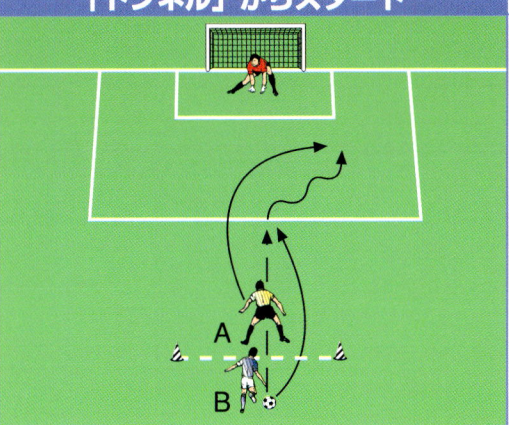

Aはゴールの方を向き両足を開いて立つ。BがAの両足の間を通してパス。Aはボールが視野に入った瞬間にスタートし、ボールを追う。Bはシュートを妨害。

- 1対1からシュートまで。2人ともゴールにシュートしてよい。
- Aはゴールを背にしてBの方を向いて両足を開いて立つ。

第1/2段階

トレーニングフォーム 8 ｜ パスからスタート ｜ バリエーション

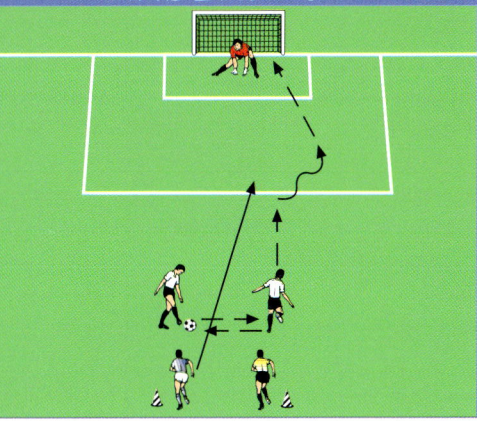

Aのペアは、ゴール前約25mの距離で、その場でパスをかわす。ゴールにはGKが入る。他のペアは後方で待つ。ボールを何回かパスしたら、ペアAの1人のプレーヤーがボールをゴール方向へ出す。これを合図に後方の次のペアがボールへスタート。

- ペアAは2人でリフティング。1人がボールをライナーでゴール方向へ出す（＝スタートの合図）。これを合図に後方の次のペアがボールへスタートし、先にボールをとった方の攻撃で1対1からできるだけ早くシュートまで。
- ペアAは、1人がボールを手で投げ、相手がヘディングで返す。突然ゴール方向へ出し、それを合図に次のペアがスタート。

第2段階

トレーニングフォーム 9 ｜ コーチのパスから1対1 ｜ バリエーション

2人のプレーヤーが、約20mの間隔で、それぞれラインの後ろに向かい合って立つ。コーチはサイドからボールをフィールド内に出す。両プレーヤーはボールにスタートし、1対1から相手のラインをドリブルで通過しようとする（＝1ポイント）。次のペアはラインの後ろで待つ。

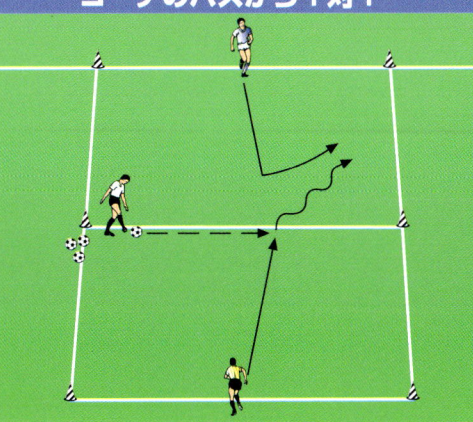

- 同じ方向で、コーンかフラッグのミニゴールを使う。あるいはゴール（GK有り）を2個使う。
- コーチがフィールド内にボールを高く投げ上げる。
- プレーヤーは様々な体勢からボールにスタート。
- 守備のプレーヤーはボールを奪ったらカウンター。

第1/2段階

Chapter6：コンディショントレーニングの実践

ダッシュのスピードのトレーニング

スピードトレーニングを単にダッシュの練習だけで組んでいてはいけません。それではサッカーにおける複合的なスピードの要求の中のたった一つの要素しかトレーニングできません。

それよりも、幅広く設定したスピードトレーニングの中で基礎スピードやダッシュのスピードを高めていくための適切な練習を組む方が、はるかに意味があります。

カテゴリーやトレーニング回数に応じて、ある程度規則的にスピードトレーニングの中に組み込んでいくようにしましょう。

補足のトレーニングフォーム

様々なコースでダッシュ 基本的アドバイス

- シンプルなサッカーの典型的な課題や一連のアクションを入れることで、伝統的なスプリント練習をモチベーションを高めるような種目にすることができます。
- ゲームでよくあるような距離になるよう注意します。最大でも20mまでの短距離のダッシュとします。
- スプリントトレーニングは全速力で、全力で行うこと。そうすることで必要な筋の活性化に最適なトレーニング効果を得ることができます。
- スピードトレーニングは疲労した状態ややる気のない状態で行っても、効果がありません。
- スピードトレーニングの前には必ずウォーミングアップをしっかりと行うようにします。
- 高いレベルのクラスでは、ポジションやプレーヤー毎に、スピードトレーニングを個別に組むよう考慮します。

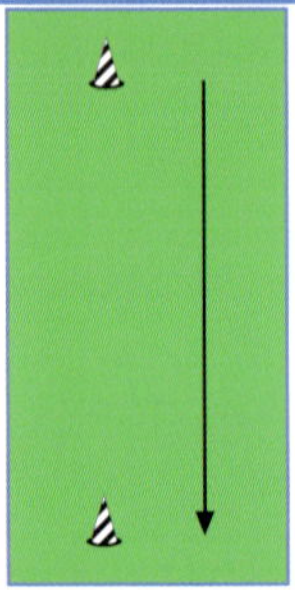

バリエーション1
コーンまでダッシュ（様々な体勢からスタート）

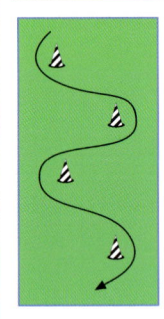

バリエーション2
コーンをジグザグに置いた障害コースをダッシュ

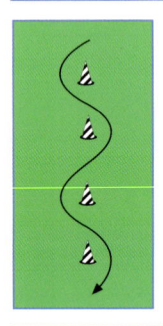

バリエーション3
コーンを一列に置いた障害コースをダッシュ

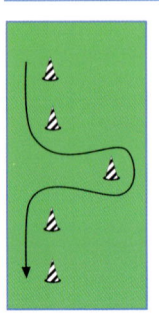

バリエーション4
コーンを1つ横にずらして置いた障害コースをダッシュ

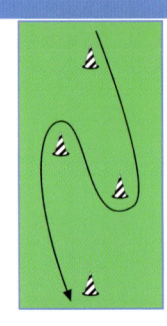

バリエーション5
コーンを2つ図のようにずらして置いてダッシュ

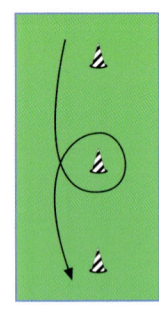

バリエーション6
コーンを1周回ってダッシュ

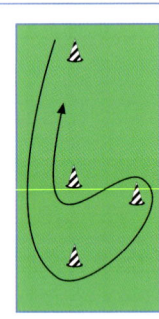

バリエーション7
コーンを図のように回ってダッシュ

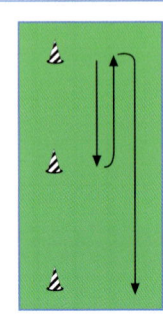

バリエーション8
コーン1にダッシュしてスタート地点に戻り、コーン2へダッシュ。

ダッシュのスピードのトレーニング

トレーニングフォーム1 — 折り返しダッシュ

プレーヤーはラインから出て同じ高さでジョギング。合図で瞬間的にターンして、ゴールラインにダッシュで戻る。どのプレーヤーが1番速いか。

第1/2/3段階

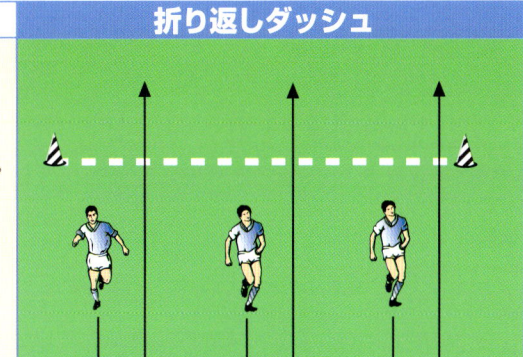

バリエーション
- プレーヤーは課題を行ってから戻る（例：1回転ターン、ヘディングジャンプ等）
- コーチがボールを落とすのを合図とする（視覚的なサイン）

トレーニングフォーム2 — ボールを取りに行く

プレーヤーはラインに横1列に並ぶ。並行したライン上に（距離は10～20m）各プレーヤー毎にボールを1個置く。合図で全員が自分のボールに走り、ドリブルでできるだけ速くスタートラインに戻る。誰が1番速いか。

第1/2/3段階

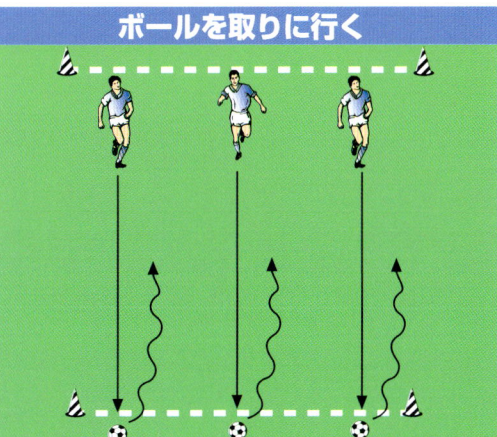

バリエーション
- 様々な体勢からスタート（例：うつぶせ、後ろ向き等）。
- ボールへのダッシュの際に障害を越える（例：ハードルジャンプ等）

トレーニングフォーム3 — 追い越しダッシュ

2人のプレーヤーがスタートライン上に横に並ぶ。1人がゆっくりとジョギング。そのプレーヤーが2本目のラインに足でタッチしたら2人ともダッシュ。後ろのプレーヤーは前のプレーヤーをゴールラインまでに追い越そうとする。距離は10～20m。

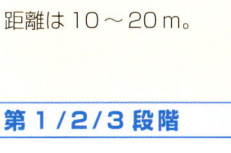

第1/2/3段階

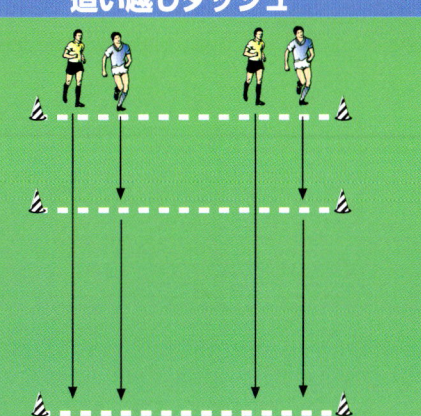

バリエーション
- ライン間の距離を変える。
- Bが出たらすぐAが追う。どちらが先にゴールラインに着くか。
- Bが少し前から出る。コーチの合図でAが追う。Bより先にラインに着くことができるか。

Chapter6：コンディショントレーニングの実践

行動スピードのトレーニング

「行動スピード」というのは、概念として、1人のサッカープレーヤーの複合的なスピードの要求ととらえることができます。最適な行動スピードを持つプレーヤーは、プレーの技術・戦術的な行動を、状況に応じて正確に最短時間で最適な強度で実行することができます。

そのためには、サッカーの専門的スピードの特徴であるコーディネーション、コンディション、認知の全ての部分要素を持ち合わせていなくてはなりません。これらの要素の間には密接な相互作用があります。行動スピードを本当に高めようと思ったら、これを形成している要素を「一緒にまとめて」トレーニングしていかなくてはなりません。したがってプレーヤーを常に入れ変わるプレー状況に直面させ、それを瞬時に適切に解決させるようにします。

基本的トレーニングフォーム

時間と相手のプレッシャーのかかったゲーム形式
基本的アドバイス

● プレーヤーが新たなプレー状況に直面し、それを頭と身体で瞬時に解決しなくてはならないような状況が、短い時間帯で何度も繰り返し起こるようなオーガナイズと負荷を考えてゲーム形式を与えるようにします。

● プレーヤーに過剰な要求をしてはいけません。確かに各プレーがなめらかに機能しなくてはなりませんが、行動スピードを高めるための複合的ゲーム形式には、技術・戦術能力の幅広いレパートリーが前提として必要です。プレーのテンポは、常にプレーの戦術的な解決が可能となる範囲にすべきです。

● 負荷の加減が適切になるよう注意します。強度が高くて短い負荷の後には、長めのアクティブレストをとるようにします。

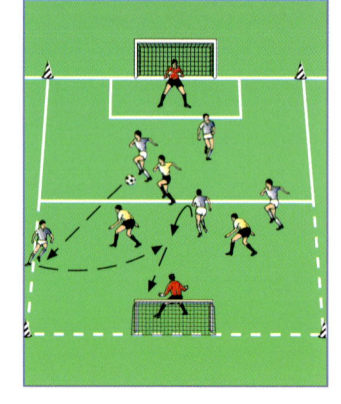

2ゴールに5対3

ペナルティーエリア×2のフィールドで、2グループが2ゴールを使って5対2を行う。ゴールにはGKが入る。5人のグループは2タッチまで。3人のグループはフリーでプレーする。

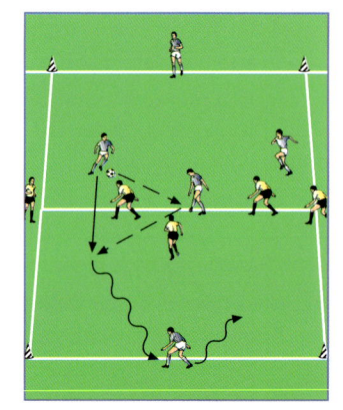

ライン越え3対3

ラインからラインまで3対3。各ラインの後ろにはプレーヤーが1人ずつ入り、4人目、5人目の味方となる。片方のチームが縦方向に、もう片方のチームが横方向にプレーする。ラインをドリブル通過したら、アタッカーはそこの味方とポジションを交替する。その後、反対方向に攻撃する。

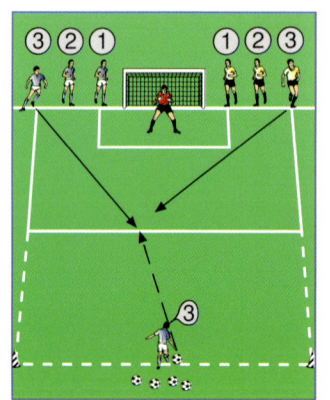

人数が増える

3人2グループとなり、それぞれ1～3まで通し番号をつける。コーチがナンバーをコールし、ゴール前にパスする。その後すぐにコーチは2つ目のナンバーをコールする。1対1から2対2、最後には3対3となる。

行動スピードのトレーニング

トレーニングフォーム1 ― 4対4＋後方にパッサー

ペナルティーエリアで4対4。ゴール1個（GK有り）。各グループから1人がペナルティーエリアの外でパッサーとなり、ボールキープを助ける。

プレー時間：4～5分

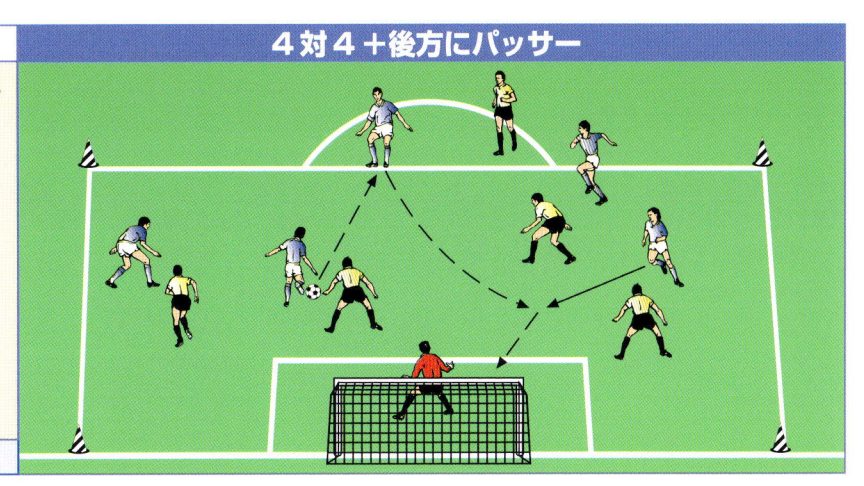

第2/段階

トレーニングフォーム2 ― 4対4＋アシストパッサー

ペナルティーエリアで4対4。ゴール2個（GK有り）。各グループから4人がパッサーとなり、各ゴールの左右に入る。ゴールはパッサーからのアシストを1タッチでシュートした場合のみとする。シュート後はボール保持はそのままで攻撃方向を変える。

プレー時間：4分

第3段階

トレーニングフォーム3 ― 4対4＋ウイングプレーヤー

ペナルティーエリアで4対4。ゴール2個（GK有り）。各グループから2人がウイングとなり、フィールドの左右に入る。ウイングからのクロスをヘディングで決めたら2または3ポイントとする。

プレー時間：5分

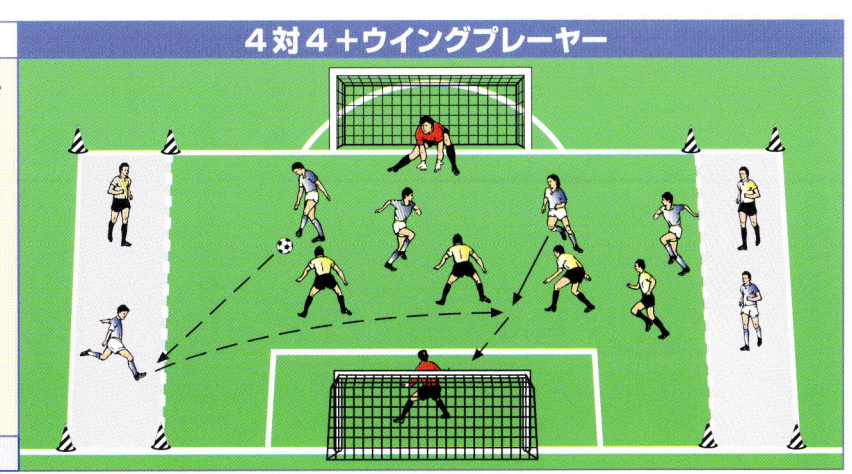

第2段階

Chapter6：コンディショントレーニングの実践

トレーニングフォーム4
ペナルティーエリアで6対3。6人のDFは、3人のFWのプレスに対し、できるだけ長くボールをキープしようとする。3タッチまで。FWはボールを奪ったら、できるだけ速くゴールにシュートしようとする。
プレー時間：3分間

第2/3段階

ペナルティーエリアで6対3

トレーニングフォーム5
ペナルティーエリアで3ゴールで6対3。6人のチームは1タッチのみ（または2タッチまで）でGKの守るゴールに攻める。3人のチームは、フリーでペナルティーエリアライン上の2つのミニゴールにカウンター。
プレー時間：3分間

第3段階

3ゴールで6対3

トレーニングフォーム6
正方形のエリア（20×20m）で4人ずつ3チームが同時にプレーする。ボールを保持している4人チームは、4対8でできるだけ長くボールを保持する。ボールを奪われたら役割を交代。8人の側は1タッチのみでプレーする。
プレー時間：5分間

第3段階

スペースで4対8

行動スピードのトレーニング

トレーニングフォーム7 — 4ダイアゴナルゴールでゲーム

ペナルティーエリアとハーフラインの間のフィールドで6対6。それぞれの辺にミニゴールを作る。チームAはゴール1と2を守り、ゴール3と4を攻撃する。チームBはその逆。素早いプレーアクションと素早い切り替えが要求される。

プレー時間：6分間

第2段階

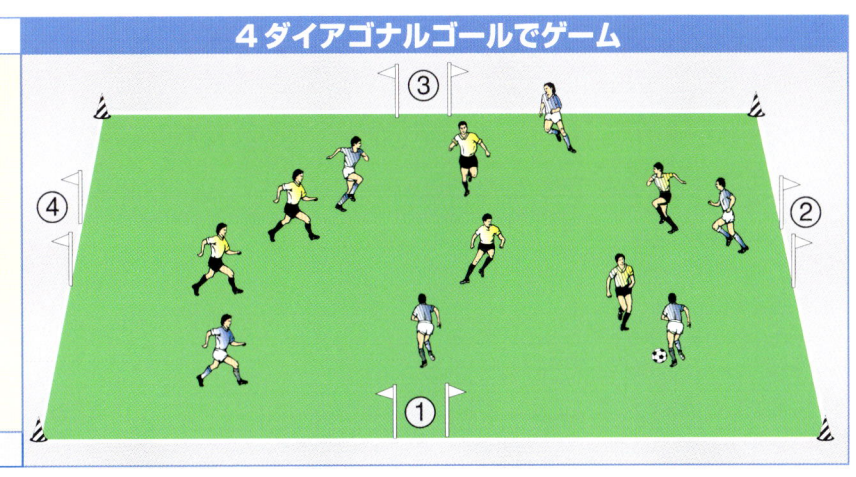

トレーニングフォーム8 — フリー - ダイレクト

フィールドのハーフで、2つのゴールで7対7。1人のプレーヤーがドリブルからパスを出したら、味方はそのボールを1タッチでプレーしなくてはならない。その次のプレーヤーはフリーでプレーしてよい。

プレー時間：7分間

第2/3段階

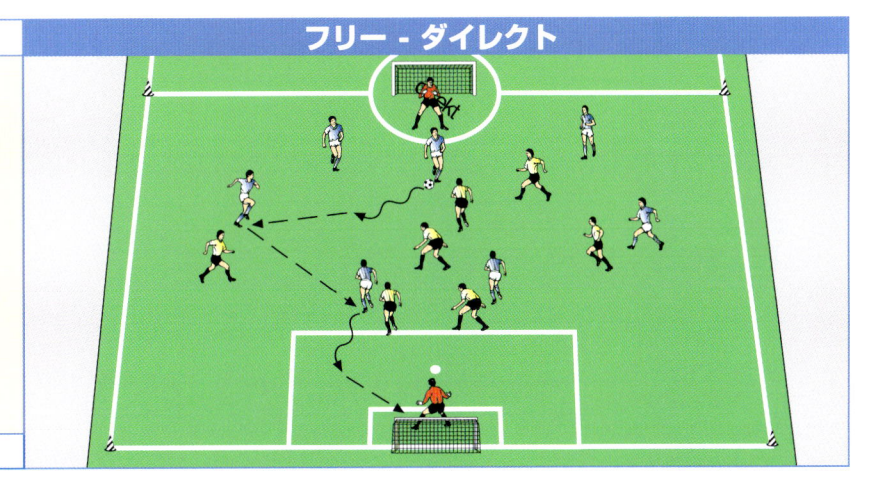

トレーニングフォーム9 — スペースで7対9

図のように制限したエリアで、2チームで9対7のボールキープ。9人のチームは2タッチまで、7人のチームはフリーでプレーしてよい。ボールをできるだけ早く奪い返す。

プレー時間：7分間

第2/3段階

Chapter6：コンディショントレーニングの実践

ランニングコーディネーションのトレーニング

サッカープレーヤーは、様々なランニングの動きをマスターしなくてはなりません。短距離、長距離、テンポや方向の急激な変換等です。

ランニングの基本テクニックをフレキシブルに使いこなすこと（ステップのストライド、ピッチ、リズム、ランニングテクニック）は、サッカープレーヤーのランニングパフォーマンスの「コーディネーションのベース」と考えることができます。特に子どものプレーヤーは、この部分が大きく欠けています。それだけに一層、システマティックにランニングトレーニングを積んでいくことが重要です。しかし、楽しさの要素があまりになくなりすぎないよう注意が必要です。

補足のトレーニングフォーム

ランニングの基礎
基本的アドバイス

- ここに挙げたランニングの基礎は、ランニングテクニックのシステマティックなトレーニングのための、いくつかの主な練習をまとめたものです。
- トレーニングの頻度に応じて、できるだけ規則的に、例えばウォーミングアップのプログラムに組み入れるようにします。
- コーチはランニングの動きの本質的な特徴をつかみ、プレーヤーに適切な修正を与えて助けてあげるようにしなくてはなりません。
- ランニングの基礎の中でも最重要の要素を、意識的にステップを追って与えていくようにします。
- モチベーションを高めるために、練習にゲームに近い続きのアクション（例：シュート）を組み合わせるようにします。
- ランニングトレーニングは、常にフレッシュな状態で行うようにします。
- 最大限の取り組みと集中を要求します。
- 距離は20mまでとします。

ホップ
- 立ち脚の股関節、膝、足を完全に伸ばす。
- 足首を「アクティブ」に使って地面を蹴る。

バウンディング
- 下腿を振り出して、意識して足底全体で着地
- リラックス

バックキック
- 大腿はまっすぐ下へおろす。
- つま先を使う。踵は地面につけない。

足首の動き
- 足関節を左右交互に屈曲・伸展させ、前に進む。

もも上げ
- 大腿を素早く上に引き上げる。
- 足首をアクティブに使う。
- 背筋を完全に伸ばす。

片足ジャンプ
- 膝をほぼ完全に伸展させ、足関節からジャンプ。間にリズム合わせのジャンプを入れない。

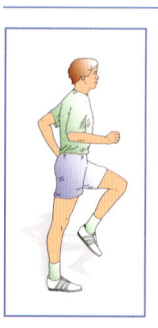

スキップ
- 高いピッチでもも上げ。
- 膝の引き上げは少し低めに。

もも上げ開脚
- 下腿を前に振り出し、スイングの最後にアクティブに振り子のように蹴り出す。
- 腕をダイナミックに使う。

ランニングコーディネーションのトレーニング

トレーニングフォーム1	棒を使ってランニング	バリエーション
棒を4～7本、地面に等間隔（40～60cm）に並べ、そこをフルスピードで走り抜ける。 第2/3段階		● 棒2本分前進し、1本分後退。 ● 棒を様々な間隔で並べる。ステップをフレキシブルにそれに合わせる。 ● 細かいステップで越えていく。 ● 細かい両足ジャンプで越えていく。 ● 最後の棒を越えたら短いダッシュ（10m）

トレーニングフォーム2	コーンを使ってランニング	バリエーション
5～6個のコーンをジグザグに置く。プレーヤーはそのコースをフルスピードで走り抜ける。可能であれば、競走にする。例：コースを並行して作って。 第2/3段階		● 素早いサイドステップで進み、各コーンにタッチ。 ● 走っていって、各コーンを素早く回る。 ● フルスピードでバックランニングで ● 競走からアクションへ。2人のプレーヤーが並んで競走し、速かった方へパッサーがパス。GKの守るゴールへシュート（シュート＝1ポイント、ゴール＝2ポイント）。

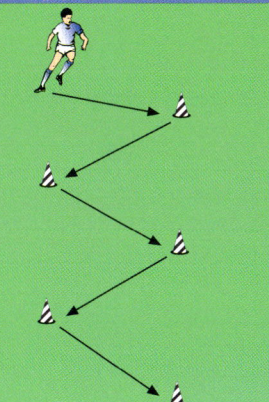

トレーニングフォーム3	折り返しランニング	バリエーション
3人ずつでグループを作る。2人が約5mの間隔で「折り返しポイント」となる。3人目が課題に応じて3（5）ポイント回る。終わったら交替する。いくつかのグループで競走する。 第1/2段階		● 折り返しポイントのプレーヤーは「四つん這い」になる。ランナーはそれを跳び越える。 ● 同じ方法で、今度は馬跳び。 ● 2人のプレーヤーはかがんだ姿勢から両腕を伸ばす。ランナーは閉脚跳びで両腕を次々と跳び越す。

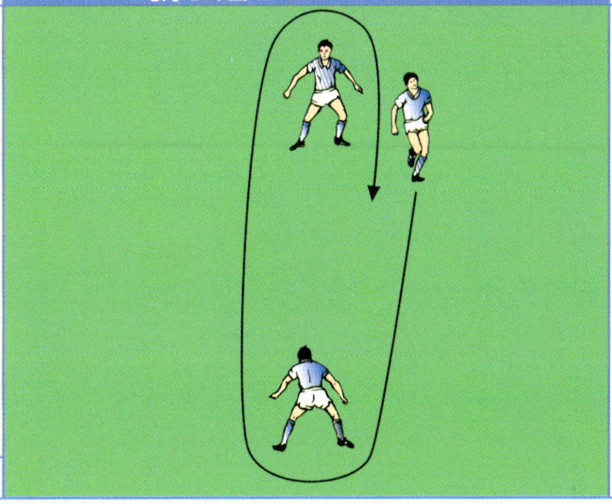

Chapter6：コンディショントレーニングの実践

パワーのトレーニング

パワーはサッカーにおいて重要な筋力の要素です。ゲームでは、素早いダッシュ、急激なターン、爆発的なシュート等、ダイナミックで爆発的な動きをしなくてはなりません。さらに、パワーは、加速能力にも大きく影響します。ダッシュのスピードを向上させるためには、システマティックなパワートレーニングが重要です。

そのためには、まず第一に、バリエーション豊かなジャンプ練習を与えるようにします。さらに（特に冬季の屋内でのトレーニングで）様々な高さの障害物を使い、楽しさがありモチベーションを高めるようなジャンプ力のトレーニングを取り入れるようにします。

補足のトレーニングフォーム

障害物を使ったジャンプ 基本的アドバイス
- パワーの向上のためには、障害物を使ったジャンプと並んで、特にこれらのジャンプフォームを与えるようにします。
  - ・片足ジャンプ。左右
  - ・両足ジャンプ
  - ・立ち幅跳び
  - ・サイドジャンプ／バックジャンプ
- 器具を使って練習をする場合、要求が必ず年齢やレベルに合うようにします（脊椎への負担に注意）。
- 子どもや初心者にはリングを使ったジャンプを、それに対し中級・年長の少年にはボックスやベンチを使ったジャンプを行います。
- ハードルジャンプやボックスジャンプは、トップレベル向けのものです。
- 並行して全身の筋力を高めること。また、ウォーミングアップは十分に行うようにします。

コーン
- コーンを跳び越えながら前進（間の着地回数を変える）
- サイドステップ
- スキップ
- もも上げ
- プライオメトリックジャンプ

フィールドのフェンス
- 両手でフェンスを握ってジャンプ
- 両手で握って開脚ジャンプ
- 両手で握って捻りジャンプ
- もも上げジャンプ

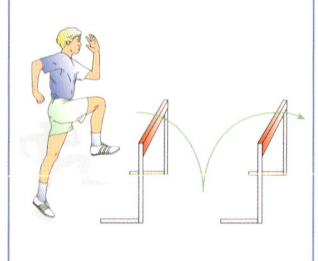

ハードル
- ハードルを越えてランニングジャンプ（間の着地は1回）
- 同じ高さのハードルを閉脚跳び
- 様々な高さのハードルを閉脚跳び

小ボックス
- 小ボックスを越えてランニングジャンプ（間の着地は1回）
- 閉脚跳び
- 片脚ジャンプ
- サイドジャンプ
- ボックスでスキップ

パワーのトレーニング

トレーニングフォーム1 — パワー／スピード

コースを2区間に分ける。プレーヤーは片脚ホップで1つ目のコーンへ。そこで少し止まってコーチの合図でゴールライン（2つ目のコーン）までスプリント。

第2/3段階

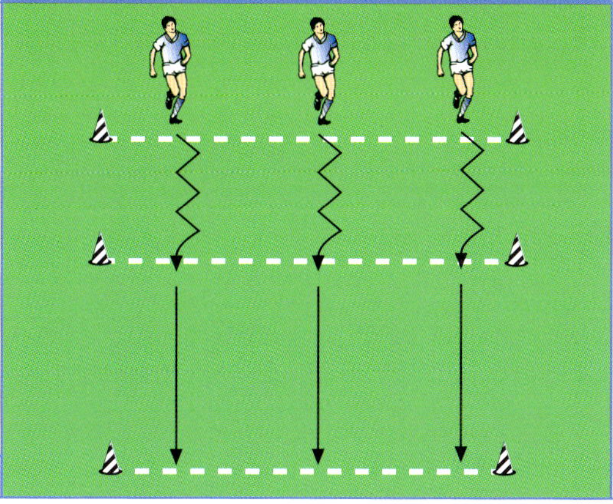

バリエーション
- 同じ方法で、今度は1つ目のコーンまでバウンディング。
- 同じ方法で閉脚跳びで。
- 同じ方法で力強いホップで。
- 1つ目のコーンまでリラックスしたジョギング。もも上げジャンプを3回やって、コーチの合図で競走。

トレーニングフォーム2 — 縦・横コース

コーンを使って直角に3区間作る。
2グループで様々なランニングやジャンプで競走。
第1区間は力強くバウンディング、第2区間はサイドステップ、少し止まって合図で第3区間をスプリント。

第2/3段階

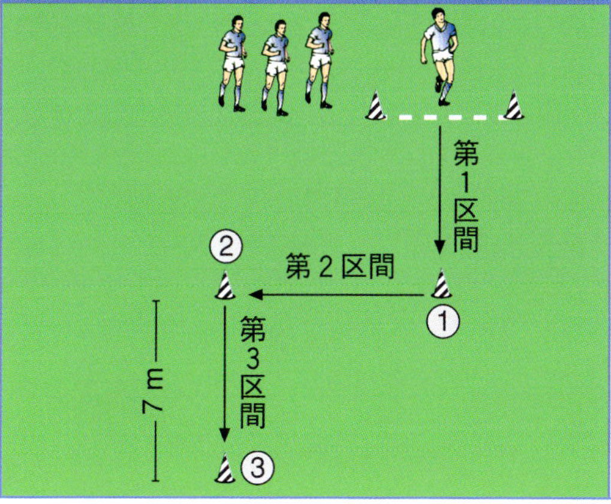

バリエーション
- 第1区間：スキップ、第2区間：サイドステップ、合図で第3区間をスプリント。
- 助走から第1コーンでヘディングジャンプ、第2区間：サイドステップ、合図で第3区間をスプリント。
- 第1区間：力強くバウンディング、第2区間：普通のランニング、第2コーンでもも上げジャンプ2回、合図でスプリント。

トレーニングフォーム3 — 3人組ジャンプトレーニング

3人ずつでグループを作る。2人が膝をついて向かい合い、両腕を伸ばして手をつなぐ。3人目のプレーヤーがスタンディングから両足ジャンプで跳び越える。10回で交替。

第1/2段階

バリエーション
- プレーヤーは助走から片足ジャンプ。踏み切り足の膝を胸に引きつけ、同じ足で着地。向きを変えて次のジャンプ。
- 横向きに両足ジャンプ
- 短い助走からランニングジャンプ。

Chapter6：コンディショントレーニングの実践

筋力と柔軟性のトレーニング

［サッカーにおける筋力］

　今日のトップレベルのサッカーにおいては、プレースタイルがますます激しくダイナミックになってきています。そのため「筋力」は、サッカープレーヤーのコンディションの重要な基礎として注目されています。それに伴い、サッカーの専門的な筋力トレーニングの重要性も高まっています。

　誤解を避けるために言っておくと、サッカープレーヤーはボディービルダーではありません。サッカープレーヤーの場合、単に最大筋力を高めるのではなく、ゲームでの要求に最適に合わせていくようにしなくてはなりません。

　サッカープレーヤーが必要とする専門的な筋力は、どのようなものなのでしょうか？

●パワー

　サッカーにおける典型的な動きを見てみると、サッカーで最も重要な筋力は、明らかにパワーであるといえます。ゲームでは、ダイナミックな、しばしば非常に爆発的な動きが多く見られます（急激なストップとターン、素早いダッシュ、爆発的なシュート等）。これらは全て、パワフルな筋力発揮を必要とします。

●（スピード）筋持久力

　さらに、優れたサッカープレーヤーに不可欠なのは、（スピード）筋持久力です。サッカープレーヤーは、1試合90分間を通して、ダイナミックでパワフルな動きを、なんとかパフォーマンスの低下を最低限に抑えて、見せ続けることができなくてはなりません。

　試合終了間際の力強いシュートやタイミングのよいブロックが勝敗を決することが大いにあり得るのです。

●全身の筋力と重要な機能

● サッカープレーヤーの筋力は、その試合でのパフォーマンスに直接影響します。例えば、筋力レベルが向上すれば、それをベースに運動スピード（ダッシュやターン）が向上します。またテクニックの正確性や効率（強いロングパス、ダイナミックなヘディング）にも、筋力が基盤となっています。

● 特にまた全身の運動能力の基礎を強化することで、相手選手との直接の1対1での力強さを

ダッシュのような運動のスピードも、高い筋力がベースとなっています。

筋力と柔軟性のトレーニング

図7. サッカーにおける筋力

サッカーにおける筋力

パワー

- パワーはサッカーにおいて最も重要な筋力である

- パワーが優れていてはじめてダイナミックで爆発的な動きが可能になる

- 低年齢のカテゴリーでは、ゲームで一緒にトレーニングする。
それ以外であれば、特にジャンプ練習を与える。

筋持久力

- 筋持久力によって、サッカープレーヤーは、1試合全体を通してパワフルに動き続けることができる

- 筋持久力が優れていると、爆発的なアクションに関与する筋が素早く回復する

- 低年齢のカテゴリーでは、持久力は独立させてトレーニングするのではなく、試合に近い形のゲーム形式で共にトレーニングする

最大筋力

- 最大筋力が高いと、加速のパフォーマンス（例：ダッシュ）の際に最大限の筋の動員が可能となる

- 最大筋力が向上すると、サッカーでの要求に最適に対応することができる

- 脚の爆発的筋力発揮を目標とした筋力強化トレーニングは、ハイスピードで行う

Chapter6：コンディショントレーニングの実践

向上させます。
● 筋力の向上は、1人のプレーヤーのプレーパフォーマンスに直接的にポジティブな影響を与えますが、それ以外にも、ケガの危険性やトレーニングやゲームでの偏った負荷を受け続けることによる長期的な消耗といった意味でも、筋力トレーニングは保護や予防の機能を持っています。

　試合では、運動器官に、外的および内的に莫大な力が掛かります（例：過伸展、相手との衝突で動きが急にブロックされ、ひねる）。よく発達した筋は、コルセットの役割をし、骨、靱帯、関節への傷害を防ぐ最高の保護となります。
● しかし、サッカープレーヤーに起こるのは、短期的な一時の外傷ばかりではありません。多くのプレーヤーは、長期的な障害に悩まされます。そうすると、試合やトレーニングを休まなくてはならなくなります。

　ほとんどは、トレーニングや試合での、サッカーの典型的な要求による、筋への偏った負荷が原因となっています。

　「サッカーで典型的に使われる筋」と、その他のあまり重要視されない筋、ないしはあまり注意を向けられない支持筋の間にアンバランスが生じます。サッカープレーヤーの場合は、特に、以下の2つの弱点を、はっきりと認識しておくべきです。
1. 肩甲骨周辺、上体の筋
2. 体幹を安定させる筋。特に腹筋、背筋

　このような筋のアンバランスや筋力不足は、しばしば、多様なパフォーマンスの低下や障害発生の原因となります。

　このような筋のアンバランスを相殺するような、機能的に適切な筋力トレーニングによってのみ、障害を長期的に予防し、あるいは除去することができるのです。

[サッカーにおける柔軟性]

　柔軟性が優れていることもまた様々な面で、サッカープレーヤーのパフォーマンスに影響を与えます。

●柔軟性と優れたコンディション

　柔軟性に優れていると、運動経過を経済的に「省エネ」で行うことができるようになります。そうすることで、疲労の出現も遅らせることができます。柔軟性は、間接的に、持久力も向上させます。また、筋力発揮やスピードのパフォーマンスにもポジティブな影響を与えます。柔軟性が優れていることで、筋をブロックするものが取り除かれるからです。

●柔軟性とパーフェクトなテクニック

　柔軟性が優れていてはじめて、サッカーの専門的なテクニックのパーフェクトな適用が可能になります。例えば、股関節がかたいプレーヤーは、上体をうまく使ったトリッキーなフェイントを有効に使いこなすことができません。インステ

相手をあざむくトリッキーなフェイント──上体をうまく使い、柔軟に動きます。

筋力と柔軟性のトレーニング

図8.

トレーニングや試合の前に必ず行うべきプログラム

柔軟性トレーニング

トレーニングで

- サッカーに関連したストレッチングでの柔軟性トレーニングを、毎回ウォーミングアップの中に組み込む

- 柔軟性に重点を置いた専門的なセッションは、高いカテゴリーのみとする。

- 柔軟性のプログラムは、各プレーヤーの筋の問題のある部分に合わせて組む

試合前

- 外的な環境（例：気温）にしたがって、ストレッチングプログラムの量と構成を考える

- まず心肺機能を活性化させてから（ジョギング）ストレッチングを開始する

- 試合前のストレッチングの目的は、柔軟性の向上ではなく、スタートするのに最適な状態を作り出すことである

Chapter6：コンディショントレーニングの実践

ップキックも、足関節を十分に（できれば完全に）伸ばすことができないと、正確にやってみせることができません。また、ボレーキックをパーフェクトに行うためには、股関節の柔軟性が高いことが必要です。

● **柔軟性とケガの危険性の低下**

短いダッシュ、急激なターン、爆発的なジャンプやキックは、サッカーの典型的な運動です。これらのダイナミックな運動によって筋にかかる負担は非常に大きく、そのために必然的にケガの危険性も高くなります。その際、短縮する傾向にある筋（そしてその筋と結びついている関節包・靱帯）の危険性がより高くなります。関与する筋が高い伸張性を持つことは、負荷をよりよく処理し、またケガを予防するという観点で、ポジティブな作用を持ちます。

それとともに、広範にわたるシステマティックな柔軟性プログラムは、毎回のトレーニングや試合の準備に不可欠な要素です。

［筋力と柔軟性の相互作用］

サッカー選手の筋力と柔軟性との間には、密接な相互作用があります。筋力と柔軟性は、互いにネガティブにもポジティブにも作用し合います。

したがって、適切な筋力強化には常に適度な柔軟性トレーニングを並行させなくてはなりません。というのは、特定の筋に長期にわたって筋力強化ばかり行っていると、必然的に筋が短縮するからです。これを柔軟性トレーニングで取り除かないと、ずっと短縮したままになってしまいます。しかし、短縮したままの筋では、パワフルな動きに必要な最大筋力を発揮することはできません。その上、ケガの危険性も高まります。

ストレッチングによって、筋や靱帯の柔軟性はある程度促進されます。ただし、ストレッチングには、常に筋の安定化のための適切な筋力トレーニングを並行させるようにしなくてはなりません。

もう一度、念を押しておきましょう。筋力トレーニングには、常にそれに見合った柔軟性プログラムを伴うようにしなくてはなりません。逆も同様です。そして、筋に血液やエネルギーを供給するためには、筋力トレーニングの後に持久力トレーニングを行うようにすべきです。

子どものトレーニング

子ども・少年の年代の柔軟性トレーニング

- 基本的に言えることは、若ければ若いほど柔軟性は高いということです。しかしながら、この子どもの柔軟性を、最年少のカテゴリー（F・Eユース）からすでに、年齢に即した（ゲーム的で多面的な）トレーニング内容で安定させることが重要です。
- 子どもの年代は、運動に対する欲求が高いので、柔軟性のトレーニングは、受動的で静的なものよりも、動的でダイナミックなものの方を主体とするようにします。
- この最年少のカテゴリーで、入念に広範にわたり、年齢に即して（ゲーム的に）体操の基本の養成を行うほど、また子どものポジティブな姿勢に徹底して働きかけるほど、その子が後になってから受けるトレーニングやゲームでの高い負荷にしっかりとした準備をすることができます。特に、筋のアンバランスには、早期から注意するようにしましょう。
- 遅くともCユースからは、子どものプレーヤーも成長期に入り、それによって柔軟性は低下します。したがって、この年代では、柔軟性のトレーニングを一貫して続けることが不可欠です。ただし、受動的な偏った柔軟性トレーニングで運動機構（特に脊椎）に過剰な負荷をかけることのないように注意しましょう。

筋力と柔軟性のトレーニング

図9. カテゴリーに応じた筋力と柔軟性

第1段階

筋力の重要性とトレーニング
- 低年齢のカテゴリーのプレーヤーも、ゲームでの要求（例：キック、ダッシュ、1対1での頑張り）を満たすには、最小限の筋力は必要です。
- しかしながら、ここでも他のコンディション要素の場合と同じことが言えます。トレーニング回数が少ないほど、筋力だけのトレーニング時間は短くなります。したがって、筋力トレーニングもゲームと組み合わせて行うようにします。

柔軟性の重要性とトレーニング
- 低年齢のカテゴリーでは、柔軟性は、特にケガの予防に重要です。
- トレーニングや試合の前に、ストレッチングをしっかりと集中して意識して行うことのポジティブな効果について、プレーヤーに教えるようにします。
- また、一方で、トレーニングや試合の前にストレッチングだけ行ったとしても、準備としては不十分です。

第2段階

筋力の重要性とトレーニング
- 筋力とパワーは、ある程度までは「プレーをしながら」、すなわち複合的なゲーム形式や練習形式を使って向上させることができます。
- したがって、サッカーの専門的な筋力向上のための特別プログラムはゲームに補足的に与えるものとします。サーキットトレーニング、バリエーションをつけたジャンプ練習、コンディション体操等です。

柔軟性の重要性とトレーニング
- 各個人の柔軟性のレベルが、テクニックの運動のクオリティーや正確性に影響を与えます。テクニックの要求が高くなってくると、それに応じたより良い柔軟性が必要となります。
- トレーニングや試合の前後のストレッチングは、広範にわたり、各個人に合わせて行うようにします。
- プレーヤーの高い自主性が要求されます（自主トレーニング）。

第3段階

筋力の重要性とトレーニング
- 現代サッカーは、テンポが高く激しいため、最適な筋力が必要です。
- ユースの上のカテゴリーやアマチュアでは、専門的な筋力トレーニングで、個人の筋力レベルをシステマティックに高めていかなくてはなりません。
- このような専門的な筋力トレーニングは、長期的にプランニングします。

柔軟性の重要性とトレーニング
- 準備のストレッチングは、その場の状況（例：気候）、これから要求されること（例：トレーニングの重点）、各自の心身の問題（例：特定の筋に問題がある）に合わせて行います。
- 各自の筋や関節のテストを行うことで、個別の柔軟性プログラムのための目安を得ることができます。
- プレーヤーの高い自主性が要求されます（自主トレーニング）。

Chapter6：コンディショントレーニングの実践

ストレッチングの実践

カテゴリーに関係なく、ほとんど全てのチームが、トレーニングや試合の前にストレッチングを行っています。しかし、あまり集中せずに適当に、部分的に不適切なやり方で行っていたりすることもかなりあります。

ストレッチングエクササイズは、トレーニング目標、実際の状況、個人の特徴等に応じて行うべきです。例えば、ゲームの準備のためのストレッチングは、柔軟性向上のための専門的なストレッチングプログラムとは違った構成になります。

［ストレッチングのためのアドバイス］

アドバイス１：ホールド（保持）のストレッチングは、最も有効なストレッチング方法である

ストレッチングには様々なバリエーションがあり、それぞれに特別な長所と短所があります。その中でも、ホールドのストレッチングは、適切な方法です。したがって、この実践編に挙げたストレッチングエクササイズは、このテクニックに対応させたものです。プレーヤーは、自分の最適なストレッチング位置（各個人のエンドポジション）を慎重に探り当て、その位置を10〜15秒保持し、それを繰り返します。このテクニックは習得が簡単で、それ以上の補助を必要としません。

アドバイス２：ストレッチングだけではウォーミングアップとしては不十分である

ウォーミングアップでは、ストレッチングの前に、10〜15分間のジョギング（いくつかのバリエーションをプラス）、あるいはボールを使ったテクニックプログラムを入れるべきです。それによって大筋群が温まり、心肺機能が活性化され、体温が上昇します。まずこうしておいてから、これをベースに筋を最適に伸長させるのです。

アドバイス３：ベースとなるエクササイズに、個人に合わせたエクササイズを組み合わせる

サッカーの典型的な運動によって、いくつかの筋がサッカーに典型的な短縮傾向を示します。例えばシュートを100本うつと、特に股関節や膝の屈筋、さらに腓腹筋が短縮します。スタンダードエクササイズとしての最小限のプログラムは、これらの典型的な傾向を考慮して組みます。その上でさらに、特別な筋の要求（例：GKでは肩甲骨周辺）や個人の特徴（例：ケガの後）等の状況に合わせたエクササイズを組みます。

アドバイス４：ストレッチングは、常にその場の状況に合わせるようにする

ストレッチングプログラムには、プレーヤー個人の要求と並んで、さまざまな外的な条件も考慮します。例えば雨模様で寒い気候の場合、あるいは地面の状態が不適切な場合、ロッカールームでストレッチングプログラムを行うといったオプションがあります。

さらに、特定のトレーニング重点（例：シュート練習、スピードトレーニング）をもたせたセッションの場合、特に負荷がかかる筋群を重点的に準備するようにします。

アドバイス５：全てのストレッチングエクササイズで、特定の原則を常に注意する

●ゆっくりと自分なりのエンドポジションを見つけます。
●最適なエンドポジションで、10〜15秒間保持します。軽い突っ張り感が感じられるように。
●痛みがなくエンドポジションに持って来ることができる種目のみ行うようにします。
●スイングしたり弾みをつけたり、上下にゆすったりしてはいけません。
●規則的に静かに呼吸し、リラックスを保ちます。
●時々筋を少しゆるめます。
●必ず両側とも行います（左右）。

ストレッチングの実践

大腿後面	大腿後面	大腿の内側
片脚の膝をつく。もう片方の脚を前方に伸ばす。上体はまっすぐ起こしておく。	片脚の膝をつく。もう片方の脚を前方に伸ばし、つま先を起こす。	両脚を横に開いて立ち、体重を片方の脚にかける。もう片方の脚は伸ばす。

大腿の内側	臀部の筋	大腿前面
片方の膝をつく。もう片方の脚を側方へ伸ばす。上体を側方へ倒す。	長座になり、片方の脚を伸ばしてもう片方の脚をそれに組み、体幹を捻る。	うつぶせになって片方の足をつまみ、下腿を臀部の方向へ引きつける。

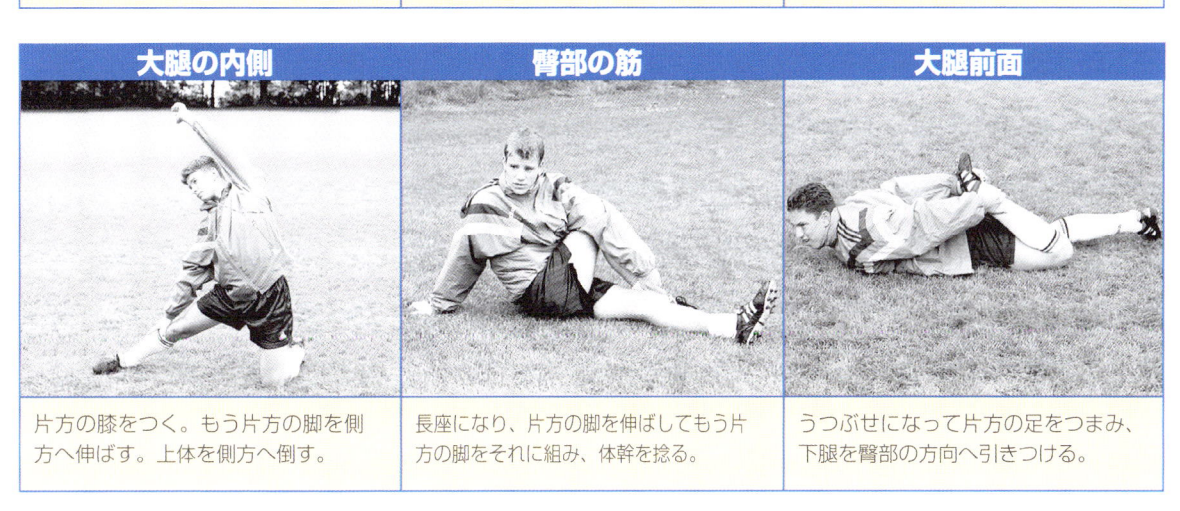

大腿前面	背筋	下腿の筋
両膝をつけて立ち、身体を後ろに倒していき、両手をつく。	仰向けになって両脚を横に倒す。背は地面につけておく。	両手両足をつき、片方の脚を伸ばして、踵を地面に押しつける。

Chapter6：コンディショントレーニングの実践

筋力トレーニングの実践

体操トレーニングは短すぎることが多いようです。筋力が不足しているためにそれが原因でパフォーマンスが平凡なレベルで終わってしまうことも多いのです。多くのチームは、せっかく技術・戦術上で優位にあっても、それを成功へと生かすことができずにいます。身体能力が劣っていて「キーとなる1対1」に負けてしまうからです。

そのための長期的な対策となるのは、規則的に基礎筋力を高めるためのスタンダードプログラムを実行し続けることです。

筋力強化のエクササイズは、トレーニングのウォーミングアップやクーリングダウンとしてプランニングすることができます。

さらに、プレーヤーが常に自宅で追加の体操プログラムを自主的に実施するよう、モチベーションを与えます。

[筋力トレーニングのためのアドバイス]

アドバイス1：主な目標は、基礎筋力の向上である。したがって、毎回のトレーニングで全身の筋力強化のためのエクササイズを実施する。

全身の筋力強化は、全般的パフォーマンス能力を高め、姿勢の問題を取り除き、サッカーの専門的な筋力トレーニングのためのベースとなります。

体幹の筋は、莫大な負荷を受け止めます。動きがダイナミックになるほど、特に腹筋と背筋を力強く鍛えなくてはなりません。

基礎筋力のトレーニングには、以下の原則が当てはまります。
- 機能的に不適切な、ケガを助長するような（例えば前湾過多となるような）ことは絶対に避けます。
- 腹筋・背筋は、全身の筋力強化のための体操プログラムの中心となります。
- 筋力強化エクササイズは、プレーヤーに合うように組みます。場合によっては難度を個人に合わせます。
- 痛みが発生したら、筋力強化エクササイズは中止します。
- 息をつめないようにします。
- 筋力の要求が高いほど、回復も積極的に行います。

アドバイス2：基礎筋力の向上は、長期的にプランニングし、組み込むようにする。

筋力強化プログラムは、時々取り入れるだけであれば、持続的な向上はもたらされません。これを毎回のトレーニングに組み込んではじめて、ポジティブな成果が得られるのです。また、プレーヤーに、筋力強化の機能と意義について、情報を与えることが重要です。それによってプレーヤーに、自宅で追加の筋力強化プログラムを実行するようモチベーションを持たせるようにします。

これは、筋力テストの結果をベースに、各個人の筋の弱点に合わせて組みます。その際、専門知識や機器のある近くのフィットネスセンターとの協力体制を作ることを検討すべきです。

アドバイス3：基礎筋力トレーニングは、魅力的に楽しめるように組む。

特に腹筋・背筋は、まず第一に静的に、あるいは適度に加減したテンポでトレーニングするようにしなくてはなりません。しかし、その際に、絶対に単調な退屈なものにならないよう注意します。

いくつかのスタンダードエクササイズに、例えば常に新しいバリエーション豊かな補足エクササイズで補充することが可能です。さらに、ボールをモチベーションを持たせるための手段として導入することも可能です。

筋力トレーニングの実践

腹筋	腹筋	腹筋
仰向け。両脚を起こし、体幹と大腿が直角になるようにする。	前と同じ。今度は頭を膝の方向へ起こしておき、再びおろす。	今度は頭、肩、胸を膝の方向へ起こしていく。

腹筋	身体の後面	身体の後面
仰向けで両膝を曲げ、上体を捻る。	仰向けから骨盤を持ち上げ、再びおろす。	片脚の膝を曲げ、地面にしっかりと足をつく。もう片方の膝を胸に引きつける。

身体の後面	腹筋	腹筋
踵で身体を支え、骨盤を持ち上げる。	仰向けで両膝を曲げて浮かせ、ボールをトスする。	仰向けになってボールを両膝の間にはさみ、両脚を起こす。

Chapter6：コンディショントレーニングの実践

サッカープレーヤーのための専門的な体操

サッカーの専門的な体操プログラムには、常に、筋力、柔軟性、コーディネーションの向上の要素を結びつけるべきです。魅力を高めるために、オーガナイズのフォームに変化をつけることが重要です。特に、ボールを使った個人練習や2人組の練習を与えるようにします。

[全てストレッチングと筋力トレーニングに関係]

アドバイス：体操プログラムはトレーニングの中に規則的に組み込むようにする。その際、サッカーでの筋の要求に合わせるようにする。

- プレー上の要求は偏っているため、あまり重視されることのない筋があり、それらは筋力が低下する傾向にあります。このような筋を強化するようにします。
- 本来サッカーに典型的な「主働筋」の「拮抗筋」を強化します。
- プレー上の偏った要求で過剰な負担がかかっていて短縮傾向にある筋をストレッチします。
- 本来の「主働筋」の「拮抗筋」をストレッチします。
- 毎回の体操プログラムで、全身強化のためのエクササイズ（特に体幹の筋群の強化）を入れます。
- 筋力強化のエクササイズと並んで、常に適切なストレッチングエクササイズを与え、筋の短縮を防ぎます。
- ストレッチングによって運動範囲を広げ、筋力強化エクササイズで筋を安定させます。
- 身体の各部位に、交互に負荷をかけるようにします。そうしてオーバーロードになるのを避けます。

個人エクササイズ	ボールを使った個人エクササイズ	2人組エクササイズ
個人エクササイズは、特にそのプレーヤーの要求に合わせることができます。	ボールは、エクササイズを魅力的にし、モチベーションを高めるための最適な手段です。	2人組エクササイズは、特にグループダイナミクスの機能を持ちます。

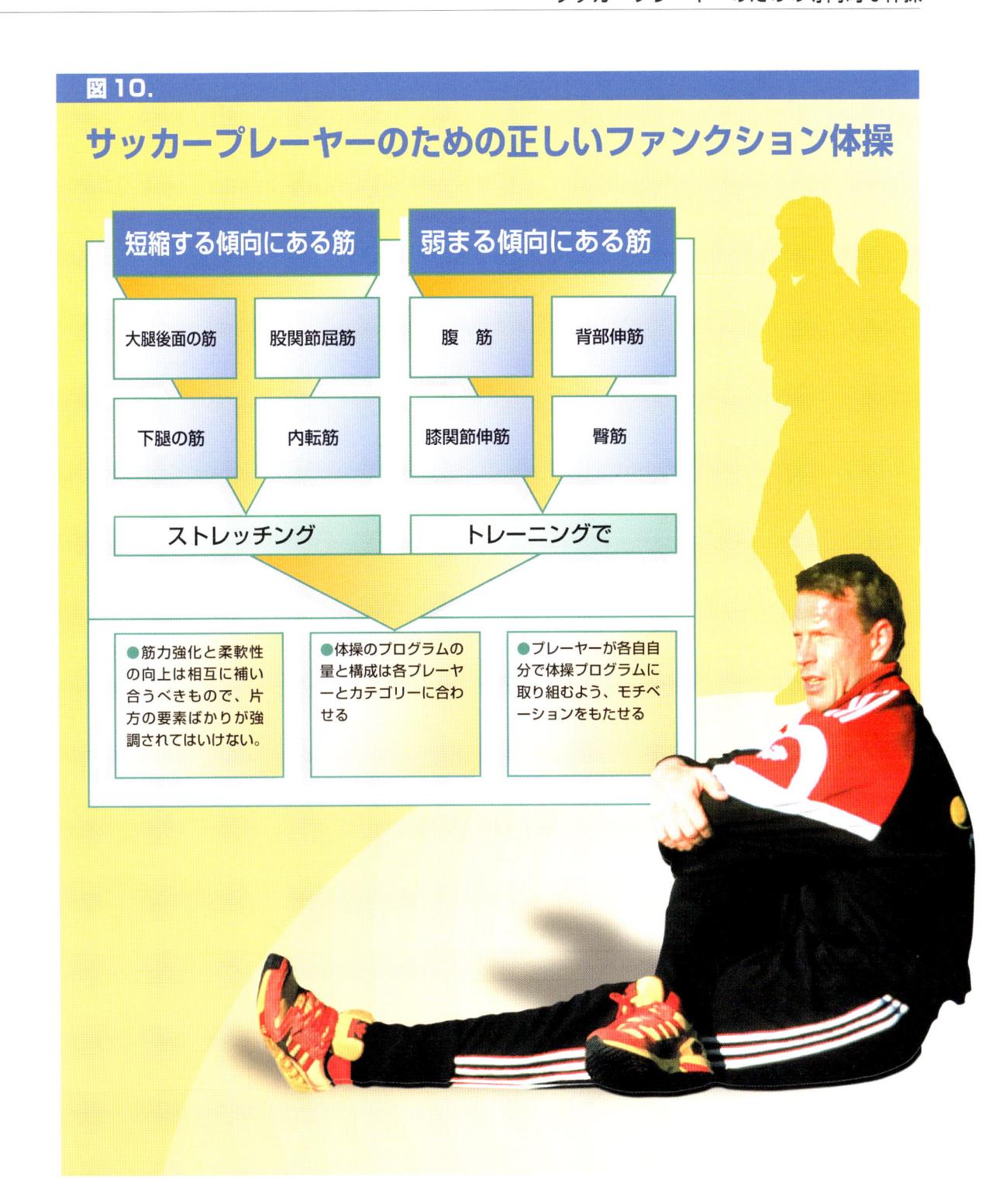

サッカープレーヤーのための専門的な体操

図10. サッカープレーヤーのための正しいファンクション体操

短縮する傾向にある筋
- 大腿後面の筋
- 股関節屈筋
- 下腿の筋
- 内転筋

→ ストレッチング

弱まる傾向にある筋
- 腹筋
- 背部伸筋
- 膝関節伸筋
- 臀筋

→ トレーニングで

- 筋力強化と柔軟性の向上は相互に補い合うべきもので、片方の要素ばかりが強調されてはいけない。
- 体操のプログラムの量と構成は各プレーヤーとカテゴリーに合わせる
- プレーヤーが各自自分で体操プログラムに取り組むよう、モチベーションをもたせる

Chapter6：コンディショントレーニングの実践

体操プログラム（個人）

A

1. 膝立ちから片脚を横に伸ばし、上体を伸ばした脚の方向へ側屈
2. 仰向けになり、膝を曲げる。頭を起こす。踵をついて身体を支える。
3. 仰向けになり、片脚を挙げる。膝のところを持って、上体に引きつける。

B

1. しゃがんで片方の脚を横に出す。曲げた脚に体重を乗せ、反対の脚を伸展させる。
2. 仰向け。両腕を前方に伸ばし、体幹を「丸め込む」ように起こしていく。
3. 片脚の膝をつけ、もう片方の脚を前方に伸ばし、つま先を起こす。

C

1. 前後に大きく開脚して、前の脚に体重をかける。
2. 仰向けになり、膝を曲げる。上体を膝の方向へ曲げていく。
3. うつぶせになり、片方の足をつかみ、下腿を臀部の方向へ引きつける。

D

1. 前後に大きく開脚して、前の脚に体重をかける。
2. 長座。片方の肘を、反対の手で後・下方へ引く。
3. 片脚を前に出し、後ろの脚の膝をつく。股関節を前方へ押し出す。

サッカープレーヤーのための専門的な体操

体操プログラム（個人）

4	5	6
仰向けで股関節を伸ばし、片方の脚を伸展させる。	膝立ちから身体を後方へ倒し、両手をつく。	両手両足をつく。片方の脚を伸ばし、踵を地面に押しつける。
うつぶせになって肘をつく。腰を持ち上げ、身体全体が一直線になるようにする。	座って両足の踵を身体に引きつける。両足の裏を合わせる。	膝立ちから身体を後方へ倒し、両手をつく。
仰向けから、骨盤の上げ下ろしをする。	座って片方の脚を曲げ、もう片方の脚を伸ばす。	仰向けになり、両膝を曲げて両足の裏を合わせる。
うつぶせになって、片脚の上げ下ろしをする。	長座。上体を前に倒し、両手で下腿をつかむ。	長座から片方の脚をもう片方の伸ばした脚に組んで、体幹を捻る。

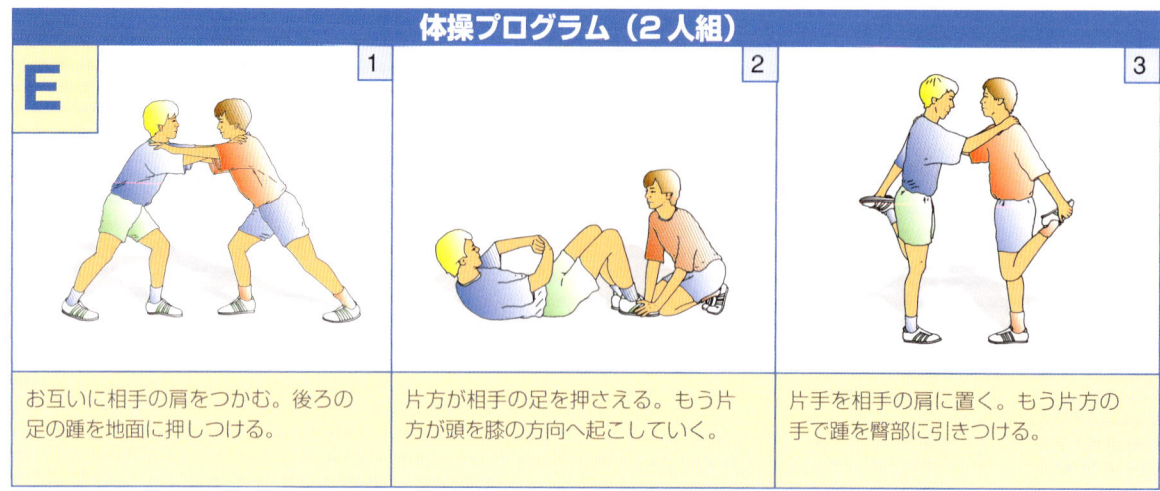

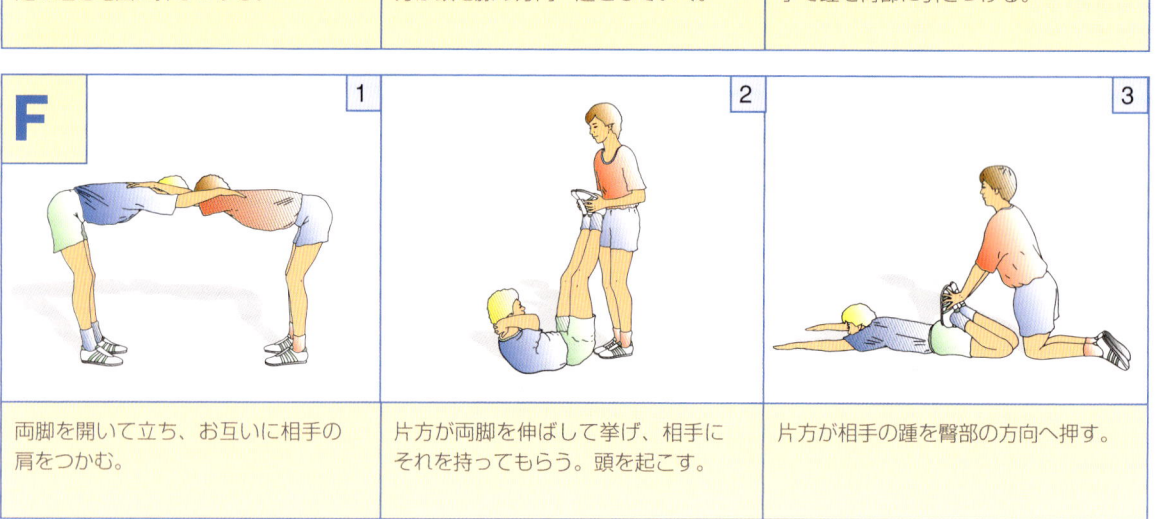

Chapter6：コンディショントレーニングの実践

体操プログラム（2人組）

E

1 お互いに相手の肩をつかむ。後ろの足の踵を地面に押しつける。

2 片方が相手の足を押さえる。もう片方が頭を膝の方向へ起こしていく。

3 片手を相手の肩に置く。もう片方の手で踵を臀部に引きつける。

F

1 両脚を開いて立ち、お互いに相手の肩をつかむ。

2 片方が両脚を伸ばして挙げ、相手にそれを持ってもらう。頭を起こす。

3 片方が相手の踵を臀部の方向へ押す。

G

1 お互いに相手の肩をつかむ。後ろの足の踵を地面に押しつける。

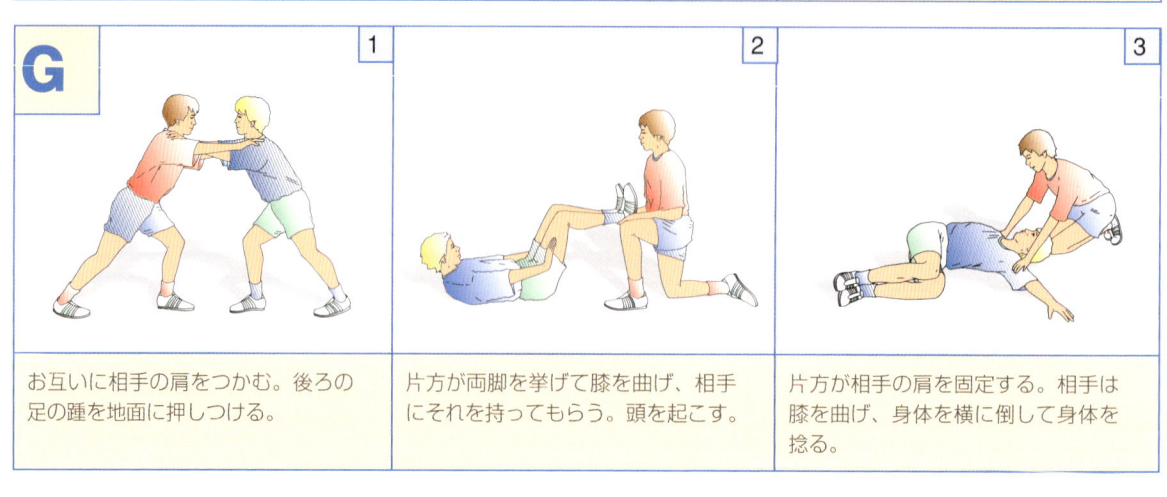

2 片方が両脚を挙げて膝を曲げ、相手にそれを持ってもらう。頭を起こす。

3 片方が相手の肩を固定する。相手は膝を曲げ、身体を横に倒して身体を捻る。

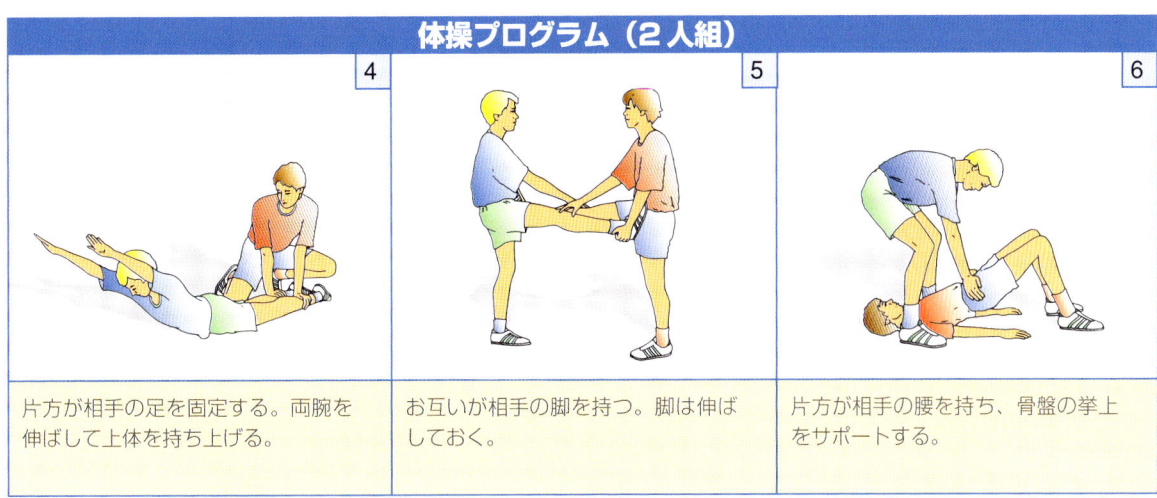

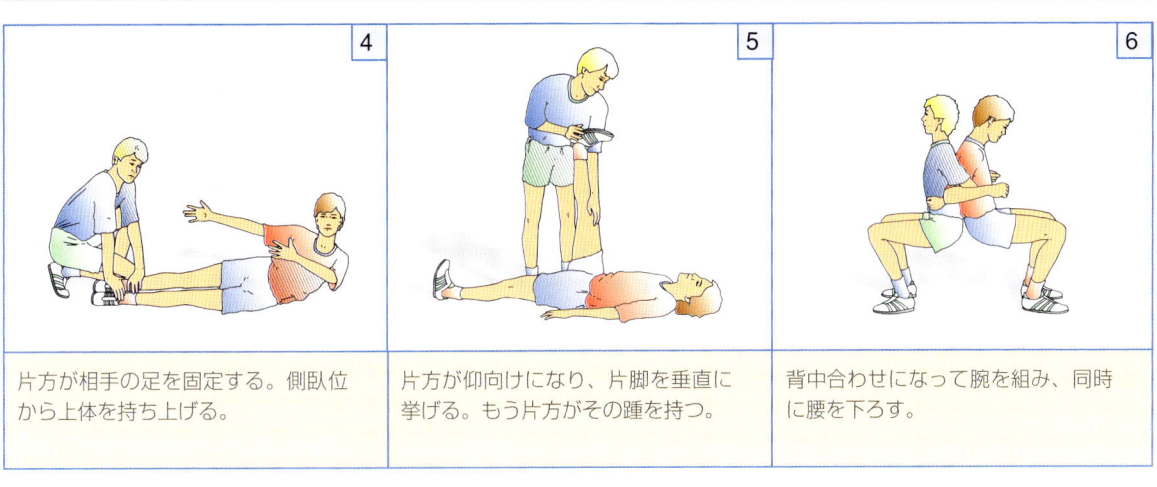

サッカープレーヤーのための専門的な体操

体操プログラム（2人組）

4	5	6
片方が相手の足を固定する。両腕を伸ばして上体を持ち上げる。	お互いが相手の脚を持つ。脚は伸ばしておく。	片方が相手の腰を持ち、骨盤の挙上をサポートする。
片方が相手の足を固定する。側臥位から上体を持ち上げる。	片方が仰向けになり、片脚を垂直に挙げる。もう片方がその踵を持つ。	背中合わせになって腕を組み、同時に腰を下ろす。
片手を相手の肩に置く。反対の手で足を臀部に引きつける。	片方が四つん這いになり、もう片方がその上に手をついてジャンプ。	座って開脚して向かい合い、互いに相手の手をつかむ。両足の裏を合わせる。

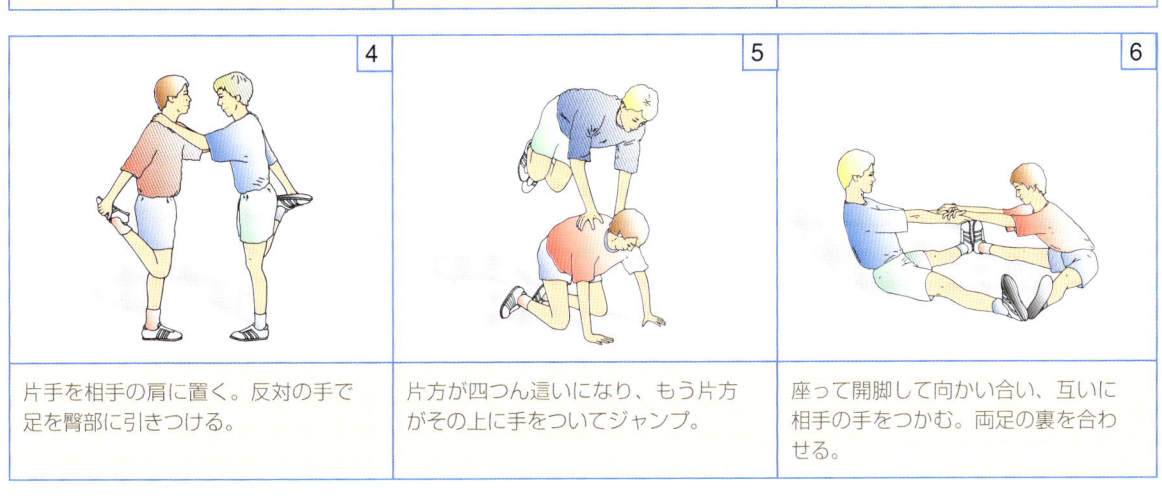

272 SOCCER FOR YOUTH

Chapter 7

第7章

GKトレーニング

Chapter7：GKトレーニング

GKに要求されること

［本来GKがしなくてはならないことは何か？］

　優れたGKは、チームの後ろ盾となり、1人で試合を決定づけることもできます。その一方で、背番号1のたった1つのミスで一瞬にして敗北へと至ってしまうこともあります。このことを考えると、GKは、チームの中でも特別重要なポジションであるといえます。

　効果的なGKトレーニングの方法と内容を確立するためには、まずGKに要求されるプレーの特徴を考えてみなくてはなりません。GKのプレーは、フィールドプレーヤーの場合と同様に、以下の4つの分野に分けて考えることができます。

- テクニック
- 戦術
- コンディション
- メンタル

　これらの各分野の間には、多くの相互関係があります。これらは実戦に即したGKトレーニングを考えていく上で、必ず考慮しなくてはならないことです。

　1人1人のGKには、それぞれの特徴があります。敏捷性、進んでリスクに挑む姿勢、確実性、神経の太さ、冷静さ、等々です。全体を見渡す力、適切なポジショニングや純粋に目的にかなった適切なプレーで輝きを持つGKもいれば、もっぱら本能的にプレーし、とりわけ素晴らしい反射神経で際だつGKもいます。トップレベルのGKは、自分の中に、これら全ての特徴を大きく完全な形で持ち合わせていなくてはなりません。トップのサッカーにおいては、他の部分のクオリティーがたとえどんなに優れていようと、個々の部分の弱点が相殺されることは決してありません。真のトップレベルのGKは「万能」でなくてはならないのです。

［GKのテクニック］

　最適なテクニックを持ち合わせていれば、サッカープレーヤーは、非常に困難なゲーム状況も解決することができるはずです。これはフィールドプレーヤーばかりでなく、GKにも同様に当てはまることです。GKが基本的なテクニックを確実に広範にわたってしっかりと身につけているほど、効果的にゴールを守ることが出来るのです。

　GKのテクニックのトレーニングでは、特定の動きを何度も反復するばかりでなく、課題をバリエーション豊かに実戦的なものにしていくことによって、GKが常に移り変わるプレー状況の中でもそのつど適切なテクニックを適用することを学べるようにしなくてはなりません。GKの運動能力は、原則としては、各テクニックの理想モデルを追求し、しかし他方で、各自の個人的な特徴にも合わせていくようにすべきです（＝個人のスタイル）。

［GKの戦術］

　GKの戦術行動は、基本的に、ポジショニング、飛び出し、プレーの組み立てに分類されます。特に重要

コースを狙った鋭いPKも、経験豊富なGKが予測をピタリと当てればセーブすることができます。

GKに要求されること

図1.

GKが本質的に要求されること

テクニック
- グラウンダー、浮き球のボールをキャッチする。
- 高いボールをフィスティングする。
- ジャンプ、ダイブ、着地
- アタッカーの足下のボールを取る。
- スローイング、キック、足でのボール扱い（プレーの組み立て）

コンディション
- 可動性、敏捷性
- スピード（アクション／リアクションスピード）
- 基礎持久力
- ジャンプ力
- フィットネス

戦術
- さまざまなポジションや距離からのシュートに対するポジショニング
- クロスやゴール前へのパスに対するポジショニング
- 守備を組織
- ファーストアタッカーとしての意識

メンタル
- モチベーション、ポジティブな姿勢
- 進んで取り組む姿勢
- 集中力
- 勇気、リスクへの準備
- やり遂げる力
- 自信

Chapter7：GKトレーニング

なのは、通常の流れの中でのポジショニング、そしてセットプレー、すなわちCKとFK（カベの形成）の状況でのポジショニングです。飛び出しが重要となるのは、アタッカーとの1対1の状況、アウトサイドからのクロス、そしてトップのスペースへのロングパスの状況です。プレーの組み立てでは、自チームができるだけ有効に攻撃に入っていくことが重要となります。

［GKのコンディション］

GKも幅広いコンディションを持ち合わせていなくてはなりません。これはGKが実戦で要求されることを見れば明らかです。

●基礎持久力

まず第1に、最適な基礎持久力を持つことで、試合時間全体を通してアクションのダイナミックさとクオリティーを維持することができます。ある意味では他のプレーヤーよりもさらに、GKは最後の最後までできるだけ高い集中力、正確性、スピードをもってプレーし続けなくてはなりません。

●パワー／ジャンプ力

ポジショニングが適切であればゴールライン上の危険な空中戦は避けられるはずです。しかしながら、クロスを迎え撃ち、GKが爆発的なジャンプをしなくてはならない状況は、常に繰り返し生じます。

●可動性、敏捷性

GKは敏捷性が高いほど、フレキシブルにプレーすることができます。GKはさまざまな状況で、さまざまな体勢から、さまざまな動き方でボールをキャッチしなくてはなりません（前方、後方、側方、ジャンプ、素早く起きあがって）。

●アクション／リアクションのスピード

GKのアクションのほとんどは、高いスピードで、最高のダイナミックさで爆発的に起こすものです。多くの状況でリアクションとなります。つまり、GKもまた、優れたスピードを持ち合わせていなくてはならないのです。

●フィットネス

筋がバランスよく強化されていれば、ケガの予防になるばかりでなく、多くの状況、たとえば地上あるいは空中での1対1で負けない力にもなります。さらに、フィジカルによく鍛えられていると、メンタル面にも有利に働きます。身体的に強いGKは、大体メンタル面も強く、自信と自覚があります。

［GKのメンタル］

GKのパフォーマンスは、フィールドプレーヤーの場合よりもはるかにメンタル面の影響を強く受けます。というのは、GKが不運に見まわれると、それは非常に重い結果、すなわち相手の得点につながってしまうからです。

したがって、GKは味方の他のプレーヤー達よりも、はるかに強いストレス状況にさらされます。うまくいかない、自分は役に立たないと感じると、パフォーマンスにネガティブな影響を受けてしまいます。GKはこのようなネガティブな影響因子から自分を解放することができるようでなくてはなりません。

ボールをしっかりと確保し、アタッカーにはセカンドチャンスを与えません！

GKに要求されること

図2.
GKはこのような状況に対処しなくてはならない

1対1
- 様々な位置関係で
- 味方DF有り／無しで

プレーの組み立て
- 様々なプレー状況から（クロス、シュート、バックパス後）
- セットプレー（ゴールキック、FK）

シュート
- 様々なポジション／距離から
- セットプレーから（PK、間接／直接FK）

クロス
- 中距離、長距離からの浮き球
- 中〜短距離からのグラウンダー／ライナーのボール
- セットプレーから

守備の組織
- 様々なプレー状況で
- セットプレーで（CK、FK）

ゲーム状況の観察
- 自チームのボール保持／相手チームのボール保持

Chapter7：GKトレーニング

正面へのグラウンダー	ゴール隅への強いグラウンダー	ゴール隅へのライナー
GKの正面あるいはわずかに横にくるグラウンダーのボールの場合	ゴール隅への強いグラウンダーで、両手でキャッチすることができないボールの場合	ゴール隅へのライナー、高いボールで、移動してキャッチすることができないボールの場合
● できるだけボールのコースに入ります。時間が十分にある場合には、素早いサイドステップで移動します。 ● 腕と手をできるだけ遠くに伸ばしてボールを迎え入れます。手は開き、両肘はできるだけしめます。 ● ボールを身体の前に確保します。	● 素早い助走のステップから、常にボールに近い方の脚でジャンプします。 ● 目は常にボールに向けておきます。 ● 常にボールに近い方の手で、できるだけ早く身体で確保します。 ● まずももの外側から着地します。次に腰、体側、肩の順で着地します。うつぶせに倒れてはいけません。 ● 着地後、脚を高く上げたり、派手なローリングをしたりといった無駄な動作は避けます。	● ジャンプの前に何歩ステップできるかを判断します。最後のステップは大きく斜め前方へ出します。 ● 体重を踏み切り脚にかけ、この体勢からボールへ直接ジャンプします（1/10秒が大きな差となります）。 ● ボールをできるだけ早く身体で確保します。 ● 着地の際には身体を緊張させます。まず上腕の外側から着地します。

GK に要求されること

正面へのライナー	サイドからのクロス	1対1

GK の腰から胸の高さにほぼ正面にくるボールの場合

- できるだけ身体全体がボールのコースに入るよう移動します。
- ボールに対して腕と手をできるだけ伸ばしてボールを迎えに行きます。
- 肘はできるだけしめます。
- まずボールと接するのは腕。次に上体をボールにかぶせ、両手で包み込むようにします。
- リラックスした状態を保ちます。

サイドからのクロスの場合

- できるだけボールからの直接のコースに移動します。サイドステップでは時間が無駄にかかります。
- 常にボールに近い方の脚でジャンプします。左からのクロスには左脚で、右からのクロスには右脚でジャンプします。
- それに対し、反対の脚は引き上げて、競り合うアタッカーから身を守るために使います。さらに着地を安定させます。
- ボールをできるだけ高いポイントで、頭の上または前でつかみ、素早く身体で確保します。
- 確実につかむことのできないボールは、片手でサイドにできるだけ遠くへフィスティングでそらせます。

アタッカーが GK に向かってドリブル突破してくる場合

- アタッカーをできるだけサイドに向かわせつつ、タイミングよく距離をつめます。両手を横に出し（指を開き、手のひらは相手に向けます）アタッカーにできるだけ自分を「大きく」見せます。
- 待ち受けます。アタッカーにイニシアチブをとらせておいて、素早く反応します。
- アタッカーを正確に観察し、テンポを落とさせます（戻ってくる味方 DF のために時間をかせぎます）。その際、相手の動きやフェイントにではなく、ボールに注意を集中させます。
- アタッカーがボールを遠くへ離したら、思い切りよく一瞬で飛び込みます。

Chapter7：GKトレーニング

GKトレーニングの基本方針

[GKを適切にトレーニングする]

　GKの役割が特別であることをふまえ、GKトレーニングはとりわけ念入りにプランニングし、実行していかなくてはなりません。これは、コーチ自身にGKの経験がない場合は、簡単なことではありません。それだけに、自分のチームのGKのトレーニングの目標、内容、方法に積極的に取り組んでいくことがますます重要になります。また、その際にはクラブ内の専門家の協力を得ることも重要です（例：シニアチーム、チームの年長のGK等）。それらの専門家達には、単にGKの練習プログラムを集める上での助けを借りるばかりでなく、GKのプレーの様々な基本テクニックを習得するための具体的なアドバイスや戦術に関する助言（例：ポジショニング）にも貢献してもらうことが理想的です。

● 基礎テクニックのマスターは不可欠！

　分析によると、GKが1試合中に爆発的なアクションをしなくてはならないのは、平均で10回以下という結果が出ています。これは大変少ないように思われるかもしれませんが、それで試合でのGKへの要求が低いなどと思い違いをしてはいけません。GKは、最高のテクニックレベルで、最適なアクション（リアクション）で、ゴールを防がなくてはならないのです。1つのミスが敗北へとつながる大きな失敗とみなされ非難されるのです。また、ささいなテクニック上の欠陥が、GKのアクションの成功と失敗との差となって表れることがしばしばあります。

　したがって、あらゆるプレーに関わるGKのテクニックを習得し、改善し、自動化していくことが、GKトレーニングの最優先の目標となります。これはどんなレベルでも年代でも同じです！

　もちろん、レベルや年齢に応じて、GKトレーニングの内容や方法の重点は異なります。しかし、一般的には以下のことがいえます。

● コーチはGKトレーニングを構想する際に、常に実戦での要求に、練習やゲーム形式を直接関連づけていくことを頭に入れておかなくてはなりません。

● コーチは常に、テクニックトレーニングと、ゲームに向けた戦術の習得（特にポジショニングの最適化）を結びつけていかなくてはなりません。

● トレーニング負荷を試合での要求に向ける！

　GKのトレーニング負荷に関しても、コーチは常に試合に方向付けていかなくてはなりません。

　経験上、GKトレーニングは、負荷強

アタッカーとの1対1は、試合の中でGKが遭遇する最も困難な状況です。

GKトレーニングの基本方針

図3.

KGトレーニングの方向付け

基本的な構成要素

- テクニック
- 戦術
- コンディション
- メンタル

- ● GKの学習がトレーニングにおいて短か過ぎてはいけない！
- ● GKテクニックを習得しパーフェクトにすることが優先事項である！

基本方針

- ゲームに即した
- 年齢に即した
- 目的に向けた
- 実用的な

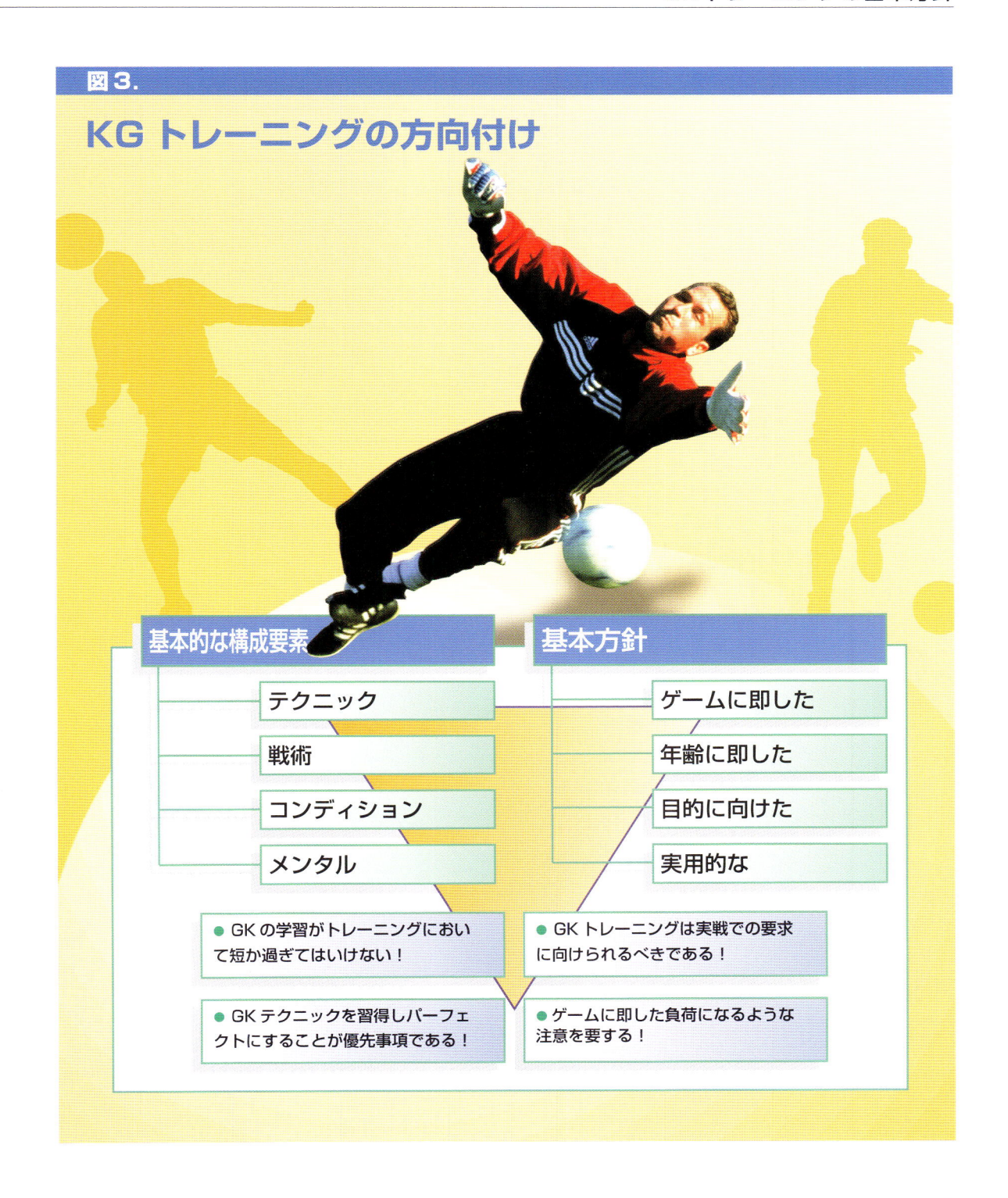

- ● GKトレーニングは実戦での要求に向けられるべきである！
- ● ゲームに即した負荷になるような注意を要する！

Chapter7：GKトレーニング

度が高過ぎる傾向にあるようです。ゲームで実際にGKにかかる要求は、非常にシンプルに表現することができます。すなわち、量的にはわずかですが、それでも根本的に、最大のダイナミックさと爆発的なパワーをもって克服しなくてはならないものなのです。そのような要求に対してトレーニングで的確に準備していかなくてはならないのです。

そこからGKトレーニングの負荷設定に関しての方針が導き出されます。反復回数は少なく、しかし最高のテンポで。そして長めのアクティブレストを入れながら！

［GKトレーニングをフレキシブルにオーガナイズする！］

残念ながら、GKトレーニングを安心して任せることのできるアシスタントコーチを持つ特権を享受することのできるコーチは、ほんのわずかです。特に、下のレベルでは、通常週に1～2回のチームトレーニングで、これではGKの個人トレーニングのための時間はほとんど残りません。コーチはここでもまたクリエイティブにならなくてはならないのです。ここでいくつかのアドバイスを提案しましょう。

● 仕事やその他の時間の制約がある中で、もしも実現可能であれば、時々チームトレーニングに加えてGKのための追加のトレーニングを組むべきです。これが、目的に向けてGKトレーニングを進めていくためのベストな選択肢です。

このトレーニングをチームトレーニングの直前か直後に設定すれば、追加の負担は全ての参加者にとって大したものにはなりません。これには、さらに、何人かのフィールドプレーヤー（例：トップのプレーヤー）が同様に自分のポジションのトレーニングを合わせてできるという長所もあります。

● しかし、チームトレーニングの中でも、GKの習得すべき特定の重点をフィールドプレーヤーの養成と結びつけることのできる可能性はたくさんあります。この本の中で紹介した多くのゲーム形式、練習形式は、GKトレーニングと結びつくものです。

● クラブで、GKのためのグループトレーニングを制度化することができればそれが理想的です。クラブのユース、シニア、現役のベテランを問わず、全てのGKが参加するのです。もしも元GKがコーチの専門知識をいくらかでも持ってこれに取り組み、このグループトレーニングを指導するのことができるのであれば、必ずめざましい成果が上がることでしょう。

そしてこれは、1つにはユースのGKが、年上の仲間の動きのモデルを習得できるという点が挙げられますが、さらにGKのチーム精神やモチベーションに対しても、非常にポジティブな効果が期待できます。グループダイナミクスのプロセスによって、相互に励まし合い、刺激を与え合うようになるからです。

通常の場合、トレーニングの中のある時間帯（ウォーミングアップ時等）は、GKが自分達だけでトレーニングすることができます。

GK トレーニングの基本方針

図4.

GK トレーニングのオーガナイズ

		目標/内容	オーガナイズのアドバイス
1	個人トレーニング	● GK の技術・戦術的基礎の特別トレーニング ● GK のコンディション面の基礎の特別トレーニング	● チームトレーニングの前／後に個人トレーニングをプランニングする ● 何人かの FP が参加する（例：トップ、ウイング）
2	クラブでのグループトレーニング	● 専門家による特別トレーニング ● 子どもの GK はモデルや手本から学ぶ ● クラブの GK の中に「チーム精神」を芽生えさせる	● クラブの中で GK のグループトレーニングを制度化させる ● クラブの GK コーチとして専門家を獲得する
3	GK/FP 練習	● GK トレーニングを FP トレーニングと結びつける ● GK の専門トレーニングをさいて時間をとる	● 個人練習をウォーミングアップのプログラムで与えておく ● トレーニングフォームを FP/GK のテクニックレベルに合わせる
4	ゲーム形式に組み合わせ	● 実戦的なトレーニング要素＝高いモチベーション ● FP/GK の共通のトレーニング	● GK のプレーの各要素を特別ルールで強調する ● 小グループでのゲームで GK のアクションを強化する

FP：フィールドプレーヤー

Chapter7：GKトレーニング

少年GKのトレーニング

［少年GKはいつ何を習得すべきか？］

　GKの場合も、フィールドプレーヤーの場合と同様のことがいえます。テクニック、戦術、コンディション、メンタルの各観点から、複雑なゲームの要求へのベースを作ることが、ジュニアの年代から既に重要となるのです。

　ユースのGKの養成に関しても、各年代で、そのつど「典型的」な発育発達の特徴を考慮に入れなくてはなりません。目標、内容、方法、負荷は、少年GKの心身の状態に合わせていかなくてはなりません。

　GKに関しても、フィールドプレーヤーの場合と正に同様に、3段階に分けて考えていきます。
- 基礎トレーニング
- 発展トレーニング
- 競技トレーニング

●基礎トレーニング

　この段階では、まずコーディネーションの習得が中心となります。というのは、ボールや動きのうまさの広いベースがあって、その上にはじめて、後からトップのパフォーマンスが可能となるからです！

　GKの専門的な運動には、まず瞬間的なプレー状況の把握、ボールへの適切な動きや瞬間の反応がありますが、これらは、広範にわたるコーディネーションのベースがあってその上にはじめて最適化されうる能力です。

　このような、広範なコーディネーションのベースを持つことには大きな意義があるため、GKの専門的養成の開始があまりに早すぎるのは逆に好ましくありません。最年少では、トレーニングやゲームでまずGKやフィールドプレーヤーの役割を頻繁に入れ替えて両方行うべきです。Eユース（後半）になってはじめて、このGKのポジションへのモチベーションと才能を持ったプレーヤーが規則的にGKの専門的課題に取り組み始めるようにすべきです。

●発展トレーニング

　Dユースの少年少女は、学習熱心で集中力も高まり、何よりも際だったコーディネーション能力を示すことが特徴です。そのため、速くうまく動くことが簡単にできるようになります。遅くとも、この最適なベースを利用して、GK専門的な養成を開始すべきです。この年代では、GKの専門的なテクニックを習得し試合で発揮することが中心となります！

　Cユースでは、筋力とスピードが高まります。それまでに習得した基礎テクニックを、今度は動きの中で完全なものへと近づけていきます。ダイナミックさとそれに応じた筋力が要求されるようになります。この年代からは、規則的な柔軟性トレーニングと全身の筋力トレーニングを怠ってはなりません！

●競技トレーニング

　B・Aユースでは、第2思春期への突入とともに、学習や達成のためのベースが再び明確になります。システマティックなGKトレーニングにおける、この段階での基本的目標は、習得したGKのプレーの技術・戦術的基礎を安定させること、洗練させ、深めることです。そして実戦での要求もますます高まっていますが、その要求へと適応していくことです！

Cユースの年代から基礎テクニック（例：グラウンダーのボールのキープ）をしっかり身につけるようにします。

図5.

年齢段階に応じたGKトレーニング

F/Eユース

育成の重点

- 年齢に即して、GKのプレーのベースとなる動きとボール扱いを伸ばす。
- 核となる基礎テクニックと、最重要のルールにかかわるテクニック、戦術の基礎を慎重に与える。

アドバイス

- 最年少のサッカープレーヤーは、あまりに早いうちからGKに固定すべきではない。特にF/Eユースでは、GKのポジションはいつでも交替で行う。
- トレーニングでも、GK/FPは交替で両方行う。
- トレーニングでは、プレーヤー全員に、GKの基礎能力としてボール扱いになじませる（キャッチ、倒れ込み、フィスティング等）。

D/Cユース

育成の重点

- GKのあらゆるテクニックの基本要素をシステマティックに習得する。
- 様々なプレー状況で基礎能力を状況に応じて発揮する。
- 戦術的な要素の導入（1対1、プレーの組み立て、セットプレーへの対応等）。
- 向上したスピードや筋力にテクニックを適応させる（Cユース）。

アドバイス

- Dユースは、GKのポジションの専門化に適した最も速いタイミングである。
- この「学習のゴールデンエイジ」に、GKの全ての要素を徹底的に習得する。
- 要求の高い、集中的な、変化に富んだGKトレーニングを、適切な負荷で与えること。

B/Aユース

育成の重点

- GKのプレーの全ての要素をさらに完璧にしていく（運動の正確性、安定性）。
- メンタル面の強化を促進（目標：パーソナリティーの発達）
- 追加の重点：FPとしてのクオリティと、ペナルティーエリアの支配。
- サッカーのゲーム、そして特にGKのプレーに向けたモチベーションの安定化

アドバイス

- 練習に頻繁に相手プレーヤーを入れ、実戦に近いトレーニングを行う。
- 特別なゲーム形式を用いて、チームトレーニングの中でGKの学習を強化する。
- インテンシブに、しかし常に適切な休憩を入れつつトレーニングする。GKは疲れ切ることはない！
- 若いGKをトレーニングプロセスに幅広く取り込んでいく。

訳者あとがき

　このシリーズの1冊目（ジュニア編）を翻訳したあと、ドイツで2冊目が出版されるまでしばらく待たなければなりませんでしたが、ようやく出た本を手にとって納得しました。想像以上に広範かつ詳細で、中身の濃い内容となっていたこと、そしてオールカラーできれいな写真・図版がふんだんに使われ、とても見やすい本になっていたからです。ドイツの本といえば文章量が多く、どちらかというと堅い感じの図表が入っているものが多かったのですが、これは大きな変化だと思います。ドイツサッカー協会公認雑誌や他の情報でも同様の傾向が見られ、指導書を出すにあたり、読者に配慮し非常に努力している様子がうかがえます。

　強豪中の強豪であったドイツも最近は低迷気味で、今回のワールドカップでもプレーオフの末にようやく出場権を獲得しました。その前から大会での成績がふるわず、今、非常に強い危機感を抱いて、必死になって根本的な取り組みを始めています。昨年、指導者対象の国際会議の開催に携わる機会があり、ドイツばかりでなく強豪といわれる多くの国々が現状に甘んじることなく、常に「もっとよいもの、もっとよいこと」を追求し続け、努力しているさまを目の当たりにして衝撃を受けました。日本もシステマティックな努力を重ね、相当に進歩してきましたが、上もまた決して止まることなく走り続けているのです。もちろん強豪国ばかりを礼賛しているわけではありません。伝統も社会も違うので、一概に比較や模倣はできませんが、学ぶべきことは多いと思います。ドイツからはある程度の情報を得たからもういい、ということもないはずです。時代はどんどん動いていて、どの国も、さらによりよいものを目指し、日々努力を続けているのです。

　海外の情報をより多くの人と共有できるようにするために、今後も良い本を探し、翻訳・紹介を続けていきたいと思っています。サッカー界は、ワールドカップやヨーロッパ選手権といった大きな大会を重ねるごとに時々刻々と動いている世界です。最新の情報をいち早く手に入れるということはもちろんですが、現在の世界のサッカー界が物事をどうとらえ、何を重要視して取り組んでいるのかということを追いかけていきたいと考えています。このシリーズは4冊刊行の予定です。先を楽しみに待ちたいと思います。

　最後になりましたが、著者であるビザンツ氏に感謝いたします。ドイツサッカー協会のお仕事は終えられましたが、アジアの指導者養成にもご協力いただき、ますますのご活躍です。お忙しいなか読み合わせに応じ助言をいただきました田嶋幸三氏に感謝いたします。また、今回も企画をお受けいただき、また原本の装丁を尊重したいというこちらの難しい希望を実現していただきました大修館書店の平井啓允氏、ワールドカップイヤーに間に合わせるため、こちらの作業の遅れをカバーしていただきました中島克美氏に心より感謝いたします。どうもありがとうございました。

今井純子

［編著者紹介］

ゲロ・ビザンツ（Gero Bisanz）

オーバーリーガでプレーし、1．FCケルンのアマチュア・オーバーリーガチームの監督を経て、ケルンスポーツ大学のサッカー指導者を務めた。長年にわたってドイツの指導者養成に従事し、FIFA（国際サッカー連盟）のインストラクターとして世界各国で指導者養成を行ってきている。1996年から1998年にかけて、日本サッカー協会S級指導者講習主任講師として、日本の指導者養成活動にも携わる。ドイツサッカー協会コーチ雑誌「fussballtraining」編集長。

現在は、UEFA（ヨーロッパサッカー連盟）テクニカルコミティー、ドイツサッカー協会のコーチングスタッフとして、後進の指導に当たっている。

ノルベルト・フィース（Norbert Vieth）

ドイツサッカー協会A級ライセンス取得。スポーツ教師資格取得。出版社Philippka－Verlag編集者。ドイツサッカー協会コーチ雑誌「fussballtraining」編集長。アマチュアのトップレベルでプレーし、アマチュアチームの監督も務めた。

［監訳者紹介］

田嶋幸三（たしまこうぞう）

筑波大学在学中から日本代表FW。卒業後は古河電工サッカー部（現ジェフユナイテッド千葉）に所属。その後、旧西ドイツのケルン体育大学留学、筑波大学大学院修士課程体育研究科修了。（財）日本サッカー協会でU-19日本代表監督、S級指導者養成講習会講師、技術委員会委員長を歴任。現在、同協会副会長兼専務理事。JFAアカデミー福島スクールマスター。

［訳者紹介］

今井純子（いまいじゅんこ）

筑波大学大学院博士課程文芸言語研究科単位取得卒業。在学中にダブリン大学に留学。現在、（財）日本サッカー協会技術部テクニカルハウス勤務。これまでに、サッカーやトレーニング関係を中心としたスポーツ図書の執筆および翻訳を数多く手がけている。

21世紀のサッカー選手育成法［ユース編］
©Kouzou Tajima & Junko Imai 2002　　　　NDC783　286p　24cm

初版第1刷———2002年3月20日
　　第4刷———2010年9月1日

著　者———ゲロ・ビザンツ／ノルベルト・フィース
監訳者———田嶋幸三
訳　者———今井純子
発行者———鈴木一行
発行所———株式会社　大修館書店
　　　　　〒101-8466　東京都千代田区神田錦町3-24
　　　　　電話03-3295-6231（販売部）　03-3294-2358（編集部）
　　　　　振替00190-7-40504
　　　　　［出版情報］http://www.taishukan.co.jp

装丁・本文デザイン・DTP———齊藤和義
本文・章末写真———株式会社　スタジオ・アウパ
印刷所———図書印刷
製本所———図書印刷

ISBN 978-4-469-26482-1　　Printed in Japan
®本書の全部または一部を無断で複写複製（コピー）することは、著作権法上での例外を除き禁じられています。

ワークとドリルで学ぶ サッカー実戦メンタル強化法

日本サッカー協会技術委員長 小野剛氏が本書を推薦！

スヴォボーダ／ドラクザル[著]
三森ゆりか／田嶋幸三[監訳]
今井純子[訳]

思考・判断・行動力養成プログラム

【目次】
第1章　環境マネジメントと目標設定
第2章　チームスピリットとメンタルトレーニング
第3章　頭の中の技術トレーニング
第4章　試合に向けたメンタル面の準備
第5章　メンタル面のコーチング
第6章　GKのメンタルトレーニング

●B5変型判・128頁
定価1,575円（本体1,500円）

選手の「頭」と「こころ」を鍛えるトレーニング

どのスポーツでも、大事な試合場面で冷静な状況判断や行動ができ、素早く最適なプレーを展開するには頭のよさがいる。心理的タフネスもなければ実力発揮できない。ではどうすれば「頭」や「こころ」を鍛えられるか、その具体的習得法を本書で紹介。オシム監督の「考えるサッカー選手」育成に欠かせぬ1冊。

大修館書店　書店にない場合やお急ぎの方は、直接ご注文ください。☎03-3934-5131

21世紀のサッカー選手育成法　ジュニア編

年齢別・レベル別指導法と練習プログラム

ドイツサッカー協会[編]　ゲロ・ビザンツ他[著]
田嶋幸三[監訳]　今井純子[訳]

指導者養成の世界的権威で日本サッカー協会のS級指導者養成も担当していた著者らが、将来のトップ選手育成のために、どんな内容を、どのように練習させるべきか、その具体的な指導法と指導内容を1冊にまとめた。まさにジュニア指導（6歳から14歳まで）のバイブル。

●B5変型判・144頁　定価1,785円（本体1,700円）

この本を読まずして子どものサッカーは語れない！

大修館書店　書店にない場合やお急ぎの方は、直接ご注文ください。TEL. 03-5999-5434

定価=本体+税5%（2010年9月現在）